아산학

牙山學

아산학

牙山學

순천향대학교
아산학연구소
편

보고사
BOGOSA

우리는 아산학을 "아산지역의 정체성 확립을 위한 연구 및 교육활동" 이라고 정의합니다. 아산학에는 아산지역에 대한 다양한 분야의 연구가 포함되어야 합니다. 지리, 역사, 인물, 문화, 종교, 민속, 문학, 정치, 행정, 도시, 마을, 공동체, 기술, 생활세계 등 인간사회에서 생각할 수 있는 모든 키워드가 지역학을 구성합니다. 그리고 이 책에는 그동안 아산학을 연구한 결과가 교육활동에 사용될 수 있도록 편성되어 있습니다. 이런 취지에 맞추어 이 책을 출판하는 목적은 아산지역의 정체성 확립을 위하여 아산학을 공유하는 실천 활동에 있다고 할 수 있습니다.

아산학의 정립을 위하여 아산학연구소는 10여 년 동안 꾸준하게 연구와 교육활동을 수행해 왔습니다. 아산의 역사 및 문화자원을 조사, 발굴, 연구하여 아산학 정립을 위한 학문적 토대를 구축해 왔습니다. 이를 바탕으로 아산의 발전을 위한 정책자료 개발과 이론적 토대를 제공하면서 아산시와 대학의 상생적 협력체계를 구축하고자 하였으며, 아산의 역사문화를 학생과 시민들에게 널리 교육, 확산시키는 노력을 해 왔습니다.

구체적으로 지역에 대한 연구 과제를 발굴하고 자료 수집과 데이터베이스를 구축하여 연구 기반을 다지고, 이러한 학술연구 결과를 지역사회와 공유하기 위하여 학술대회, 전문가 세미나, 아산학 강좌 개설 등 다각적인 노력을 기울였습니다. 그리고 이런 연구와 활동 결과물을 정기간행물과 총서, 보고서 등으로 출판해 왔습니다.

그리고 이번에 이러한 노력의 결과물이자 아산학의 출발점이라고 할 수 있는『아산학』을 출간하게 되었습니다.『아산학』은 학교와 시민 강좌의 교재로 활용될 것이며, 교양도서로도 활용되기를 기대합니다.

아산지역은 지금 급격한 변동의 시대를 맞이하고 있습니다. 아산은 한국 제일의 수출도시이며 세계 굴지의 제조업 도시입니다. 일자리를 찾아서 전국 각지에서 사람들이 몰려들 뿐 아니라 세계 각지로부터 이주민이 들어오고 있습니다. 신도시가 조성되고 구도심이 재개발되면서 국내외로부터 아산으로 유입되는 인구는 크게 불어나고 있습니다.

이미 아산은 다양한 문화적 배경을 가진 사람들이 지역사회의 구성원으로 함께 살아가고 있는 국제도시입니다. 사회를 발전시키는 중요한 원동력은 다양성입니다. 여러 가지 재능을 가진 다양한 사람들이 사회를 구성하고 자신의 역할을 다하면서 살아갈 때 그 사회는 건강하게 발전하는 사회가 됩니다. 다양성을 수용하고 지역 발전의 원동력으로 만들기 위해서 아산의 지역정체성 확립은 어느 때보다 중요한 의미를 가질 것입니다.

아이들은 자라서 진학이나 일자리를 찾아서 떠납니다. 외부에서 학생들이 진학을 위하여 혹은 일자리를 찾아서 지역사회로 들어오기도 합니다. 사는 동안 자기가 머무는 지역에 대해 자부심과 애착이 강한 사람이 다른 지역으로 이주해도 적응을 잘 합니다. 지역사회에 대해 관심을 가지고 자부심을 가지게 하는 것은 지역의 미래를 위하여 중요한 일입니다.

우리는 아산의 역사와 현재를 살펴보고 미래를 이야기할 수 있어야 합니다. 이를 위해서는 이 지역의 주체로 살아가는 우리가 어디에서 왔고, 어떤 위치에 있으며, 무엇을 지향하는지에 대해 생각하고 공감대를 만들어 나가는 것이 필요합니다. 이 책이 미래 아산지역의 발전을 위하여 일익을 담당할 수 있기를 바랍니다.

그동안 아산시에서는 아산학의 정립을 위하여 꾸준한 지원을 해 주었고 이 책의 출판도 그 연장선상에 있습니다. 아산학이 자리를 잡을 수 있도록 관심을 가지고 지원해 주신 오세현 아산시장님, 황재만 의장님을 비롯한 관계자 여러분께 감사드립니다.

연구소의 운영과 출판 과정의 행정적인 일을 도맡아주신 오원근 팀장님과 아산학연구소 여러분께 감사드립니다. 그리고 원고 집필에 귀한 시간과 노력을 아끼지 않은 집필진 여러분께 감사드립니다.

이 책이 행복한 아산을 만드는 데 도움이 될 수 있다면 무엇보다 행복하겠습니다.

2022년 2월
아산학연구소장

제2부 _ 역사와 인물 이야기

제3부 _ 소중한 문화자원

제4부 _ 종교와 문학

아산의 문학 [유은정]

제5부 _ 생활정치와 행정

지방자치와 지방의회 [윤권종]

시민 중심의 생활행정 [맹주완]

제6부 _ 미래형 자족도시

제7부 _ 여유로운 생활

문화예술 향유 [맹주완]

건강한 시민생활 [이광수]

관광여행과 축제문화 [맹주완]

아산학 교육의 필요성과 목적

김기승

1. 아산학 연구와 교육의 시작

아산학은 아산이라는 지역의 정체성 확립을 위한 연구 및 교육 활동을 말한다. 아산에 대한 지역학적 연구와 교육이 체계적으로 시작된 것은 2010년 아산시와 순천향대학교가 협력하여 아산학연구소를 설립하면서부터였다. 1995년 지방자치제도가 시행되면서 각 지자체에서는 지역 정체성을 확립하고, 지역 주민의 자긍심을 고취하고자 앞 다투어 지역에 대한 연구와 교육을 경쟁적으로 발전시켰다. 이에 자극을 받아 아산시 의회는 관내의 여러 대학에서 아산학을 교육해 아산의 가치를 미래 세대에게 알릴 것을 제안했다.

이에 아산시와 순천향대학교가 협의해 아산학연구소를 설립하고, 아산학 연구와 교육의 중심 역할을 수행하도록 하였다. 이전까지 아산학 연구는 뜻있는 소수 인사들에 의해 향토사 연구라는 형태로 산발적으로 이루어졌으며, 시민과 학생을 대상으로 한 체계적인 아산학 교육은 거의 이루어지지 않았다. 그러나 아산학연구소에서 학술회의 개최와 아산학 연구 지원, 단행본과 정기간행물의 간행, 관내 대학에서의 아산학 정규 교육, 시민 및 학생 대상의 수시 교육, 지역학 전문가들의 정기적 모임, 지자체의 정책 개발 참여 및 자료 제공 등을 통해 아산학의 연구 및 보급 작업을 꾸준하게 추진하였다. 아산학 연구와 교육은 대도시에 비해 늦은 출발이었지만, 중규모 도시 지역으로서는 선도적이면서 유의미한 성과를 거둔 모범적 사례로 알려지게 되었다.

2. 아산학의 필요성

아산학이라는 지역학은 과연 필요한 것인가? 아산 지역에 사는 사람, 더 넓게는 다양한 방식으로 아산과 관계를 맺는 사람에게 아산이라는 지역에 대한 지식과 이해가 어떤 의미가 있는가? 글로벌 시대에 지역보다는 광범위한 국가나 세계와 관련된 지식과 정보가 더 시급하고 중요한 것이 아닌가? 특히 학생의 관점에서 보면, 자기가 사는 지역에 대한 지식과 정보가 정규 교과서에 수록돼 있지 않고, 따라서 정규 교육의 대상도 아니다. 그러므로 아산학 학습은 대학 입학시험이나 취직 시험에 전혀 도움이 되지 않는다고 생각할 수 있다.

이런 생각은 지식과 정보의 내용만 보면 타당하다. 그러나 각급 학교와 사회에서는 지식과 정보를 많이 알고 있는 인재만 요구하지 않는다. 그 보다는 자신이 속한 사회에 대한 이해와 애정을 갖고 있는 인재를 원한다. 그러한 인재라야 학교 또는 직장에 대한 소속감을 갖고, 과업을 수행할 역량을 발전시킬 수 있기 때문이다. 애향심을 갖고 있는 사람이 애교심과 애사심을 갖는 유능한 인재가 될 가능성이 높은 것이다. 아는 만큼 보이며, 보이는 만큼 느끼게 된다. 자신이 소속되어 있거나 관련 있는 지역이나 집단에 대한 지식과 이해가 있어야 애향심, 애교심, 애사심을 가질 수 있다. 자기 자신을 사랑하고 자기 자신에 대해 자긍심을 갖는 중요한 조건의 중의 하나는 바로 자신이 속한 지역에 대해 알고 이해하는 것이다.

3. 사람과 지역의 관계

사람은 장소라는 공간과 흘러가는 시간 속에서 삶을 살아간다. 시간과 공간은 관념상으로는 별개로 존재하지만, 현실에서는 서로 떨어질 수 없는 실체로서 인간의 삶의 존재를 규정한다. 사람은 특정한 공간에 위치하면서 과거와 현재와 미래로 이어지는 연속적인 시간의 흐름 속에 있기 때문이다. 그러기에 사람을 알기 위해서는 그 사람이 살았던 시대와 공간을 이해해야 한다. 이것은 사람이 처해 있는 객관적 상황에 대한 인식이라고 할 수 있다. 또한 그 사람이 자신이 살고 있는 시간과 공간을 어떻게 받아들이고 이해하고 있는지도 사람을 이해하는 데 중요한 요소이다. 이것은 자기 자신의 삶에 대한 주관적 인식으로 자신의 정체성에 대한 이해와 직결되는 문제이기도 하다.

2021년의 대한민국 서울시민과 1930년의 미국 뉴욕시민, 1870년의 영국 런던시민, 1860년 중국의 연경(베이징)주민, 1690년 일본의 에도 (지금의 도쿄)주민 등을 떠올려 보자. 세계사의 전체적인 흐름 속에서 유럽과 아시아의 차이를 대략적이나마 알고 있다면, 우리는 그들의 삶의 특성을 파악하고 그들이 자신들에 대해 어떤 생각을 갖고 있을지를 다양하게 상상할 수 있다.

그러면 2021년 대한민국 아산시민, 1980년 온양시민과 아산군민, 조선시대 온양군, 아산현, 신창현 백성 등에 대해 어떤 상상을 하고 어떤 이야기를 할 수 있을까? 2021년에는 아산시민이라고 하면서, 그 이전에는 왜 온양시민과 아산군민이라고 하고, 조선시대에는 온양군, 아산현, 신창현이라고 했을까? 이러한 질문에 대해 어떠한 답변이든 하는 아산시민과 그렇지 않은 아산시민의 차이는 무엇일까? 자신이 살고 있는 지역에 대해 알고 있으면서 자긍심을 갖고 있는 사람과 지역에 대해 알지도 못하면서 자긍심도 없는 사람 중에서 누가 더 행복하다고 할 수 있을까? 자기 자신에 대한 정확한 인식과 자긍심은 행복한 삶을 누릴 수 있는 필수적인 요소다. 삶의 공간, 즉 지역 정체성 확립은 자아인식과 자긍심 형성에 빼놓을 수 없는 중요한 부분이다. 공간과 지역을 떠난 사람은 존재할 수 없기 때문이다.

4. 아산의 가치

아산은 한반도 중부의 아산만을 끼고 있는 지역으로, 안성천, 곡교천, 삽교천 3개의 하천이 내륙에서 아산만으로 흐르고 있다. 하천 주변으로는 농경지가 넓게 퍼져 있고, 광덕산, 영인산, 설화산, 고용산 등의 높고 낮은 산도 있다. 지하에서는 따뜻한 물이 솟아나와 일찍부터 온천이 발달했다. 사람들은 평야나 구릉지대에 터를 잡고 살았는데, 바다와 하천에서 물고기를 잡고, 산에서는 사냥을 하고, 들판에서는 농사를 짓기에 불편함이 없었다.

근대 이전에는 바다와 하천을 따라 배를 이용했고, 근대 이후에는 도로와 철도의 발달로 자동차와 기차를 중심으로 국내외의 외부 세계와 활발하게 소통했다. 아산은 서쪽으로 아산만을 끼고 있어 국내와 국외, 한반도의 남부와 북부를 연결하는 교통의 요지였다. 게다가 물산도 풍부해 사람들의 교류가 활발했고, 일찍부터 다양한 문화가 발전해왔다. 지형적 특성으로 아산에는 농촌·어촌·산촌의 문화가 공존하고 있으며, 경기와 충청의 접경 지역이어서 중남부 지역의 다양한 문화가 혼합되어 있는 독특하면서도 개방적인 문화를 이어왔다.

20세기 후반 이후부터는 삼성과 현대를 비롯한 세계적인 기업들이 아산에 자리를 잡으면서 최첨단 기업도시로의 발전적 모습도 보이고 있다. 지역의 기업들은 대한민국의 총생산과 수출을 선도하면서 지역경제를 비약적으로 발전시켜왔다. 이제 아산은 항로와 인터넷을 통해 세계와 직접적으로 연결되어 있으며, 아산에서 만드는 농산품과 공산품을 세계에 공급하고, 해외에서 만드는 제품을 소비하는 글로벌 도시가 되었다. 외국의 한 연구소에서는 1인당 지역총생산 기준으로 아산은 2025년에는 세계 5대 도시의 하나가 될 것이라고 전망했다.

5. 아산의 인물

아산은 학술과 교육을 중시하던 조선시대에는 문물이 융성한 고장으로 알려졌다. 삼국시대 이래 수로 교통의 요지여서 선진 문물이 일찍부터 유입되어 학술 문화가 발달했으며, 이를 바탕으로 한국문화를 선도하는 역사적 인물들을 다수 배출했다.

조선 세종 때의 명재상으로 북방 영토 개척과 예악 정비로 민족문화 발전에 기여했던 신창 맹씨 고불 맹사성, 아산에 정착한 중국 송나라 장군의 후손으로 세종 때 과학기술 진흥의 주역이었던 아산 장씨 장영실, 임진왜란 때 바다에서 일본 침략군을 격퇴해 나라를 구한 덕수 이씨 충무공 이순신, 역시 임진왜란 때 반란을 진압해 나라를 구한 남양 홍씨 만전당 홍가신, 18세기와 19세기 기호학파의 유학 연구와 교육을 이끌었던 대학자 예안 이씨 외암 이간과 풍천 임씨 임헌회, 충무공 이순신 후손에게 시집와서 두 아들과 며느리, 손자들을 독립운동가로 키워내 독립운동 명가를 만든 박안라 여사, 대한민국 정부 수립과 민주화 투쟁에 헌신했던 제2공화국 대통령 해평 윤씨 윤보선 등은 모두 아산 출신이거나 아산 지역과 밀접하게 연결된 역사적 인물들이다.

이런 인물들을 통해 우리는 한국사의 주요 고비마다 아산 출신 인사들이 역사를 한 단계 발전시키는 데 크나큰 역할을 했음을 알 수 있다. 이밖에 외지 출신으로 아산과 인연을 맺어 아산 문화 발전에 기여한 인물도 있다. 토정 이지함은 3개월 동안 아산현감을 지내면서 선정을 베풀어 아산인들에게 깊은 인상을 남겼으며, 면암 최익현은 신창현감으로 재직하면서 아산 지역 의병의 뿌리를 심기도 했다. 갑신정변을 일으켜 한국 근대화의 횃불을 올렸던 김옥균은 양자가 아산군수를 지낼 때 묘지를 조성해 죽은 뒤에 아산과 인연을 맺었다. 이러한 역사와 뿌리를 지녔기에 아산은 21세기 한국의 미래를 이끌어갈 수많은 인재를 배출할 수 있는 역사적 토양을 갖출 수 있었다.

6. 아산인의 정체성

아산학은 아산 지역의 정치, 경제, 사회문화 등에 대한 연구와 교육이기도 하지만, 아산과 관련된 사람들의 이야기이기도 하다. 지역이란 지역을 삶의 무대로 삼고 있는 사람과 함께 이야기할 때 비로소 사람들의 관심 대상이 된다. 이런 점에서 아산학은 아산이라는 지역과 사람들이 관계를 맺고 살아가는 모든 행위를 대상으로 한다. 이런 점에서 아산학의 주체 혹은 중심적 존재를 아산인 혹은 아산 사람이라고 말할 수 있다.

근대 이전의 농업경제 시대에는 아산의 토착민과 신주민을 구별할 수 있었고, 토착민 중심으로 지역 문화가 형성되었으며, 신주민이 토착문화를 수용하는 경향이 일반적이었다. 그러나 근대 이후 산업화가 이루어지고, 최근에는 지구촌 사회가 형성되면서 지역과 국가 사이의 경계를 넘나드는 교류가 일상화되고 있다. 아산에서 태어나 아산에서 교육받고 아산에서 경제활동을 하며 아산에서 노후를 보내다가 아산에 묻히는 전형적인 토착민의 삶을 살아가는 아산인은 오히려 소수가 되었다. 그런 이유로, 다양한 분야에서 지역의 경계를 넘나드는 인적·물적 교류가 일상화된 21세기 지구촌 시대에 부합하는 방향에서 아산인의 정체성을 새롭게 확립할 필요성이 있다.

아산인과 아산 사람이라고 하면 아산에 거주하는 시민 혹은 주민을 떠올린다. 그런데 아산에 거주하거나 산다는 뜻은 광범위하고 형태도 매우 다양하다. 우선 주민등록법에 따라 아산에 거주하거나 거주했었던 사람만 아산시민 혹은 주민이라고 할 수 있다. 이렇게 아산인을 규정하면 아산과 직간접적으로 연관되면서 아산의 지역성을 형성했던 수많은 사람들의 다양한 활동들을 도외시하게 된다. 과거의 호적법이나 본적지나 관향과 같은 전통적인 지역 관념에서는 아산, 신창, 온양을 본관으로 하는 성씨를 가진 사람들도 아산인에 포함할 수 있다. 요즈음에는 타지에 거주하면서 아산을 직장으로 삼아 출퇴근하며 사는 사람들도 많다. 심지어 외국 국적을 갖고 아산 지역에서 경제 활동을 하는 사람들도 있다. 다른 지역의 젊은이들이 아산의 교육기관에서 교육을 받고 있으며, 졸업한 후에는 국내외 각지에서 활동한다. 개별적인 사람들뿐만 아니라 사람들이 모인 회사, 기관, 단체 등 사회적 인격체라고 부를 수 있는 법인들이 아산 지역에서 수많은 사람들의 삶을 가능하게 만들고 있다.

아산 지역에서 이루어지는 사람들의 정치, 경제, 사회, 문화적인 모든 활동들은 아산 지역에 현재 살고 있는 사람들과만 관련되지 않는다. 아산에서 다양한 활동을 하는 사람들은 아산 출신뿐만 아니라 타 지역 심지어는 외국 출신의 사람들도 있다. 또 이들의 다양한 활동은 지역으로 국한되지 않고 국가 또는 세계와 연결된다. 아산에서 출생한 사람들, 교육받은 사람들, 아산에서 경제활동을 하는 사람들 중에는 지역의 삶에만 머물지 않고 전국적 혹은 세계를 무대로 활동하는 사람들도 많다.

아산에서 만든 각종 제품들은 국가와 세계시장에 공급되며, 아산은 타 지역과 외국 상품의 소비시장이기도 하다. 아산의 인재들이 타 지역과 국가 혹은 세계의 발전에 공헌하고 있으며, 타 지역과 국가와 세계의 발전적 경험을 활용해 아산 지역의 발전에 영향을 미치기도 한다. 아산의 현지인과 외지인을 구별할 수는 있지만, 양쪽 모두가 아산의 지역적 가치를 창출하고 높이는 데 기여하고 있는 것이다.

어떤 식으로든 아산과 관계를 맺는 사람이라면 모두가 아산인이라고 할 수 있다. 아산과 관계를 맺는 방식은 사람에 따라 얼마든지 다양할 수 있다. 그러나 아산학의 관심 대상이 되기 위해서는 '의미 있는 관계를 맺는 사람'이어야만 한다. 여러 사람이 인정하는 사회적 의미를 갖는 관계일 때 비로소 아산학의 연구와 교육 대상이 된다.

그런데 사회적 의미는 다수의 개인들이 의미 있다고 공감하거나 동의할 때 만들어진다. 따라서 아산인은 개개의 사람들이 자신이 아산과 의미 있는 관계를 맺고 있다는 생각에서 출발한다. 아산학 연구와 교육은 모든 사람들에게 아산과 의미 있는 관계를 맺을 수 있는 가능성을 찾는 실마리를 제공한다. 아산학을 접하면서 자신이 아산인이라는 사실을 깨닫는 것은 아산의 정체성을 확립하는 것인 동시에 자신의 삶에 대한 이해도를 제고하는 과정이다. 또한 아산은 고립된 지역이 아니라 국가와 세계와 밀접한 관계를 맺고 있는 복합적인 실체이다. 따라서 아산학에 대한 이해는 국가와 세계라는 보다 큰 지역에 대한 인식을 넓히는 방향으로 나아가는 길이기도 하다. 아산인들이 아산학 교육을 통해 아산과 의미 있는 관계를 만들어가는 노력을 계속할 때 아산과 아산인의 가치는 늘 새롭게 발전하면서 높아질 것이다.

제1부

자연과 지리의 힘

아산의 위치와 주민 생활

임병조

1. 수리적(數理的) 위치와 영향

〈표 1〉 아산시 4극(極)

	동쪽 끝	서쪽 끝	남쪽 끝	북쪽 끝
주소	배방읍 휴대리 437-51	선장면 신덕리 3-181	송악면 거산리 산56-11	둔포면 운용리 223-4
경위도	동경127° 06′32″	동경126° 50′32″	북위36° 39′53″	북위36° 55′46″
자연지리	휴대천 상류	삽교천 서쪽 제방	각흘고개 동쪽 차령산지	군계천 북쪽 범람원
인접시·군	천안시 동남구 신방동	예산군 신암면 하평리	공주시 유구읍 문금리	평택시 팽성읍 대사리

한반도의 중서부에 자리 잡은 아산시는 중앙점이 배미동 50-9 일대 (북위 36° 47′ 44″, 동경126° 58′ 24″)로 한반도 중앙 위선(북위 38° 03′37.5″)

에서 남쪽으로 1° 15′ 53″, 중앙 경선(동경 128° 02′ 02.5″)으로부터는 서쪽
으로 1° 3′ 38″ 떨어져 있다.

1) 수리적 위치의 영향: 온대기후와 실제보다 빠른 시간

경위선으로 표현하는 수리적 위치는 기후와 시간에 영향을 미친다.
한반도는 전체적으로 중위도 지역에 속해 냉·온대기후가 나타난다. 아
산시는 위도상으로 한반도의 중앙에 위치해 온대의 북쪽 경계에 가깝다.
1년 중 가장 추운 달인 1월 평균 기온이 −1.9℃[1]로 온대기후[2]에 해당한다.

아산시 중앙점 [국토지리정보원]

---

1 1991-2020 평균값(기상청)
2 가장 추운 달 평균 기온 −3℃ 이상(쾨펜 & 가이거 기후 구분)

행정구역·4극·지형

　강수량은 1,365.1mm로 충청남도 지역 평균보다 약간 많은 편이다. 강수량이 가장 적은 달은 1월(25mm)이며 가장 많은 달은 7월(252mm)로 강수량의 연 변화는 227mm에 달해 큰 편이다. 강수일수가 가장 많은 달도 7월(15.77일)이며 반면에 2월(4.47일)이 가장 적다.

　상대습도는 7월(81.96%)이 가장 높다. 7월에는 장마, 열대성저기압(태풍), 대류성 강우(소나기) 등이 집중되기 때문이다. 상대습도가 가장 낮은 달은 2월(62.05%)이다. 가장 강수량이 적은 달은 1월이지만 한반도를 지배하는 시베리아기단의 영향으로 겨우내 건조한 상태가 유지되며, 또한 강수일수가 적기 때문에 겨울의 끝인 2월이 가장 건조하다.

　일조량은 월평균 97.81시간으로 5월에 가장 많으며(일평균 10.51시간) 반대로 1월이 가장 적다(일평균 5.76시간).

　아산시도 지구적 기후변화의 영향으로 평균 온도가 올라 지난 30여 년간 거의 1℃ 정도[3] 기온이 올라갔다.

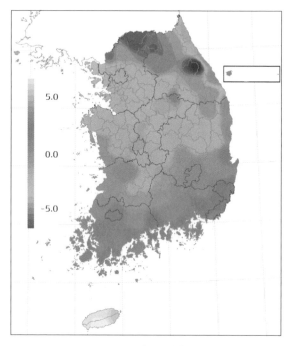

1월 평균 기온(2021) [기상청]

3　1월 평균 기온 상승(기상청): 1961-1990 -3.5℃, 1971-2000 -3.0℃, 1981-2010 -2.9℃, 1991-2020 -2.4℃(아산시 자료가 없어 천안시 자료 활용. 천안시와 아산시 1월 평균 기온은 1991-2020년 평균값이 아산시가 0.5℃ 높음)

경도는 시간에 영향을 미치지만 우리나라는 같은 표준시를 쓰기 때문에 시차가 없다. 그러나 우리나라는 표준시를 일본 도쿄를 지나는 동경135°를 쓰기 때문에 실제 시간보다는 약간 빠른 시간을 쓰고 있다. 한반도 서쪽에 위치한 아산은 특히 표준시와 8°1′36″ 떨어져 있어서 실제 시간보다 약 32분 50초정도 빠른 시간을 쓰고 있다.

2. 지리적 위치와 영향

아산시는 북쪽으로는 아산만과 안성천, 남쪽으로는 차령산지, 서쪽으로는 삽교천이 자리를 잡고 있다. 이들 지형지물들은 각각 인접한 시·군 지역과 자연 경계를 이루고 있는데 아산만과 안성천은 경기도 평택시, 차령산지는 공주시·천안시, 삽교천은 당진시와 각각 행정 경계선 역할을 하고 있다. 그러나 천안시와 접하고 있는 동쪽은 주로 낮은 구릉성 산지로 이루어져 있기 때문에 상대적으로 자연지리적 경계가 뚜렷하지 않은 편이다. 삽교천·안성천의 지류들의 중하류 유역에 속하는 동쪽 경계 부분은 오랜 침식으로 지형이 낮아져 있다. 서남부 지역은 예산군과 접하는데 봉수산–도고산으로 이어지는 산줄기가 경계 역할을 하고 있다.

1) 해안은 온대, 내륙은 냉대

아산시의 기후는 전체 평균 기온을 기준으로 하면 온대기후에 속하지만 냉대와 온대의 경계선이 아산을 남북으로 관통하기 때문에 해안 쪽은 온대기후로, 내륙 쪽은 냉대기후로 분류하는 것이 정확하다. 이는 해안에 인접한 지리적 위치의 영향으로 해안 지역이 내륙 지역에 비해 겨울

기온이 약간 높은 편이기 때문이다. 월평균 최고기온은 8월(25.2℃)에 나타나며 연교차는 27.2℃로 매우 큰 편이다. 이는 서해안에 인접한 지역에 나타나는 일반적인 특징이다.

2) 충청권과 경기권의 점이지대적 문화

지리적 위치는 문화 교류에도 영향을 미쳐 아산의 문화적 특성이 만들어졌다. 즉, 언어·민속 등 문화 특성이 동쪽의 천안과는 비슷한 반면, 서쪽으로 인접한 내포 지역과는 약간 다른 모습을 보인다. 즉, 호서(湖西)의 점이지대 성격을 갖고 있다. 또한 경기도와 인접하여 수도권과 충청권의 점이지대적 문화 특성이 나타난다.

수도권과의 교류는 오늘날에도 활발하게 이루어지고 있다. 대규모 산업시설들이 자리를 잡고 있고 물적·인적 교류가 활발하다.

3) 수도권과 연계된 산업도시

아산은 2차산업이 기반이 되는 산업도시이다. 제조업 종사자가 많고 제조업 고용 증가율도 전국 평균에 비해 높으며, 반도체·컴퓨터·자동차 등 우리나라 중심 산업이 발달해 있다. 아산시에 자리 잡은 기업체 수는 모두 1,907개(2018년 10월 기준)로 충청남도 내에서 천안시 다음으로 많은 숫자인데 3위인 당진시의 797개와 비교해 보면 아산시의 기업체 집중도가 매우 높음을 알 수 있다.

많은 업체들이 주로 인주·영인·둔포·음봉·탕정 등 아산만 인접 지역에 입지하고 있는데 수도권 인접 효과와 함께 항구 접근성과 관련이 깊다. 이 지역에는 제조업 수출 중심의 국내 대기업이 입지하고 있다. 아산 산업의 핵심을 차지하고 있는 이들 대기업은 국가 주력산업인 디스플레이·반도체(삼성전자)와 자동차(현대 자동차)를 생산하며 탕정·배방 및 인주에 각각 입지하고 있다. 탕정의 아산 디스플레이시티1·2는 가장 넓은 면적을 차지하고 있으며 2만여 명에 육박하는 고용 인원을 자랑하는 대표적인 산업단지이다. 인주면에 위치한 완성차 산업은 연관 효과가 큰 계열형 산업으로 아산시 전역에 관련 기업들이 집중하고 있다. 업체 수를 기준으로 보면 금속가공 제품, 기타 기계 및 장비, 자동차 및 기타 운송장비, 고무 제품 및 플라스틱 제품, 전자부품, 컴퓨터, 영상, 음향 및 통신장비 등의 비중이 높다.

〈표 2〉 아산시내 제조업체 현황(2018.10월 말 기준) [자료: 충청남도(2020)]

업종	업체 수	업종	업체 수
식료품	97	비금속광물제품	73
음료	5	1차 금속	50
담배	1	금속가공제품(기계 및 가구 제외)	309
섬유제품(의복 제외)	26	전자부품, 컴퓨터, 영상, 음향 및 통신장비	142
의복, 의복액세서리 및 모피제품	1	의료, 정밀, 광학기기 및 시계	79
가죽, 가방 및 신발	5	전기장비	99
목재 및 나무제품(가구 제외)	30	기타기계 및 장비	281
펄프, 종이 및 종이제품	33	자동차 및 트레일러	272
인쇄 및 기록매체복제업	8	기타운송장비	20
코크스, 연탄 및 석유정제품	0	가구	13
화학물질 및 화학제품(의약품 제외)	93	기타제품	83
의료용물질 및 의약품	14	산업용 기계 및 장비 수리업	32
고무제품 및 플라스틱제품	141		
합계		1,907	

3. 관계적 위치와 영향

아산은 고려시대 이래로 고려 도성이었던 개경이나 조선의 한성과
교류가 많았다. 이러한 특징은 수도권과 인접하고 있다는 지리적 위치
와도 관련이 있지만, 독특한 지역성의 배경이 된 것은 관계적 위치로
설명하는 것이 적당하다. 즉, 도성과 맞닿아 있는 경기도 지역과는 달
리 아산만 일대는 도성과 떨어져 있으나 뱃길로는 가까운 위치였다.
이러한 조건은 고려시대 개경, 또는 조선시대 한성에 거주하던 귀족층
들이 이 지역을 경제적 기반으로 삼는 배경이 되었다.

또한 지리적으로 봤을 때 한반도의 중간 지점으로, 내륙 쪽으로 깊
이 들어온 아산만 안쪽에 위치하여 삼국시대에는 한반도의 패권을 차
지하고자 했던 고대국가들에게 매우 중요한 위치였으며 중국, 일본 등
외국과의 연결에 유리한 위치였다. 이러한 관계적 위치 특성은 여러
면에서 아산의 지역성에 영향을 미쳤다.

1) 도성 인접 효과

아산만 일대는 백제 초기 위례성과 활발하게 교류했으며 후삼국시
대에는 고려와 후백제의 각축장이었다. 아산만을 이용하면 중부 내륙
깊숙한 곳까지 들어갈 수 있었으므로 전략상 중요한 자리였기 때문이
다. 이러한 위치는 대외적으로도 영향을 미쳐 고려시대 몽골의 경계
대상과 왜구의 침입 통로가 되기도 했으며 조선 말기에는 청일전쟁의
시발점이 되기도 하였다.

고려 말 최영 부자의 사저가 있었다거나 조선시대 내내 신창 맹씨,
예안 이씨, 덕수 이씨 등 유력 가문이 경제적 근거를 두고 있었던 점도

아산의 독특한 위치 특성과 관련이 있다. 맹씨행단, 외암민속마을, 현충사 등은 모두 이러한 아산의 특징과 관련된 역사 유적이다. 맹씨행단이 있는 배방읍 중리는 맹사성의 후손들이 세거해온 신창 맹씨 종족촌락이며, 외암리는 이간 등 예안 이씨의 종족촌락으로 전통 마을의 특징을 잘 유지하고 있다. 현충사는 이순신(덕수 이씨) 가문의 사당이었다.

충청도 일대를 아우르는 대표적인 세곡미 창고였던 공세창(倉)이 있었던 것도 아산의 관계적 위치로 설명할 수 있다. 공세창은 충청도 중부와 서남부인 아산·서산·한산·청주·옥천·회인 등 40개 고을에서 거두어들인 조세를 보관하던 창고였으며, 안성천과 삽교천이 합류하는 내륙 수로의 요충지로 도성과 연결에 유리한 조건을 갖추고 있었다.

초기 천주교 전파와 관련된 유적이 많은 것도 아산이 한성·경기와의 연결성이 뛰어난 곳이었던 조건과 관련이 깊다. 공세리성당이 가장 대표적인 천주교 관련 유적이다. 1895년에 설립된 공세리성당은 현재 내포 지역에서 가장 오래된 건물이다. 마을 민가를 거쳐 공세창 자리에 한옥으로 성당과 사제관 건물을 지었다가, 고딕식 건물로 1922년에 새로 지어 오늘날까지 전해지고 있다.

아산의 이러한 역할은 20세기 후반까지도 이어져서 1978년 삽교천 방조제가 완성되기 전까지 인천과 연결되는 정기 여객선이 삽교천과 인천을 오갔다.

4. 지질구조 및 지형과 주민 생활

아산 지역은 전체적으로 변성암 지대와 화강암 지대가 거의 반반 정

지질구조 [자료: 한국지질자원연구원]

도로 분포하고 있다. 변성암은 고생대 캄브리아기(약 5억 7천만 년 전) 이전에 형성된 한반도에서 가장 오래된 암석으로 긴 세월 풍화·침식을 받아 구릉성 산지를 이루는 경우가 많다. 중생대 쥐라기~백악기(2억 4천 5백만 년 전~6천 6백 40만 년 전)에 마그마가 변성암을 관입하여 만들어진 화강암은 절리(암석이 쪼개진 틈) 밀도에 따라 이중적 형태를 보인다. 즉, 절리밀도가 높으면 풍화·침식이 진전되어 너른 평지를 이루는 반면, 절리밀도가 낮으면 풍화·침식이 잘 진행되지 않아 기암절벽이 드러난 산지를 이룬다.

북부 화강암 지대(고용산)　　　　　　중부 화강암 지대(곡교천)

아산의 지질구조는 특이하게 북쪽 아산만에서부터 남쪽 광덕산까지
화강암-편마암-화강암-편마암 순서로 두 암석이 교대로 분포하는 모
습이다. 광덕산-망경산 능선을 비롯해 연암산-금산 주변이 대표적인
편마암 산지이다. 반면 아산 시가지 지역과 곡교천 유역은 모두 화강
암이 풍화되어 만들어진 평지이다. 아산호 연안과 삽교천, 곡교천 등
하천 주변에는 신생대 제4기에 하천이나 조수에 의해 만들어진 충적층
이 넓게 분포한다.

1) 북부 화강암 지대: 안성천 연안의 간척지와 구릉지대

영인면, 둔포면 일대이다. 중생대 쥐라기에 관입한 대보화강암으로
편마상각섬석화강암(영인면 일대)과 흑운모화강암(영인면 동부~둔포면 일
대), 반상화강암(둔포면 동부 일대)이 각각 분포한다.

대부분 지역이 풍화가 진전되어 고용산(295.8m)을 제외하면 낮은 구
릉지이거나 평지를 이룬다. 고용산 서쪽에는 품질이 좋은 화강석이 생
산되는 채석장이 있었다. 아산호 연안 지역에는 간척지가 넓게 펼쳐져
있는데 조수의 퇴적으로 만들어진 갯벌을 막은 것이다.

(1) 조수를 활용한 포구

근대 시기까지 이 일대는 조수를 이용하여 포구가 발달했는데 백석포, 당포, 시포, 둔포 등이다. 이들 포구들은 아산, 천안 지역과 수도권 및 기타 지역을 연결하는 역할을 했다. 특히 백석포는 청일전쟁 때 청군이 상륙했던 아픈 역사가 서려 있으며, 둔포는 일제 강점기 식민지형 교역의 교두보 역할을 하기도 했다.

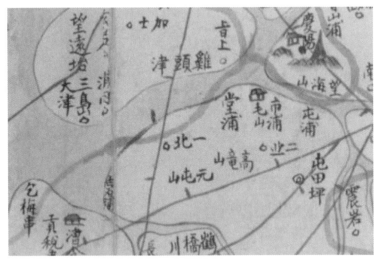

안성천 하구의 포구들(백석포, 당포, 시포, 둔포) [동여도]

2) 북부 변성암 지대: 낮지만 연속성이 강한 산줄기

이 일대는 높지는 않지만 비교적 연속성이 강한 산줄기가 발달하는데 대부분 변성암으로 이루어진 산지다. 이 산줄기는 금북정맥의 만일고개 남서쪽 500m 지점에서 갈라진 줄기로 천안의 큰매산-노태산 등을 지나 아산시에 이르는데, 음봉면의 용와산(238.6m)-연암산(292.7m)-금산

(251m)을 거쳐 인주면 신성리로 이어진다.

서북서-동남동 방향으로 발달한 이 변성암 지대를 화강암이 중간중간에 관입하여 금병산(염치), 영인산(363.5m, 영인), 밀두리(인주) 일대는 화강암이 분포한다.

(1) 고개가 많다

연속성이 강한 산줄기여서 예부터 고개가 발달할 수밖에 없었다. 내포에서 한성에 이르는 가장 큰 길이었던 수영도(水營道, 충청수영로)상에는 어르목고개가 있었다. 어르목고개는 신창에서 평택까지 구간 중가장 높은 고개였다. 온양 읍치와 아산 읍치를 연결하는 도로도 영인지맥을 넘어야 하는데 이 구간에는 아산고개가 있었다.

어르목고개와 아산고개 사이에는 배티고개와 도토목고개가 잇달아

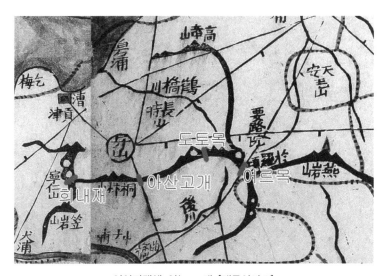

영인지맥에 있는 고개 [대동여지도]

영인산 화강암

공세리성당 일대의 지질구조

있었다. 앞의 두 고개에 비해 높이가 높고 통행량은 많지 않았다. 아산고
개 서쪽에서 영인산을 넘는 고개도 있었는데 이 고개는 희내재이다.
해발고도가 225m나 되어 영인지맥에서 가장 높은 고개였는데 곡교천
나루에서 아산 읍치로 넘어가는 지름길이어서 장꾼들이 많이 이용했다.

조선시대 충청도 일대의 세곡을 모아 한성으로 보냈던 공세창도 이
지역에 있다. 공세창의 포구였던 공진(공세포)은 편마암 산지인 입암산
(206.1m) 줄기가 아산만으로 돌출한 곳에 위치하였다. 갯벌이 넓게 발달
하면 포구가 발달하기에 불리한데 바다로 돌출한 편마암 지대는 이러한
단점을 잘 보완해 주었다.

(2) 아산온천: 변성암 지대에 발달한 독특한 온천

이 지역에는 아산온천이 있다. 1987년 발견되어 1991년부터 개발된
아산온천은 온양온천이나 도고온천과는 달리 편마암(선캄브리아기 경기
편마암복합체) 지역에 발달하고 있는 온천이다. 해안과의 거리도 멀고
해발고도는 100m~150m에 이르는 산록부에 발달한 온천으로 화강암

저지대에 발달하는 온양, 도고 등 두 곳의 온천과는 다른 입지를 보인다.

3) 중부 화강암 지대: 아산시 중심부를 이루는 평야

동쪽으로 천안 시내와 이어지는 배방읍 일대에서 서북서 방향으로
뻗어 아산시 시내를 거쳐 곡교천이 삽교천과 합류하는 지점 가까이까
지 이어진다. 이 화강암 지대는 길이 약 23km, 폭 8km에 이르는 규모
이며 서북서–동남동 방향의 구조선을 따라 관입한 방향성을 잘 보여
준다. 곡교천이 이 화강암 지대를 따라 흐른다.

아산 시가지가 발달하고 있는 곳은 바로 이 화강암 지역이다. 38쪽
의 지질구조 그림을 보면 편마암 산지 사이에 화강암 지역이 펼쳐져
있고 그곳에 아산 시가지가 발달하고 있음을 알 수 있다.

영인산에서 바라본 곡교천 유역

(1) 구조선을 따라 직선상으로 흐르는 곡교천

중앙부 화강암 지역과 북부 편마암 지역의 경계선과 인접하여 곡교 천이 흐른다. 곡교천의 중하류 부분은 구조선을 반영한 직선 모양을 잘 보여준다. 봉강천(곡교천)에 천안천이 합류하는 지점의 하류 쪽부터 이러한 특징이 잘 나타나는데 대략 서북서–동남동 방향이다. 서북서– 동남동 방향은 한반도 기본 구조선과는 다른 구조선으로 북북동–남남 서 방향으로 발달한 기본 구조선의 수직 방향으로 발달한 2차 구조선 이라고 볼 수 있다.

곡교천은 천안 시내에서 흘러나오는 천안천과 광덕산 남쪽과 차령 산지에서 흘러내려 오는 봉강천(곡교천), 그리고 광덕산 북록과 설화 산, 봉수산 기슭에서 흘러나오는 온양천 등이 모여서 서북서쪽으로 흐 른다. 천안천이 주로 화강암 지역에서 발원하는 것에 비해 봉강천과 온양천은 편마암 지역에 근원을 두고 있다.

이러한 특징은 두 하천의 유황에 영향을 줄 가능성이 크다. 즉, 천안 천은 폭우가 내리면 터미널 부근(방죽안 오거리) 등에서 홍수가 나는 경 우가 가끔 있지만 봉강천 일대는 좀체로 홍수가 나지 않는다. 생태적 잠재력이 큰 편마암 산지는 식생이 발달하고 보수력이 좋아 홍수를 예 방하는 효과가 크기 때문이다. 대표적인 편마암 산지인 광덕산은 풍서 천(곡교천 지류)과 온양천의 발원지로서 이 일대에서 가장 산이 높을 뿐 만 아니라 다양한 식생을 자랑한다.

(2) 수로 교통이 발달했던 곡교천: 교통체계의 변화와 지역 중심지의 이동

조선시대 곡교천은 온양군, 아산현, 신창현의 경계 역할을 했다. 본 류는 아산–신창, 아산–온양의 행정 경계선이었으며, 지류인 오목천은

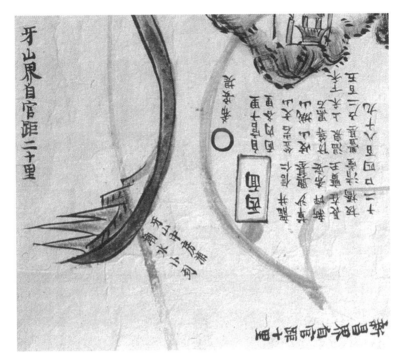

'중방포에 조수가 닿음'이 표시되어 있다. [1872지방지도(온양군)]

신창-온양의 경계였다.

곡교천의 양쪽에는 여러 곳의 포구가 발달해 내륙과 해안을 연결하는 역할을 했다. 특히 중방포는 삽교천 하구에서 상류 쪽으로 멀리 떨어져 있음에도 조수가 닿는 지점이어서 내륙 포구가 발달하기에 좋은 조건을 갖추고 있었다.

아산은 안성천과 곡교천 연안에 여러 포구를 거느림으로써 조선시대에 중심성을 유지할 수 있었다. 그러나 일제강점기에 철도와 도로 중심으로 교통수단이 바뀌면서 수로 교통의 요충이었던 아산은 급속하게 중심성을 잃었고, 반면에 온양이 근대교통수단에 힘입어 새로운 중심지

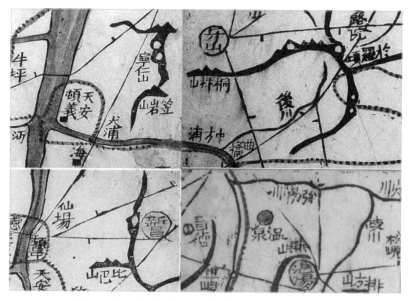

신창·아산·온양 경계와 곡교천 연안의 포구 [대동여지도]

로 떠올랐다. 1910년 천안—온양 간 신작로가 부설되고 이후 장항선(당시는 경남선) 철도가 건설되면서 과거의 중심이었던 읍내리에서 온천리로 온양의 중심이 이동했다. 신창 역시 장항선이 개통되면서 과거의 중심(신창면 읍내리)이 철도 주변(신창면 오목리)으로 일부 옮겨갔다.

(3) 온양온천의 비밀: 백악기 화강암 지대

아산 시내 화강암 지대는 쥐라기 화강암 지대와 백악기 화강암 지대로 나뉘는데 온양관광호텔 사거리를 중심으로 남북으로 뻗은 시민로를 경계로 동쪽은 쥐라기 화강암, 서쪽은 백악기 화강암이다. 온양온천과 도고온천은 대부분 백악기 화강암 지대에 발달한다. 쥐라기와 백악기의 경계는 약 1억 4,400만 년 전으로 백악기 화강암이 쥐라기 화강

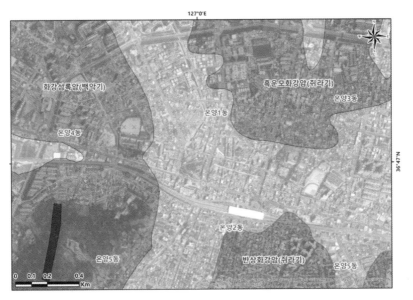

아산시대 지질구조 [한국지질자원연구원]

암에 비해 늦게 관입한 약간 젊은 땅이어서 상대적으로 온천이 발달하기 유리한 조건을 갖고 있다.

아산시 일대의 화강암은 설악산-대관령에서 시작되어 원주-여주·이천-안성·평택-예당평야-태안반도로 이어지는 거대한 화강암 지대에 속한다. 중생대 쥬라기에 관입한 이 화강암 줄기는 한반도 허리를 가로지르는 한반도 최대의 화강암 지대라고 볼 수 있다. 아산시 일대의 화강암은 북동-남서 방향의 거대한 화강암 지대 내부에 기본 방향의 수직 방향으로 발달한 서북서-동남동 방향의 2차 구조선이 교차하는 지점이다.

이러한 지질구조적 특징이 온양온천과 도고온천 등 유명한 온천이 발달하는 한 원인이 되었다. 우리나라의 온천은 거의 화산과 무관한 온천으로 단층대나 구조선을 따라 발달한다. 대부분 중생대 쥐라기 화강암 지역에 발달하는데 이는 구조선을 따라 화강암이 관입한 것과 관련이 깊다. 그리고 그중에서 해안에 인접한 곳에 발달하는 경향이 있다. 온양온천과 도고온천은 이러한 특징이 전형적으로 나타나는 온천이다. 얼핏 해안에서 떨어진 것처럼 보이지만 온양온천과 도고온천이 있는 곳은 모두 제4기 충적층으로 덮여 있는 지역으로 후빙기 초기에는 거의 바닷물에 잠겨있었거나 해안에 인접했던 지역이다.

온양온천은 우리나라 온천 가운데 가장 오래전에 개발된 온천으로 알려져 있다. 백제시대에는 탕정(湯井)으로 불렸는데 '끓는 우물'이라는 뜻이니 당시에 이미 온천이 활용되었을 가능성이 크다. 고려 때는 온수(溫水)로 불렸으며 조선시대 이후 온천이 있는 고을이라는 의미로 온양(溫陽)이라 불렸고 온천에는 온궁(溫宮)이 건립되어 임금의 휴양지로 활용됐다. 조선시대 내내 온양은 군(郡)의 위계를 유지했는데 이는 온천과 관련이 깊다. 즉, 신창과 아산이 교통로 상 더 중요한 위치에 있었지만 온궁이 자리 잡았던 온양이 행정적 위계가 높았던 것이다.[4] 실제로 세종이 온궁을 세우고 온양온천에 행차해 질병을 치료한 이후 온양은 군의 위계를 얻었고 이를 내내 유지하였다.

(4) 바람의 통로 곡교천

서북서-동남동 방향으로 발달한 구조선을 따라 발달한 곡교천은 아산만으로 불어 들어오는 서풍의 통로가 된다. 화강암 지대 양쪽에 평

---

4 조선시대 온양군, 아산현, 신창현 중 온양이 두 고을보다 행정 위계가 더 높았지만, 수로 교통의 요충지로서 아산이 온양보다 면적도 넓고 인구가 더 많았다.

행으로 분포하는 산지는 마치 깔때기처럼 바람을 유도하는 역할을 하고 있다. 그래서 아산과 천안 일대는 대체로 서풍 계열의 바람이 연중 많이 분다.

　이러한 기후 특징은 겨울 강수에 영향을 미친다. 즉, 서해에서 서풍을 타고 아산만으로 들어온 습기는 직선상의 곡교천을 따라 빠르게 내륙으로 들어온다. 내륙으로 들어올수록 온도가 떨어지면서 응결하여 눈이나 비를 내리게 된다. 아산, 천안 지역에서 회자되는 말 중에 '쑥고개를 넘으면 날씨가 달라진다.'라는 말이 근거 없는 낭설은 아닌 셈이다.

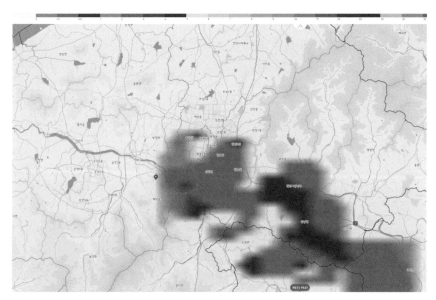

겨울철 강수 패턴(2020.12.30. 사례) [기상청]

4) 남부 변성암 지대

아산시가 천안시와 경계를 이루는 태학산-망경산-광덕산 능선에서 도고면·선장면 일대의 삽교천 유역에 이르는 넓은 지역에 분포한다. 선캄브리아기 호상흑운모편마암, 시대 미상의 호상편마암과 녹니석편암 등으로 이루어져 있다.

광덕산(699.7m)을 중심으로 망경산(600.8m), 봉수산(535.3m), 도고산(485m) 등 높은 산지들이 아산시의 동쪽에서 남쪽으로 이어지면서 천안시·공주시·예산군과 행정 경계 역할을 하고 있다. 광덕산은 이 일대에서 가장 높은 산이다.

(1) 연속성이 강해 종주 등산로가 발달한 산지

이 일대에서 가장 높은 광덕산을 중심으로 연속성이 강한 산지들이 분포해 등산로가 발달했는데, '배방산-태학산-망경산-설화산(배태망설)', '설화산-광덕산-봉수산-도고산(설광봉도)' 등으로 불리며 등산을 좋아하는 사람들을 끌어들이고 있다.

또한 이 지역은 연속성이 강한 산지 특성상 많은 고개가 발달했는데 넙티(넓티. 배방읍 수철리-천안시 광덕면 보산원리), 각흘고개(송악면 거산리-공주시 유구면 문금리), 오형제고개(송악면 강장리-예산군 대술면 송석리), 갈재(송악면 종곡리-공주시 유구면 문금리) 등이 대표적이다.

광덕산 장군바위(호상흑운모편마암)

생태적 잠재력을 잘 보여주는 광덕산 습지

(2) 생태적 잠재력이 큰 산지를 배경으로 번성한 외암리

편마암 산지는 보통 영양염이 풍부해 식생이 발달하는데 이 일대 산지들도 전형적인 편마암 산지의 성격을 가지고 있다. 곡교천 본류와 온양천이 이 산지에서 발원하는데 든든한 생태적 잠재력을 배경으로 수원이 풍부해 곡교천 유역 평야를 적셔주는 젖줄 역할을 하고 있다.

이러한 생태적 잠재력은 전통 마을이 발달하는 데도 좋은 영향을 미쳤다. 설화산 서남록에 자리 잡은 외암마을은 설화산과 광덕산을 배경으로 번성한 촌락을 이루었다. 마을의 풍수적 입지는 화강암 산지를 배경으로 하면서도 편마암 산지에서 발원한 하천 연안에 발달한 작은 범람원을 앞에 두고 있어 생산성을 확보하기에 유리했다.

5. 인문지리적 특성

1) 행정구역 변화

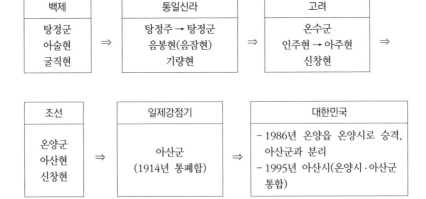

2) 인구 추이

- 면적 542.80㎢
- 인구 323,789명
- 인구밀도 596.52명/㎢
- 평균 연령 40.7세(남 39.8, 여 41.7), *전국 평균(43.6세, 남42.5, 여44.7)

(1) 인구 변화와 분포

일제 강점기 이후 온천을 배경으로 관광도시로 자리 잡은 아산은 해방 이후에도 관광도시의 성격을 유지하면서 성장했다. 그러나 1960년대 후반 이후 전국적인 이촌향도 물결을 피하지 못하고 인구가 감소하여 15만 명 대(1995년 154,331명)까지 줄어들었다. 도시부와 농어촌부 사이의 인구 분포 격차가 벌어져 1986년 온양읍이 시로 승격, 분리되기도 하였다.

〈표 3〉 인구 변화 [국가통계포털 / 행정안전부]

연도	인구
1966년	171,858명
1975년	162,217명
1985년	158,233명
1986년	온양읍이 온양시로 승격, 분리
1990년	164,882명(온양시 66,253)
1995년	온양시·아산군 통합 → 도농통합 아산시
1995년	154,331명
2000년	179,900명
2005년	206,851명
2010년	272,282명
2015년	297,737명
2020년	316,129명
2021년(10월)	323,789명 (*외국인 포함 350,685명)

　1990년대 후반 이후 산업시설들이 들어서면서 인구가 지속적으로 증가하고 있다. 지역별 분포에서 이러한 특징이 잘 드러난다. 즉, 배방읍, 탕정면, 음봉면 등 산업시설이 집중돼 있는 지역을 중심으로 인구가 증가하고 있다. 인구구조는 전국 평균에 비해 평균 연령이 낮은 것이 특징이다. 특히 남성 평균 연령(39.8세)이 낮아 취업 관련 인구 유입이 많음을 알 수 있다. 그 결과로 충청남도에서 천안에 이어 인구가 두 번째로 많으며 앞으로도 인구가 계속 늘어날 것으로 전망된다.

〈표 4〉 아산시 읍·면·동별 인구(2021.10) [행정안전부]

순	읍/면/동	인구(명)
1	도고면	4,418
2	둔포면	22,491
3	배방읍	81,392
4	선장면	3,072
5	송악면	4,214
6	신창면	19,686
7	염치읍	6,456
8	영인면	5,515
9	온양1동	9,364
10	온양2동	10,757
11	온양3동	36,473
12	온양4동	18,584
13	온양5동	21,379
14	온양6동	28,823
15	음봉면	20,313
16	인주면	6,296
17	탕정면	24,556
합계		323,789

참고 자료

『대동여지도(大東輿地圖)』
『동여도(東輿圖)』
『1872지방지도』

도도로키 히로시, 「20세기 전반 한반도 도로교통 체계 변화 - 신작로 건설과정을
　중심으로」, 서울대학교 대학원 박사학위논문, 2004.
아산시, 『아산시지』, 2017.
아산시, 『2025 아산시 중장기 발전계획』, 2016.
전종한, 「민속마을 외암리의 경관 원형과 경관 동학」, 『문화역사지리』 18(2),
　한국문화역사지리학회, 2006.
천경석, 『아산의 옛길과 고개』, 온양문화원, 2015.
충청남도, 『충청남도 지리지』, 2020.

국가통계포털(KOSIS) http://kosis.kr
국토지리정보원 http://www.ngii.go.kr
규장각 한국학연구원 https://kyu.snu.ac.kr/기상청 https://www.weather.go.kr/
디지털 아산 문화 대전 http://asan.grandculture.net/asan
땅과 사람들 http://blog.daum.net/lovegeo
행정안전부 주민등록 인구 통계 https://jumin.mois.go.kr/
한국지질자원연구원, 지질정보서비스시스템 http://mgeo.kigam.re.kr

아산의 지정학적 특징

전성운

1. 장소성과 아산의 자연환경

인간은 자연환경의 제한이나 열악함에 안주하지 않고 항상 주변 환경을 적절히 활용하고 한계를 극복함으로써 삶의 풍요로움을 달성하고 인간적 가치를 실현하고자 했다. 이는 인간이 자연환경과 접하면서 순응과 화합, 갈등과 투쟁이란 일련의 과정을 거쳤음을 뜻한다. 그리고 이것이 인간 문명의 역사이며 인간적 질서의 구축 과정이다.

특정 지역의 장소성 발현은 인간과 환경의 수응(酬應) 양상으로 규정된다. 즉 아산(牙山)의 장소성에 대한 이해는 자연 지리적 여건에 수응하며 인간적 가치 질서를 구축해온 과정에 대한 고찰을 통해 이루어질 수 있다. 이런 점에서 아산의 지정학적 특징과 아산 사람의 삶의 변화

과정에 대한 적실(的實)한 이해는 아산 시민으로서의 자부심을 생성하는 토대로 작용한다. 아산의 지정학적 특징을 살피려는 까닭이 여기에 있다.

아산의 지정학적 특징을 살피기에 앞서 주지해야 할 바가 있다. 먼저, 현재의 아산은 과거의 아산과 그 영역이 다소 다르다는 점이다. 과거 온주(溫州), 아산현(牙山縣), 신창현(新昌縣)이 현재 아산의 대부분을 이룬다. 탕정면, 도고면, 인주면, 선장면 등의 일부 지역은 위 세 지역의 일부이거나 천안, 수원 등에 속하기도 했다.

현재 아산의 영역은 1906년 대한제국정부 칙령 제49호에 따른 지방구역 정리와 1914년의 지방행정구역 정리에 의해서 사실상 획정(劃定)됐다. 요컨대 아산 지역의 행정 구분은 월경지(越境地) 관련 논의나 행정구획 정리의 경위 등에서 살피기로 하고, 여기서는 과거 온주, 아산현, 신창현 지역을 중심으로 현재 아산의 지정학적 특징을 살펴보고자 한다.

다음으로, 특정 지역의 장소성은 인접 지역과의 관계에 따라 역사적으로 달라진다는 점이다. 조선시대의 아산과 고려, 삼국시대 이전의 아산은 동일한 장소성을 띠지 않는다. 예컨대 조선시대는 한양이 수도가 됨에 따라, 아산은 그 이전 시대와 장소적 위상이 달라진다. 이런 점에서 개경이 한반도의 중심이었던 고려 때나 경주가 중심이던 통일신라 때의 아산이 지닌 장소적 위상이 결코 같을 수 없음은 자명하다.

물론 아산의 자연 지리적 특징은 오랜 시간동안 변하지 않았다. 지진이나 화산, 해일 등과 같이 특정 지역의 공간적 구성을 뒤흔드는 거대한 자연현상이나 인간의 지난(至難)한 노력이 있기 전까지는 말이다. 이것은 아산 장소성의 근간이 되는 지정학적 특징이 크게 바뀌지 않았음을 뜻한다. 그러므로 여기서는 아산의 자연 지리를 중심으로 그에 따른 지정학적 특징에 대해 알아보도록 하겠다.

2. 아산의 자연 지리적 특징

아산의 지정학적 특징은 '복합적 경계성'으로 집약(集約)된다. 여기서 '복합'은 산과 강, 평야, 바다가 아산이란 특정 지역에 복합적으로 존재한다는 것이다. 그리고 '경계'는 해안과 내륙, 한반도 중부에서 남부로의 경계 지점에 위치한다는 점이다. 실제로 아산의 복합적 경계성은 아산의 장소성 형성과 변화에 많은 영향을 끼쳤다. 복합적 경계성이란 말을 이해하기 위해 아산의 자연 지리적 특징을 구글 지형도를 통해 살펴보자.

아산의 지형도에서 가장 먼저 눈에 들어오는 것은 서해 바다로 흘러 들어가는 두 개의 하천이다. 아산의 북쪽에 위치하며 동서로 흐르는 하천은 직산, 안성의 방향에서 평택과 아산을 경계 지으며 서해로 흘러드는 안성천이다. 그리고 다른 하나는 예산 방면에서 아산과 당진을 가르며 남에서 북으로 흐른 후, 안성천과 합류하여 서해로 나가는 삽교천이다. 아산은 북쪽 안성천과 서쪽 삽교천에 의해 '「' 모양으로 보호되는 공간, 북쪽과 서쪽의 하천이 내륙에서 아산만의 바다를 향해 나가는 형국이다.

이제는 눈을 돌려 산의 흐름이란 측면에서 보자. 안성천의 남쪽에는 영인지맥(靈仁地脈)의 여러 산들이 동서로 길게 자리한다. 그리고 남쪽 지역에는 태화산을 기점으로 망경산, 광덕산 중심의 금북정맥(錦北正脈), 이른바 차령산맥(車嶺山脈) 자락이 동서로 가로지르며 흐르다 예산 방면에서 봉수산, 증만산, 도고산 등의 여러 산이 넓게 자리 잡은 채 서쪽을 막아섰다. 아산을 에워싼 산들은 북, 남, 동이 산으로 막힌 형국을 보인다. 기본적으로 북쪽 지역의 영인지맥과 동남쪽 지역의 금북정맥이 'ㄱ' 모양으로 막아선 형국이다. 물론 아산의 동쪽 지역인 안성, 천안, 세종으로 이어지는 남북 축의 산맥인 금북정맥은 아산과 직접 연결된 산맥은 아니다.

이것은 하천을 통해 서북쪽의 바다를 향해서 열려 있는 아산만을 기점으로 보면 안성이나 천안·청주 등 동쪽의 내륙으로, 혹은 유구·공주 등의 남쪽 내륙으로 진출할 수 있음을 의미한다. 반대로 내륙을 기점으로 보면 아산을 통해서 안성천과 삽교천을 통해 서해로 나가 한반도는 물론이고 해외까지 진출할 수 있음을 보여준다.

그런데 아산의 지형과 관련해 하나 더 주목할 점이 있다. 그것은 아산

을 싼 외곽이 아니라 내부의 공
간에 대한 주목이다. 구글 지
형도를 확대해서 보자. 아산의
중심에는 동서로 가로지르며
흐르는 곡교천이 있다. 아산은
곡교천을 중심에 두고 남북으
로 나뉘어진다. 곡교천의 북쪽
은 영인산을 정점으로 하는 영
인지맥이 동서의 직선축을 이루며 가로막고 있고, 남쪽은 배방산과 설
화산에서 학성산으로 이어지는 반원 모양의 산들이 늘어서 있다. 아산
의 내부 중심 공간은 직선과 원호에 의해 둘러싸인 평야 한 가운데를
곡교천이 흐르고 있는 모양이다. 이런 점에서 아산의 중심부는 하천과
평야지대에 해당하며, 동, 북, 남은 산악 지대에 해당한다.

한마디로, 아산은 바다에서 내륙, 평야와 산간이 공존하는 복합 공간
이면서, 동시에 바다에서 내륙으로 이어지는 입구이자 내륙에서 바다로
나가는 출구이고, 한반도 중부에서 남부로 이어지는 경계의 공간이다.
이것이 아산의 지리적 특성을 '복합적 경계성'으로 규정한 까닭이다.

3. 아산의 지정학적 위상

그렇다면 실제로 아산의 복합적 경계성으로의 지형적 특징은 아산
의 장소성과 어떤 연관이 있으며, 어떤 양상으로 발현되고 있는가. 그
것은 다음의 세 가지 측면에서 말할 수 있다.

첫째는 수로 교통의 거점이라는 사실이다. 아산은 수로(水路)의 거점이자 조운(漕運)의 중심지였으며 신문물 수입의 관문이었다. 14세기 이전만 해도 해수면이 현재보다 높아 내륙 평지와 도로가 충분히 발달하지 못했다. 반면에 해상 교통은 운송과 이동에 여러 모로 편리했다. 수운(水運)은 육로 운송에 비해 그 비용이 약 1/30에 불과하다고 한다. 해상 교통으로의 수로는 오늘날의 고속도로에 비견할만하다. 그렇기에 하천을 통해 바다로 나갈 수 있는 아산이 수로의 거점이자 조운의 고장으로 이름을 떨치게 된 것이다.

실제 과거 아산에는 크고 작은 포구가 산재(散在)했었다. 인접 지역인 당진(唐津; 당나루)에서 동쪽 내륙으로 이어지는 안성천에는 고려시대의 하양창(河陽倉)과 조선시대의 공세창(貢稅倉)이 있었고, 남쪽으로 흐르는 삽교천에는 장포(獐浦; 노루포)라는 국가적 규모의 물류 기지가 있었다. 아산은 이들 물류 기지를 통해 내륙의 물자를 개경이나 한양까지 운송했으며, 동시에 외부 지역의 물류를 내륙으로 이송하였다.

이른바 수로의 거점이자 관문이었다. 아산에는 국가적 규모 외에도 많은 포구가 있었다. 안성천에는 백석포(白石浦), 모산(毛山) 하양창 부근의 당포(堂浦), 시포(市浦), 둔포(屯浦)가 있었고, 곡교천에는 중방포(中訪浦), 견포(犬浦)가 있으며, 삽교천에는 돈곶포(頓串浦), 선장포(仙掌浦) 등이 있었다. 이들은 모두 삼국시대부터 고려, 조선을 거치며 중국이나 전국 각 지역 및 개경과 한양 등을 연결하는 포구들이었다. 아산 지역 주변에 많은 포구가 있고, 수로가 발달할 수 있다는 특성 때문에 조선 태종 때는 장포(獐浦)에서 서해로 나가는 운하를 파려는 시도도 있었다.

아산의 수로 거점으로서의 특징은 다양한 역사적 사실을 통해서도 확인된다. 예컨대 인접한 당진이 중국과 교역 거점이었으며, 임진왜란 때 왜군은 아산만을 통해 상륙했고, 19세기 독일 상인 오페르트가 아산의 맞은편 지역인 덕산의 남연군의 무덤을 도굴하기 위해 침입했다. 뿐만 아니라, 청일(淸日)전쟁 때는 청의 군대가 아산만에 상륙해서 평택 인근에 주둔했던 일본군과 전투를 벌였다.

이런 특징은 근현대에도 이어진다. 일본이 청과의 전쟁에서 승리했기에 조선시대 아산현이 아산군에서 아산시로 승격했으며, 일본군이 비행장 및 군사기지를 건설하던 것을 미군이 인수하여 아산 인접 지역에 '캠프 험프리(Camp Humphreys)'가 들어섰다. 이외에도 아산 주변은 삼국시대 불교나 근대 천주교와 같은 신앙의 주요 유입 통로이기도 했다. 서산의 마애불이나 합덕 지역의 솔뫼 성지, 아산 각 지역의 불교 유적이나 공세리 성당 등도 수로 거점으로서 아산의 면모와 무관하지 않다.

둘째, 내륙 교통의 관문(關門) 역할을 했다는 점이다. 아산은 중부와 남부를 차단하면서도 잇는 담장이자 문의 역할을 했다. 그 근거로는 아산 지역에 존재하는 수많은 산성(山城)을 들 수 있다. 영인지맥과 배방산, 설화산을 기점으로 한 금북정맥의 지맥을 연결하는 산들은 차단과 소통의 관문(關門) 구실을 한다. 이들 산맥을 지나야 새로운 세계로 나갈 수 있었다. 남쪽에서 북쪽으로 올라갈 때도, 북쪽에서 남쪽으로 내려갈 때도 그러했다.

실제로 영인지맥 주변에는 다음과 같은 산성들이 있다. 인주면 금성리 구룡말 금성리산성, 영인면 아산리의 영인산성, 성내리 고용산의 성내리산성, 음봉면 송촌리 청계동의 꾀꼴산성, 송촌리 물한산의 물앙성, 신수리 물한산의 무명산성, 용와산성, 연암산성, 염치면 백암리 서원말의 백암리산성과 선장면의 군덕리산성 등이 있다.

또한 천안과의 동서 경계 지점에는 탕정면 호산리의 호산리산성(虎

山里山城), 매곡리의 산성이 있으며, 금북정맥의 지맥인 배방산과 설화
산과 연결된 지역에는 배방읍 세교리의 속샘말 산성인 세교리산성(細
橋里山城), 신흥리 감택마을의 배방산성, 읍내동의 성안말산성, 읍내리
산성, 기산동산성(岐山洞山城), 신창면 읍내리의 신창학성(新昌鶴城) 등
이 있다.

　이들 성(城)들은 곡교천을 가운데 두고 북쪽과 남쪽의 동서로 이어진
산세를 따라 자리하고 있다. 이렇게 아산에 많은 산들이 존재한다는
것은 아산과 그 주변을 둘러싸고 얼마나 많은 전쟁이 있었는지와 아산
의 전략적 중요성을 알게 한다. 산성은 바다로부터 들어오는 외부 세
력에 대한 견제는 물론이고, 내륙에서 남하 혹은 북상하는 세력을 막
기 위해 존재했다. 이런 점에서 아산의 관문으로서의 경계성을 이해할
수 있다.

　그런데 이런 산성들은 배후 산과 평지 주거지가 조화를 이루는 결절
지점에 존재한다. 이들은 다른 산성과 산의 흐름을 따라 연결되었고
하천과 마주하기도 한다. 구체적인 예로는 신창의 학성을 들 수 있다.
신창학성은 관청 소재 배후 산에 위치한 치소산성(治所山城)의 특징을
보인다. 또한 신창학성은 '설화산(약사불, 용주사)－월라산－승주골산－황
산－도망산－금암산－보갑산－덕암산－맹산－학성산'의 결절선을 이루며,
기산동토성과 산으로 연결되어 마주보고 있다. 게다가 신창학성은 곡교
천에서 이어지는 아산만과도 맞닿아 있다. 신창학성은 산으로 연결되어
소통하고 하천(河川)과 마주하며 차단하는 지점에 위치한다. 그리고 그
기슭 아래 사람들이 안거(安居)할 수 있도록 했다. 이처럼 신창의 학성은
차단과 소통의 편안한 삶이 보장된 중첩 기능의 결절점에 존재하며 관문
역할을 수행했다.

내륙 교통의 관문적 특성은 고려 초기의 유검필(庾黔弼)과 관련된 기록이나 임진왜란 당시의 기록인『선조실록』에서도 드러난다. 고려 태조 왕건은 유검필에게 당시의 탕정군(湯井郡), 지금의 배방산에 성을 쌓도록 했다. 해로나 육로를 거쳐 북상하는 후백제군을 차단하려는 의도 때문이었다. 그런데 당시 후백제의 장군 김훤(金萱), 애식(哀式), 한장(漢丈) 등이 3천여 명의 군사를 거느리고 아산보다 더 내륙으로 이동해 청주(靑州)를 침범했다. 그러자 신령이 유검필의 꿈에 나타나서 말하기를, "내일 서원(西原; 청주)에 반드시 변고가 있을 터이니 빨리 가라"고 하였다. 이에 유검필은 놀라 깨어, 청주로 가 적군과 싸워 격파하고 독기진(禿岐鎭)까지 추격해 승리했다. 왕건이 성을 쌓도록 한 것이나 유검필이 내륙으로 신속하게 이동한 것 등은 모두 아산의 전략적 가치를 드러낸다.

『선조실록』에는 "아산(牙山) 고을은 호서(湖西)의 요충지(要衝地)에 있어 사변을 당한 오늘날 기무(機務)가 가장 긴요하므로 나이가 젊어 일에 경험이 부족한 신 현감(縣監) 조국필(趙國弼)이 감당하기 어려울 것이니 체차(遞差)를 명하시고 각별히 사람을 골라 제수하소서."라고 기록하고 있다. 임진왜란 당시에도 아산은 조운과 육해로의 교통 요충지였다. 이런 전략적 중요성은 근현대에 이르러서도 크게 바뀌지 않았다. 앞서 말한 바, 한반도 내에서 최초 청일 전쟁이나 아산 부근의 미군 기지 존재 등도 그것을 나타낸다.

이상과 같은 복합적 경계성에 토대를 둔 아산의 장소성 외에 하나 더 주목해야 할 것이 있다. 그것은 공간을 둘러싼 지리적 특징이 아닌 아산 내부의 자연 조건과 관련된다. 이른바 온천의 존재다. 온천을 가리키는 말은 실로 다양하다. 온수(溫水), 난수(暖水), 탕수(湯水), 열수(熱水)

등처럼 물의 온도에 따라 다르게 사용한 경우가 있는가 하면, 온정(溫
井), 탕정(湯井), 열정(熱井), 화정(火井)과 같이 샘을 드러낸 용어도 있다.
그런데 아산 지역의 옛 이름 가운데 하나가 바로 탕정(湯井)이고 온주(溫
州)이다. 아산 지역의 온천은 일찍부터 알려진 지역 특성이었다.

온천은 애초부터 신이한 현상이고 상서로운 조짐으로 이해되었다.
더불어 온천은 치병과 휴양의 효능도 지니고 있다. 그래서 온천은 하
늘과 땅 사이의 상서로운 조짐(天地瑞祥)으로 이해되었으며 온천은 현
실적 장애의 해결책으로 받아들여지기도 했다. 질병을 비롯한 답답한
현실을 극복할 특별한 방책으로 온천을 인식한 것이다. 아산이 삼국
시기 백제의 초도지(初都地)로서 온조(溫祚)가 아산의 들에서 사냥을 한
것도 이런 상서로운 조짐으로써의 온천의 존재와 무관하지 않다.

더욱이 고려와 조선의 국왕들은 아산으로 온천 여행을 즐겼다. 국왕의
온천 여행은 수천 명이 동원되는 대규모 국가 행사였다. 『현종실록』에는
국왕의 온천행에 동원된 군사의 숫자가 기록되어 있다. "어영대장 유혁
연은 보군 1천 3백 60명, 별마대 57명, 별초 무사 49명, 별파진 22명,
각 차비군 3백 31명을 거느리고, 훈련천총 구문치는 연(輦)을 호위하는
포수 1천명을 거느리고, 금군별장 이동현은 금군 5백 50명을 거느리며,
마대 별장 민승 등은 마병 5백 명을 거느리고 앞뒤로 호위하였다."

실록에 기록된 바에 따르면 다양한 직종의 군인만 4,000여 명이 동
원되었음을 볼 수 있다. 물론 그 외에도 왕을 수행하는 관료와 그 일행
을 고려하면 실로 어마어마한 인원이 동원되었을 것이다. 한마디로 국
왕의 온천행은 한 나라의 수도를 임시로 옮기는 거국적인 행사였다.
더구나 왕이 온천욕을 즐기는 동안에 머물 행궁(行宮)까지 축성되었다.
아산은 온천이라는 지역적 특징으로 인해 일시적으로나마 임시 수도

로 기능을 하였던 것이다.

이같은 온천이란 지역적 특징은 근대 이후 아산이 관광과 휴양의 도시로 자리 잡게 된 배경이기도 하다. 일제 강점기와 근대 온양은 최고의 휴양지면서 신혼여행지였다. 지금은 신 수도권으로 지하철로 오갈 수 있지만, 한때는 많은 사람들에게 낭만적 휴식의 공간으로 인식되었다. 모두 온천이 존재했기에 가능한 일이었다.

4. 아산의 장소성 변천

아산은 북쪽의 영인지맥과 동남쪽의 금북정맥, 서쪽의 바다와 하천에 의해서 이루어진 고립된 특징을 지닌다. 교통수단이 발달하지 않았고 인적 교류가 적었던 시절의 아산은 편소(偏小)한 독립 세계의 면모를 보였다. 아산 남성리 등지에서 발견된 국보급 청동기 유물은 이 지역에 군장이 존재했음을 보여준다. 아산 지역민은 자신만의 독립된 안정된 공간에서 수운(水運)과 육로를 통해 인접한 다른 세계의 사람 및 문화와 교류했다.

이런 아산의 장소성은 역사의 발달과 함께 변화한다. 인접한 지역인 당진(唐津)의 지명에서 볼 수 있는 것처럼, 해로의 개방성과 육로의 폐쇄성이라는 특징을 기반으로 새로운 문물이 유입돼 한반도에 새로운 생명을 불어넣는 공간으로 변모하게 된다. 고려와 조선시대에는 수운의 거점이자 교통의 요지로 자리하게 된다. 이는 아산의 장소성이 '자기중심적 독립 세계'에서 '결절과 폐쇄의 이중성'을 특징으로 하는 '경계성의 공간'으로 변화했음을 보여준다.

이와 같은 아산의 장소성 변화는 특정 시기의 자기중심적 독립 세계가 더 큰 세계로 통합되는 과정, 즉 질서의 재편 과정을 가리킨다. 아산의 지역적 정체성이 시대적 변이와 인문환경의 변화에 수응(酬應)한 결과, 아산의 장소성이 주변, 변경으로 변질되기 시작한 것이다. 아산은 자기중심적 세계의 장소성이 지역성의 근간을 형성했으나, 다른 역사 시기, 상이한 인문환경 하에서 위상이 달라진 것이다. 이는 아산이 자연을 환경에 제한하지 않고 시대에 따라 변화와 창조에 주저하지 않았음을 의미한다. 즉 아산은 역사적 단계마다 중심의 흡인(吸引)에 의한 붕괴나 중심 없는 무한 추락의 위험에서 벗어나 생성과 창조를 지향하며 자기 정체성을 확보해왔다.

제2부

역사와 인물 이야기

아산 연대기

김일환·조형열

1. 아산의 고대와 중세사

1) 아산의 고대사회

아산의 역사를 선사시대(先史時代)와 역사시대(歷史時代)로 구분해서 살펴보면 선사시대는 구석기시대부터 철기시대로 유적과 유물을 통해 파악된다. 구석기시대 유적으로는 권곡동유적, 실옥동유적, 명암리 밖 지므레유적, 용두리유적, 연화동유적 등이 있으며, 여기서 몸돌을 비롯해 격지·여러면석기·긁개·밀개 등이 출토되었다. 시기는 대부분 1만년~3만 5천년 전의 후기 구석기시대에 속한다.

신석기시대 유적으로는 풍기동유적, 성내리유적, 장재리 안강골유적, 용화동 가재골유적, 용두리 부기리유적, 백암리 점배골유적 등이 발견되었으며, 이들 장소에서 주거지와 수혈 등이 확인됐다. 유물로는 빗살무늬토기·갈돌·갈판·숫돌·방추차·돌도끼·돌보습 등이 출토되었다. 유적 조성 시기는 주로 신석기시대 중기 이후에 해당한다.

아산 지역은 곡교천과 삽교천을 중심으로 저구릉성 산지가 발달되어 있어 농경에 적합한 자연환경을 갖추고 있었다. 이들 지역을 중심으로 청동기시대 유적 다수가 분포하고 있는데, 대표적으로 명암리유적, 명암리 밖지므레유적, 남성리유적, 와우리유적, 풍기동유적 등을 들 수 있다. 유물로는 토기류를 비롯해 돌도끼·돌끌·돌화살촉·갈돌·토제방추차·어망추 등이 있다. 이들 주거지는 청동기시대 전기부터 후기에 이르기까지 분포되어 있는데, 전기의 수렵과 어로 중심에서 경작 중심의 생계 방식으로 변화하는 양상을 보여준다.

철기시대 유적으로는 남성리 석관묘, 백암리유적, 궁평리유적, 대추리유적 등이 발견되었으며, 유물로는 점토대토기(粘土帶土器)를 비롯해 흑도장경호·석촉 등이 출토되었다. 유적과 유물의 사례가 적어 아산 지역 철기시대의 사회상을 파악하는 데는 한계가 있지만, 발달된 농경문화를 배경으로 큰 규모의 정치체(政治體)가 형성되어 있었을 것으로 추정된다.

역사시대로의 이행은 원삼국시대(삼한시대)부터이며, 이때 아산 지역은 마한 연맹체에 편제되어 있었다. 마한 연맹체는 모두 54개의 소국(小國)으로 구성되어 있었는데, 그 가운데 아산 지역에는 염로국(冉路國) 또는 신흔국(臣釁國)이 자리했을 것으로 추정된다. 대표적인 유적으로는 갈매리유적을 비롯해 명암리 밖지므레유적, 진터유적 등이 있다. 특히 밖지므레유적에서 토광묘 81기를 비롯해 주구토광묘 70기, 옹관묘 7기 등이 확인되었다. 조성 시기는 2세기 후반에서 3세기 말로 추정된다. 유물 가운데 원통형 토기를 비롯해 다수의 철기류와 장신구류가 출토돼 마한의 유력한 소국이 존재한 사실을 알 수 있으며, 목지국(目支國)의 중심지일 가능성도 제기됐다.

백제시대부터 문헌상에 아산의 모습이 명확히 드러난다. 탕정군(湯井郡)을 비롯해 그 영현(領縣)인 아술현(牙述縣), 굴직현(屈直縣)의 3개 군·현이 두어졌다. 백제는 방군성제(方郡城制)를 실시했는데, 성(城)이 현(縣)과 같은 것으로 파악된다. 탕정군은 아산시 중심 지역으로 추정되며, 현 온주6동의 읍내동산성이 치소(治所)였을 것으로 비정된다. 아술현은 영인면 일대, 굴직현은 신창면 일대에 비정된다. 『삼국사기』「백제본기(百濟本記)」에 따르면, 아산 지역이 백제로 편제된 시기는 온조왕 36년(서기 18)이지만, 대개 3세기경으로 이해된다.

신라가 삼국을 통일한 671년(문무왕 11)에는 탕정군을 탕정주로 승격시켜 총관을 두었다가 다시 군으로 하였다. 아술현은 757년(경덕왕 16)에 음봉현(또는 음잠현)으로, 굴직현은 기량현으로 고쳐서 탕정군의 영현으로 삼았다.

2) 아산의 중세사회

고려 초 아산 지역은 후삼국 통일의 중요한 전초기지였음을 알 수 있다. 후백제와 대립하던 고려 태조 왕건이 918년에 김행도를 '동남도초토사(東南道招討使) 지아주제군사(知牙州諸軍事)'로 삼아 아산에 파견했고, 928년에는 유금필을 시켜 탕정군에 성을 쌓았다. 이 성은 후백제와의 결전에 대응한 고려 변경의 교두보였다. 후백제를 평정한 후 940년(고려 태조 23)에는 탕정군을 온수군(溫水郡)으로 고치고, 1018년(현종 9) 천안부에 편제하였다가 1172년(명종 2) 현으로 낮추어 감무(監務)를 두었다. 음봉현은 940년에 인주(仁州)로 고치고 995년(성종 14) 자사(刺史)를 두었다가 곧 없앴으며, 1018년(현종 9) 천안부에 편제시켰다가 뒤에 아주(牙州)로 고쳐 감무를 두었다. 기량현은 940년(태조 23)에 신창현으로 고쳤다.

한편 고려왕조는 국초부터 국가의 재정을 충당하기 위해 거둔 세곡과 공부(貢賦)를 해로를 통해 개경으로 운송하기 위해 전국 중요지역에 13개 조창을 두었다. 충청도에는 충주 덕흥창, 아산 하양창, 서산 영풍창이 있었다. 그 중 하양창은 아산만과 연결되는 안성천 상류의 편섭포(便涉浦)에 설치된 조창으로 개경으로 전달되는 서해 조운로의 중심지가 되었다. 현재 평택시 팽성읍 노양1리가 그곳인데, 나중 이곳에 경양현이 설치되며 경양창으로 명칭이 바뀌게 된다. 하양창은 고려 말에 신창에 장포(獐浦)가 새로 신설될 때까지 아산만 일대의 물류 중심지였다.

몽골 침략기에는 1236년(고종 23)과 1256년(고종 43) 두 차례에 걸쳐 아산 지역에서 전투가 벌어진 바 있다. 대몽항쟁기에 개성이나 강화도로 전달되는 군량과 병참을 지원하는 최대 연안물류기지였음에 틀림없다. 고려 말에는 왜구의 출몰이 잦았다. 1352년(공민왕 원년) 풍도에 왜구가 출몰했으며, 1369년(공민왕 18)에는 왜선을 나포한 사례가 확인된다. 우왕 3년, 4년에도 왜구가 아산 지역을 노략질하여 큰 피해가 있었다. 지금의 아산만과 그 연안은 고려정부로서는 반드시 지켜야 할 경제적·군사적 요충지였던 것이다. 이러한 아산만의 지정학적 중요성은 조선시대까지 변함없이 이어져 갔다.

조선시대에 아산은 아산현(牙山縣), 신창현(新昌縣), 온양군(溫陽郡)으로 구분했는데. 각각 독립적인 행정구역으로 존재했다. 그러나 이들 지역은 모두 인접 지역이었던 만큼 행정구역 설정부터 군사제도, 교통 및 통신 등 많은 영향을 서로 주고받았다. 또한 18세기 후반에 편찬된

『호구총수(戶口總數)』를 통해 아산 지역의 인구 구성 비율을 알 수 있으며, 1757년(영조 33)부터 1765년(영조 41)에 걸쳐 각 읍에서 편찬한 읍지를 모아 성책(成冊)한『여지도서』에서는 아산 지역에 살던 성씨에 대한 기록을 확인할 수 있다.

아산현은 조선시대 초에는 아주현(牙州縣)이었다가 1413년(태종 13) 아산현으로 이름을 바꾸고 감무(監務)를 파견했다. 그러나 1459년(세조 5) 아산현 자체가 폐지돼 토지와 백성은 평택·신창·온양에 나눠 붙이고, 향리는 온양으로 분속시킨 일도 있었다. 1465년(세조 11)에는 다시 아산현으로 복구됐다. 1505년(연산군 11) 충청도에서 경기도로 관할이 변경되기도 했으나 중종 때 다시 충청도 관할이 되었다. 아산현은 1896년(고종 33) 지방관제 개정 때 충청남도 관할이 되었고, 1913년에는 아산군(牙山郡)이 되었다.

온양군은 고려시대에는 온수군(溫水郡)이었다. 1414년(태종 14) 신창현과 통합돼 온창현이라 했다가 1416년(태종 16) 다시 분리되며 온수현(溫水縣)이 되었다. 1441년(세종 23) 세종이 온천에 병을 치료하러 왔다가 효험이 있자 온양(溫陽)이라는 지명을 하사하고 현을 군으로 승격시켰다. 따라서 온양군은 관할구역이 작은 편이었지만, 군수(郡守)가 파견되었다. 1896년 충청남도 온양군이 되었다가 1910년 한일병합 후 일제의 지방행정구역 개편에 따라 1914년 아산군에 병합됐다.

신창현은 고려시대부터 신창현으로 불렸다. 조선 건국 이후에는 감무가 파견되다가 1414년(태종 14) 온수현(溫水縣)과 합쳐져 온창현(溫昌縣)으로 불렸다. 그러나 2년 후 바로 나뉘어져 신창현이 되었고, 현감(縣監)이 파견됐다. 1896년 충청남도 신창군(新昌郡)이 되었다가 1914년 일제의 지방행정구역 개편에 따라 아산군에 통합됐다.

아산은 아산만을 통해 내륙 깊이까지 바다와 접하는 특이한 지형 구조로 인해 충청 내륙과 경기도로 연결할 수 있어 조선시대에도 수운과 육운이 발달했다. 특히 조선시대에는 아산에 공세곶창(貢稅串倉)이 설치될 정도로 수운을 이용한 조운(漕運)의 요지였다. 공세곶창이 있는 공세리는 안성천과 삽교천이 만나 아산만으로 나아가는 해상교통의 요충지였다. 1478년(성종 9)부터는 공세곶창에 경기도 일부와 충청도 40여 고을의 세곡을 모아 수납·운송했으며, 1523년(중종 8)에는 80칸의 창사(倉舍)를 짓기도 했다.

이후 19세기 조창이 혁파될 때까지 공세곶창은 시기별로 규모의 차이는 있지만 명맥을 이어나갔다. 또한 육상교통의 핵심인 역(驛)과 원(院)이 다수 설치되어 있었다. 아산 지역이 충청우도(忠清右道) 서부해안 지방과 내륙을 연결하고 경기도로 진출할 수 있는 길목에 있었기 때문이다. 아산에는 예산과 평택을 연결하는 시흥도(時興道)의 중심역인 시흥역(時興驛), 시흥도 소속의 창덕역(昌德驛), 장시역(長時驛)이 있었다. 원으로는 불장원(佛藏院), 요로원(要路院), 흥인원(興仁院), 명암원(鳴巖院), 용정원(龍頂院), 신계원(新禮院), 용두원(龍頭院), 대조원(大棗院) 등이 있었다. 아산의 역과 원은 역원제가 폐지되는 1896년까지 그 기능을 담당했다.

아산에는 원거리 통신수단인 봉수(烽燧)도 존재했다. 봉수는 낮에는 연기, 밤에는 불빛을 이용해 서울까지 소식을 전하는 전근대 원거리 통신수단이었다. 아산에는 연암산(燕巖山)에 봉수대가 있어 남쪽의 천안군 태학산(泰鶴山)에서 신호를 받아 북쪽의 직산현 망해산(望海山)으로 전했다. 조선의 봉수는 19세기 말 전신·전화가 그 기능을 대체하기 전까지 원거리 군사통신으로 기능했다.

2. 아산의 근현대사

아산만을 끼고 있어 예로부터 수로 교통의 요충지로 불렸던 아산 지역은, 물길을 통해 다양한 문물을 수용하면서 나타난 사회경제적 변화와 함께 근대를 맞이했다. 강화도조약 체결 직전 일본이 아산을 개항장 후보로 고려했던 것도 이러한 지역적 조건 때문이었다. 일제는 결국 서울과 가까운 인천을 개항시켰지만, 아산과 인천 항로가 개통되면서 쌀을 비롯한 다양한 상품의 유통은 조선시대에 비해 활발해졌다. 공세곶창이 서울로 옮기는 세곡의 중간 기착지가 되었던 것처럼, 근대 이후에도 아산은 물자 유통에서 중요한 역할을 담당했다.

개항 이후 아산 지역에서 교역의 중심적 역할을 한 곳은 둔포였다. 둔포는 아산만으로부터 안성천을 거쳐 내륙에 형성된 포구로, 경기도와 충청도의 큰 시장들과 거리상으로도 가까웠다. 일본인들이 남긴 사료에 따르면, 둔포에는 개항 이전까지만 하더라도 도매 무역을 담당하는 객주가 없었다. 그런데 1890년대 무렵 둔포에는 10여 호 가량의 객주가 장사를 하고 있었다. 일본인들이 몇 백 석의 곡식을 운반할 수 있는 선박을 직접 끌고 오기도 했다. 아산 지역민들은 쌀·콩·어류·새우·우피(쇠가죽) 등을 판매하고 면직물·석유·성냥·물감 등을 매입하여 소비했다.

개항을 전후로 아산 지역에는 새로운 사상의 바람이 불어왔다. 먼저 서학, 즉 천주교의 영향을 꼽을 수 있다. 천주교가 중국에서 아산만을 거쳐 조선으로 전래되었기 때문에, 아산을 비롯한 내포 지역은 천주교의 초기 전래 중심지였다. 1860년대 흥선대원군의 천주교 박해 때 아산 지역에서는 많은 천주교인들이 순교했다. 1880년대 서양과 통상조약을 체결하고 나서야 기독교 선교가 허용되었고 1890년대에 공세리 성당이 설립되었다.

공세리성당은 충청도 내 천주교 전파의 역할을 담당했고, 근대 지식의 보급에도 많은 영향을 미쳤다. 에밀 드뷔즈(한국명 성일론) 신부로부터 전수받아 만든 약이 한국의 근현대사와 함께 한 '이명래고약'이었다. 게다가 1905년에는 공세리성당에 조성보통학교가 설립돼 신식 교육을 도입하기도 했다.

서학과 경쟁하던 동학도 1870년대 이후 아산 지역에 전파됐다. 아산 지역 동학의 초기 지도자는 안교선이었고 친지들을 중심으로 동학사상이 퍼져나갔으며, 1890년대 초반 교조신원운동에 참가하면서 세력을 키웠다. 동학은 양반 관료들의 수탈과 제국주의 침략에 저항하는 성격을 띠고 있었기 때문에 농민층으로부터 지지를 얻었다. 1894년 동학농민혁명 당시 아산의 동학농민군도 양반과 상민의 차별 철폐를 외치며 봉기에 참여했고, 청일전쟁 이후 군대를 내세워 내정간섭을 거듭하던 일본에 항거하는 투쟁에서 많은 희생을 치렀다.

한편 이 시기 아산의 행정구역이 변경된 것도 살펴볼 필요가 있다. 조선시대에 아산 지역은 온양군, 아산현, 신창현 등 1개 군과 2개 현 즉, 3개 권역으로 분리돼 있었다. 그러다가 1894년 조선 정부가 갑오개혁을 추진하면서 도를 부로 변경할 때, 3개 군현의 구별을 없애 모두 군으로 만들었고 충청도가 아닌 홍주부에 속하도록 했다. 그러나 이러한 행정구역 개편에 대해 반발하는 목소리가 높아지자 조선 정부는 1896년 다시 도제를 복구했고 온양군, 아산군, 신창군 3개 군을 충청남도로 편입시켰다. 또한 1906년에는 수원군에 속하던 광덕면의 신흥포, 신성포, 가사면의 삼도오동이 아산군에 포함되는 등 행정구역이 넓어졌다.

 19세기 후반과 20세기 초의 몇 년 간에 해당하는 개항기에는 아산에 과거와 다른 형태의 문물과 사고방식이 전해지면서 새로운 근대적 변화에 직면했던 시기였다. 새로운 변화가 나타난 것뿐만 아니라 이와 같은 근대화가 전국적으로 일본인들에 의해 강압적으로 추진되었기 때문에, 아산 지역민들도 국권회복운동을 통해 현실에 적응하고 대응하기 위해 분주하게 활동했다. 1905년 외교권 박탈 이후 봉기한 홍주 의병에 곽한일, 성재한 등과 같은 많은 아산 지역민들이 참여했다. 또한 국채보상운동에 성금을 모으는가 하면, 희성학교·보성학교·명륜학교 등 학교 설립에도 많은 노력을 기울였다.

 1910년 일제가 대한제국을 강제 병합하면서 35년 동안의 식민통치가 시작됐다. 아산 지역에서도 일제는 온양의 소비 도시화, 식민지 농업정책의 전방위적 시행, 군국주의의 확대 등을 추진하며, 지역민을 물질적·정신적으로 억압했다. 그리고 아산 지역민들은 도고면장 박용하 처단, 3·1운동, 형평사 운동, 현충사 중건 운동, 천도교 멸왜기도운동 등을 통해 일제 패망 시기까지 줄기차게 일제의 식민통치에 저항했다.

 조선총독부는 식민지를 효율적으로 경영하기 위해 1914년 지방제도 개편에 나섰다. 이 결과 온양·아산·신창 3개 군이 아산군으로 통합되었고, 온양 일대에 일본인의 거류지가 조성됐다. 온양은 아산군청, 온양경찰서, 공주지방법원 온양출장소 등이 설치되면서 행정 중심지로 자리 잡았다. 또한 1922년 충남선(지금의 장항선)의 일부 구간인 천안-온양 사이가 개통되면서 관광과 물류 이동에서도 중요한 역할을 담당했다. 나아가 1926년 경남철도주식회사가 온양온천 운영권을 인수한 뒤, 휴양시설인 신정관을 신축하면서 온양의 소비 유흥 도시화를 이끌었다.

당시 아산 내 대부분의 지역은 여전히 농업 생산에 의존하고 있었다. 아산농회, 온양수리조합, 도고수리조합, 아산금융조합 등 각종 공공단체와 조합은 지역민으로부터 더 많은 농업 이익을 얻기 위해 지주경영 등 식민지 농업정책을 전방위적으로 시행했다. 1930년대의 소작관행을 조사한 통계자료에 따르면, 아산 지역은 충남이나 전국 평균에 비해 춘궁 상태에 있는 순소작농 비율이 높게 집계됐다. 도시화의 진전과 농촌 수탈이 함께 이루어진 탓이었다.

1930년대 중·후반 일제의 대륙침략정책이 본격화되면서 군국주의의 확대와 함께 물질적·정신적 억압은 아산 지역에서도 이어졌다. 송악면 유곡리 봉곡사에는 '천년의 숲길'이 있다. 그런데 진입로부터 사찰 입구까지 500여m 길이에 있는 수백 그루 소나무에는 전쟁 수행을 목적으로 연료용 송진을 채취하려고 낸 'V'자 모양의 상처가 남았다. 1936년에는 영인면 아산리에 '아산 일청전적기념비'가 세워졌다. 친일유지 류기영 등이 기성회를 조직해 건설을 주도한 것이다. 또한 청일전쟁 관련 내용을 간략히 기록한 『아산전사』를 편찬하기도 했다.

일제강점기 동안 아산 지역민은 독립운동을 위해 국내외 각지로 떠나거나 아산에 머물면서 활발한 활동을 펼쳤다. 국권회복운동으로서 의병운동을 계승해 대한광복회 조직에 참여했고, 도고면장 박용하의 처단에 앞장섰다. 또한 1919년 서울에서 일어난 3·1운동의 소식을 전해 듣고 독립만세시위를 대대적으로 일으켰다. 아산군 내 거의 모든 면에서 만세시위, 횃불시위 등이 다양한 형태로 일어났으며, 4월 4일 선장면 독립만세운동이 절정을 이뤘다. 주모자 중 한 명인 최병수는 일제 헌병의 발포로 그 자리에서 순국했다.

1920년대에는 각종 청년회와 민립대학 기성회 아산지방부, 형평사 아산지사 등이 지역 내에서 조직되면서 민족운동·사회운동을 발전시킬 토대를 형성했다. 1930년대에는 아산농민조합을 건설해 농민운동을 일으키고자 하는 시도가 나타났다. 또한 수리조합 설치가 지역 중소 지주들에게 조합비 부담을 전가하는 등 각종 폐해를 일으키자 반대운동이 이어졌다.

1931년에는 독립운동을 후원하느라 어려워진 이순신 종가의 위토를 지키고, 현충사 재건을 추진한 '이충무공 유적 보존운동'이 전국적 차원으로 전개됐다. 또한 일제 말기에는 천도교단의 조직적 움직임 아래 일제 패망을 염원하는 기도문 보급 운동인 멸왜기도운동이 비밀리에 진행됐다. 이처럼 아산 지역의 독립운동은 3·1운동 이후부터 일제 패망 시기까지 줄기차게 지속되었다.

1945년 8월 15일 광복은 한반도의 새로운 출발을 의미하는 것이었고, 아산 지역민들도 아낌없이 기쁨을 만끽했다. 그렇지만 미국과 소련의 분할점령으로 인해 남과 북에 양국 군대가 주둔하였고, 남쪽에는 9월 9일부터 미군정의 통치가 실시되었기 때문에 한반도의 운명을 한국인 스스로만 개척할 수 없는 상황이 만들어졌다.

아산에서는 일제 때부터 군수직을 역임했던 정홍섭이 행정권을 계속 행사하려던 것을 막고, 광복 이튿날인 16일 지역 유지들이 자치회를 결성했다. 일제 때 설치된 육군병원 온양분원에 있던 일본인 군인과 행정관서의 일본인 통치자들은 일본이 패망했음에도 불구하고 아산 지역민들의 자치활동을 방해했다. 이 과정에서 신창 오목국민학교 박치갑 교사가 살해되는 비극적 사건이 발생하기도 했다.

한편 서울에서 좌익이 주도하고 중도 세력들이 동참한 건국준비위원회가 설치되자 아산에서도 지부를 결성하고자 하는 움직임이 나타

났고, 이들은 우익 성향을 강하게 내세운 자치회와 대립했다. 건국준
비위원회 아산지부는 '아산인민위원회'로 명칭을 고치고 활동했으며,
미군이 충남 지방에 주둔한 10월 중순 무렵까지는 지역사회 내 주도권
을 잡고 행정권을 행사했다. 이상은 아산 지역의 좌우 대립이 다른 지
역과 마찬가지로 만만치 않았음을 의미하며, 미군 주둔 이후에는 자치
회 주도 세력이 이승만을 지지하는 대한독립촉성회 아산군협의회를
결성하며 다시 세력을 회복했다.

　미소의 점령 상태에서 통일민족국가를 수립하기 위한 시도는 결국
실패로 돌아가고 남한에서라도 새 정부를 만들고자 제헌국회의원을 선
출하는 총선거가 1948년 5월 10일에 실시되었다. 이 선거에서 무소속
서용길 후보가 당선되었다. 개항 이후 일제강점기까지 지역 내에서 큰
영향력을 행사했던 해평윤씨가의 윤보선이 한국민주당 후보로 출마했
으나 낙선한 것이 가장 큰 이변이었다. 여러 후보의 난립으로 표가 분산
된 까닭도 있지만, 해방직후 아산의 민심이 새로운 변화를 추구했다고
볼 수 있다. 서용길은 좌우합작과 남북통일노선을 표방했고, 당선 이후
반민특위 검찰관으로 활동했다. 국회프락치사건으로 수감된 이후에는
정치적으로 다시 재기하지 못했고, 반면에 윤보선은 1960년 대통령을
역임하는 등 정치가로서 입지를 확고히 했다.

　일제 때부터 사회문제의 근원이었던 '소수 지주에 의한 다수 농지의
독점'은 대한민국 정부가 추진한 1950년 농지개혁으로 상당 부분 개선
될 수 있는 기반을 조성했다. 아산 역시 동일한 조건 아래 있었을 것으
로 판단되는데, 사회가 안정되기도 전에 북한 인민군이 6월 25일 전쟁
을 일으키면서 아산 지역도 전쟁의 참화에 빠지게 됐다. 인민군은 빠
른 속도로 진격했고 아산이 인민군 치하에 들어가게 된 것은 7월 7일이

었다.

인천상륙작전으로 인민군이 후퇴하기 전까지 약 3개월 동안 아산 지역민들은 인민군들의 각종 징발과 동원, 인민재판 등에 시달리고 많은 인명 피해를 겪었다. 특히 우익 인사와 경찰 가족들의 공포감은 더 클 수밖에 없었다. 이에 맞서 온양중학교 교사·학생들이 태극동맹단을 결성해 비밀리에 반공 활동을 시도했으나 인민군에 발각되어 단원 중 일부가 살해당했다. 유엔군이 아산을 수복하는 과정에서도 인민군은 집단 처형을 집행하는가 하면, 유엔군 환영 행렬에 총을 난사하기도 했다.

한편으론, 아산으로 되돌아온 경찰과 치안대에 의한 인민군 부역 혐의자와 가족들에 대한 보복 살해가 잇따랐다. 1951년 1·4후퇴 당시에도 예비검속을 명목으로 반공 세력에 의한 처형이 집행됐다. 더구나 1월 8일에는 미군기가 둔포면사무소 근처에 폭탄을 투하해 수많은 피난민들이 목숨을 잃는 비극적 사건도 발생했다.

한국전쟁은 이처럼 아산에 많은 인명 살상을 가져온 것과 함께 좌우 대립의 상흔을 깊게 남겼다. 뿐만 아니라 폭탄 투하로 온양온천 신정관과 부대시설들이 모두 파괴되는 등 아산 지역민들은 전후 복구의 과제를 떠안게 되었다. 한편, 아산 지역으로 많은 피난민이 몰려들면서 인구 구성에 큰 변화가 생기는가 하면, 수많은 전쟁고아와 전쟁미망인의 발생이 사회문제로 대두됐다. 이러한 조건들이 온천관광지였던 온양에 퇴폐적 향락의 풍조가 남게 되는 데 일정한 영향을 미쳤으나, 아산 지역민들의 많은 노력을 통해 온양온천은 점차 건전한 여가와 탕치 (湯治, 온천욕으로 질병을 고침) 공간으로 변화되어갔다.

1960년대 이후 아산 지역은 농업이 주요 산업인 가운데, 1966년에 현충사 성역화 사업이 추진되고 도고온천도 새롭게 개발되면서 전국

적인 유명 관광지로 주목받았다. 신혼여행, 수학여행 장소로 각광받았
고 대규모 숙박시설 등도 생겨났다. 한국 사회 전반으로 공업화가 추
진되고 농업이 위축되는 가운데에도 농민들의 노력으로 농업 생산력
의 발전과 친환경 농업의 성장을 위한 노력이 점차 결실을 맺어갔다.
또한 1973년 아산만방조제, 1979년 삽교천방조제 등의 건설은 아산이
인근 지역과 자유로운 왕래를 하는 데 큰 영향을 미쳤다.

　행정구역에 있어서는 1980년대 들어 온양의 인구가 늘자 1986년 아
산군과 온양시를 분리했다가, 1995년에 최초의 지방자치 선거를 앞두
고 아산시로 재통합해 현재에 이르고 있다. 아산은 1990년대 이후 첨
단산업단지가 조성되고 고속철도 천안아산역이 설치되면서 대다수의
지역 도시가 인구 감소를 겪고 있는 것에 비해 현재까지도 성장을 거듭
하며 지속적인 발전의 길을 모색하고 있다.

참고문헌

『디지털아산문화대전』.
충청남도 아산시, 『아산시지 1: 삶의 터전과 역사』, 휴먼컬처아리랑, 2018.

역사 속의 아산

김일환 · 조형열

1. 대몽항쟁과 아산

13세기 몽골은 세계 정복의 일환으로 수차례 고려를 침략했다. 아산 지역은 몽골군에게 두 번의 공격을 받았다. 아산은 충청지역에서 서해를 통해 개경과 강화도로 갈 수 있는 수로교통의 요충지이며 아산만으로 유입되는 안성천 상류에 하양창이라는 조창이 있었다. 이런 이유로 1232년 6월 대몽항쟁을 선언한 무인정권이 강화도로 천도한 이후에는 직접적인 군사공격의 대상지가 되었다. 몽골군이 강도(江都)정부의 출륙(出陸)과 항복을 얻기 위해 최고의 배후지인 아산만 지역을 압박하며 공격한 것이다.

몽골군의 첫 번째 아산 침략은 1236년 9월 몽골군이 온양의 옛 이름인 온수(溫水)현의 치소성을 공격한 것이다. 몽골군이 성곽을 포위하고 공

성무기로 공격하자 군리(郡吏)인 현려(玄呂)가 지휘하는 온수민들은 성
곽을 방어하며 수성전을 펼쳤다. 전투는 격렬해 피아간에 시석(矢石)이
오가는 치열한 공방전이었다. 시석이 날아다니는 상황은 궁시, 쇠뇌와
같은 장병기와 함께 성곽과 성안의 건물을 파괴하기 위해 석포(石砲)
등 투석기와 공성무기가 동원된 투석전도 함께 이루어졌음을 짐작케
한다.

　이 수성전은 현려의 뛰어난 지휘력과 온수민들의 거센 저항에 의해
고려의 승리로 끝났다. 몽골군은 200명의 전사자를 남기고 패퇴했다.
막대한 피해를 입은 몽골군이 후퇴를 시작함에 따라 승세를 잡은 현리
와 온수민들은 성문을 열고 나가 후퇴하는 몽골군을 다시 공격해 2명
의 수급을 베고 다수의 병장기를 노획하는 승리를 거뒀다.

　2차는 20년 후인 1256년 6월에 아산만의 피난처인 선장도를 봉쇄하
기 위해 온수를 점령하고 있던 몽골군을 격퇴하고자 해상을 통해 상륙
하여 승첩을 거둔 이천(李阡)의 온수전투이다. 당시 항쟁을 선언한 무
인정권이 강화도로 천도하고 백성들도 섬으로 피난시키는 해도입보(海
島入保)를 대응전략으로 채택하면서, 선장도를 비롯한 아산만 일대의
섬은 충청지역 최고의 해상 피난처로 인정받았다. 하지만 피난민이 몰
리며 몽골의 직접적인 군사공격 목표가 되었고 침략을 당하게 된다.

　아산만 일대에 있는 아주(牙州) 해도로 입보하려면 그 접근통로라 할
수 있는 곳이 온수와 직산이었다. 따라서 현재 온양6동에 있는 읍내성이
나 성안말 산성, 이곳과 마주보고 있는 배방산성은 그 통로를 지키는
군사적 요충지였다. 이곳을 장악하기 위해 1256년 몽골군은 온수현의
치소성을 점령하고 다수의 온수민들을 포로로 잡아 억류하고 있었다.

　고려 정부는 선장도(仙掌島)를 비롯한 아산만의 해상 입보처를 방어

이천 장군 영정

이천 장군의 이름을 딴
최초의 국산잠수함인 이천함

하고 입보민을 보호하기 위해서는 몽골군의 봉쇄망을 분쇄해야 했다. 이때 이천 장군과 수군 200명이 전격적인 기습작전을 통해 몽골군을 격파하고 군사적 승리를 거둔 것이다. 이러한 온수대첩은 아주해도를 봉쇄하려 아주, 직산, 신창의 요충지를 차단한 몽골군의 군사전략을 깨기 위한 노력이었다. 이천의 뛰어난 전략과 용의주도한 작전 운용으로 온수대첩은 성공하여, 몽골군을 격퇴하고 포로가 된 온수민들을 안전하게 구출할 수 있었다.

2. 조선 초 아산의 폐현사건

1459년(세조 5)에 아산현이 폐현이 되어 사라지고 인근 온양, 신창,

평택에 귀속됐던 사건이 있었다. 당시 충청관찰사 황효원(黃孝源)이 아
산현의 혁파를 주장하는 상소를 올렸기 때문이었다. 황효원이 아산현
혁파를 주장하는 요지는 아산의 아전들이 속임수를 써서 수령(守令)을
모해(謀害)하고, 관사(官舍)가 허물어졌으나 재목이 없어 수리할 수 없
으며, 관아 터가 큰물에 가까워 가라앉을 형세라는 것이었다. 나아가
아산에서 수령을 해치는 풍속을 엄히 징계하기 위해 향리(鄕吏)를 온양
에 속하게 하고, 근처의 피폐한 6개 역로를 충실하게 하기 위해 노비를
6개 역에 나누어 줄 것을 건의했다.

그런데 아산현 혁파 당시, 충청도도순문진휼사(忠淸道都巡問賑恤使)
로 아산에 왔던 좌찬성 황수신(黃守身)은 아산의 토지와 인민이 분배되
는 어수선한 틈을 타 족인(族人)으로 하여금 관둔전(官屯田) 및 공아(公衙)
의 채소밭을 떼어 받게 하고, 아내의 묘터를 아산에 정했다고 핑계하여
그 땅을 하사받는 형식으로 차지했다. 나아가 48칸으로 만들어진 기와
형태의 아산 관아를 22칸의 초가라고 속여 사들인 뒤, 기와를 헐어 팔아
이득을 얻으려 했다.

이러한 황수신의 아산 토지 탈점 사건은 아산현 혁파 2년 뒤에 고소
사건으로 비화된다. 황수신이 탈점한 땅은 본래 아산 관노(官奴) 화만
(禾萬)이 조상 대대로 가지고 있던 영업전이었다. 화만은 이 땅이 아산
현이 혁파되면서 황수신에게 넘어가자, 빼앗길 것을 염려하여 황수신
을 사헌부에 고소한 것이다.

사태의 전말을 접한 사헌부는 황수신을 조사·탄핵하였다. 조사 결
과 황수신이 아산 땅을 불법으로 차지하였을 뿐만 아니라, 관노(官奴)
를 점유하거나 반인(伴人)의 역을 면제해 가사(家事)에 투입한 불법 사
실이 속속 드러나게 된다. 이에 사헌부는 수차례에 걸쳐 비위 사실을

지적하고, 황수신에 대한 처벌을 주장했다. 하지만 사헌부의 처벌 주장에 대해 세조는 황수신을 적극 옹호했다. 황수신이 세종대의 명재상인 황희(黃喜)의 아들이자 세조의 반정을 도운 좌익공신(佐翼功臣)이기 때문이었다. 세조대 정치는 정권 찬탈과 집권에 협력한 공신을 줄곧 특별 대우했는데 역모와 관련되지 않는 한 공신인 황수신을 처벌할 수 없었던 것이다.

반면에 아산현의 폐현은 당시 지역민들에게 큰 충격이었다. 폐현이 되면 지역의 고유한 전통이 사라질 뿐 아니라, 조세체제의 변동 등으로 인해 지역민들이 당하는 피해 정도가 보통 심각한 것이 아니었다.

이때, 폐현을 막고 복현(復縣)을 위해 노력한 이가 바로 귀산(龜山) 김구(金鉤)였다. 김구는 경주 김씨로 대대로 아산에 살았다. 김구는 윤상(尹祥)의 문인으로 기록되어 있는데, 아마도 윤상과의 첫 만남은 김구가 생원시에 합격하고 서울의 성균관에 입학하였을 때였을 것이다. 김구의 행적이 기록에 처음 나타나는 것은 그가 38세 되던 해 과거급제 때부터이다. 김구는 1416년(태종 16) 친시에서 3등으로 급제하여 종7품 사온서 직장(司醞署 直長)에 임명되었다. 아산 출신으로 문과 대과에 급제한 최초의 인물이었다.

그런데 이후 61세에 까지 그에 관한 기록은 나타나지 않는다. 김구는 환갑이 넘어서까지 관직 생활을 계속했지만, 정4품직인 성균사예(成均司藝)에 머물러 있었다. 관직에서 두각을 나타내지 못한 것은, 가문적 배경이 좋지 않았던 이유 때문이기도 했을 것이다. 김구의 관직 생활은 60대에 접어들면서 전환점을 맞게 된다. 종학(宗學)에서 종친을 가르친 공을 인정받아 한관(閑官)에 서용되었다. 김구는 주로 종학과 성균관에서 종친과 관료들을 가르쳤다.

김구는 70세에 판종부시사(判宗簿寺事)가 되었다. 또 겸직인 첨사원
첨사(詹事院詹事)의 직책도 수행했다. 문종 즉위 이후 72세의 나이로 행
성균사성이 되고, 75세인 단종 원년 집현전 부제학에 임명된다. 부제
학은 정3품에 불과해도 전임관 가운데 최고 직위로 사실상의 집현전
실무 책임자였다. 이것은 커다란 영예였다.

김구의 본격적인 전성기는 세조의 즉위와 함께 시작된다. 세조는 즉
위 이후 첫인사에서 김구를 중추원부사에 임명했다. 한관이기는 하지
만, 2품 이상의 고위직이 된 것이다. 더 중요한 것은 그가 겸성균사성
이 되어 성균관에서 유생 교육을 전담하게 된 것이다. 세조가 김구를
중용한 것은 단순한 예우 차원만은 아니었다. 김구는 종학박사로 재임
하면서 세조를 10대 말에서 20대 초의 시기에 가르친 바 있었다. 나이
도 많고 사부였기에 세조가 김구를 깊이 예대(禮待)했던 것이다.

하지만 황수신 비리사건에 대한 논쟁이 계속되는 와중에 김구의 고신
을 빼앗는 일이 발생했다. 즉 대신이자 공신인 김구가 같은 대신을 고소
했다는 죄목으로 처벌을 받았던 것이다. 세조는 사헌부에서 황수신의
불법 행위를 탄핵할 때 적극적으로 황수신을 비호했다. 그런데 커다란
잘못을 저지르지 않은 김구를 사헌부에서 공격할 때, 세조는 김구의
고신(告身, 관직 임명장)을 회수하라는 명령을 내렸다. 즉 김구의 고신
회수 배경에는 세조가 있었다. 김구는 관직에서 물러난 지 25일 만인
1462년(세조8) 4월 1일에 사망했다. 세조는 김구의 고신을 돌려주고 예
조에서 장사를 치르게 하고 문장공(文長公)이란 시호를 하사했다.

김구가 사망한 후 2년 뒤인 세조 10년 4월 도승지 노사신이 아산군
복현(復縣)을 건의하면서 조정에서 아산현 문제가 재논의되었다. 조정
의 중론이 찬반양론으로 갈리자 세조는 내섬판사 김숙을 사민경차관

으로 임명, 아산 현지에 파견해 조사하도록 했다. 김숙의 보고는 "아산
이 왜선이 왕래하는 관문이고, 조세를 수납하는 요지이므로 수령을 두
지 않을 수 없다"고 아산의 지역적 중요성을 강조해 보고했다.

또한 그동안 문제시 되었던 "공해(公廨)의 기지(基地)가 하천에 부딪
혀 무너지고 관우(館宇)가 황폐해 허물어졌다는 것도 모두 뜬 소문"이
라는 사실을 분명히 적시했다. 결국 아산현의 폐현은 지방수령과 중앙
의 권신이 부당하게 야합한 결과물이었던 것이다.

그러자 세조는 그 이듬해 8월 질병치료차 온양온천으로 온행을 하면
서 세자를 직접 아산포(牙山浦)에 보내 사냥을 하게 하고 영의정 신숙
주, 우의정 황수신, 남양부원군 홍달손 등을 보내 수행케 했다. 이것은
대신들을 직접 아산에 보내 아산현 복현(復縣)을 위한 현지 조사의 성
격을 띠는 것이었다. 그 결과 한 달만인 9월 5일 아산현의 복현이 실현
되었다. 김구와 아산민들의 숙원(宿願)이 실현된 것이다.

3. 임진왜란기 송유진의 난

1592년 임진왜란이 발발하자 일본군 북상로의 길목에 있던 충주·청
주 등의 충청좌도는 분탕질을 당했지만 아산과 공주·홍주 등이 있는
충청우도는 전라도와 함께 안전하게 보전될 수 있었다. 이 때문에 충
청우도는 향후 임란전쟁 수행에 있어 커다란 안전판이 되었다.

아산만과 내포지역의 지형적 장점을 인식한 조선 정부는 이 지역을
전쟁 수행에 필요한 전쟁 물자를 조달하는 병참기지로 이용했다. 적군
의 직접 침략을 받지는 않았지만 호남, 영남의 요충지라는 이유로 초

유사를 파견해 수시로 전쟁수행에 필요한 요역 징발, 관병·의병 모집 등 군사징발을 강제했다. 또 식량의 징발과 수송, 밀린 공물의 독납, 명군(明軍)의 군량미 조달과 운송, 나아가 병선 건조, 총통 주조 등의 무기조달, 사수(射手)와 격군(格軍) 징발 등의 무거운 부담을 들씌워 이 지역 백성들의 삶은 처절할 정도로 고통스러운 것이었다.

　설상가상 이 지역 백성들을 괴롭히는 것은 관리들의 수탈이었다. 전란 중에 중앙정부의 감독이 소홀한 틈을 타고 현지 지방 관리들의 탐학 행위가 가중되었다. 중앙정부의 감독이 소홀한 틈을 타 군량미를 징발한다는 명분하에 민에게 수탈한 세곡을 착복하는 사례가 많아 큰 배를 대고 실어낼 정도로 폐해가 극심하였다.

　전란과 기근으로 인한 고통 뿐 아니라 부패관리들에 의해 자행되는 수탈로 인해 이중, 삼중의 고통을 당하던 이 지역 사람들은 전란이 진행 될수록 자연히 조선정부와 관리들에게 큰 불만을 가질 수밖에 없었다. 이 와중에 민에 대한 통제도 무너져 초적(草賊)들마저 들끓게 되자 민들의 고통은 더 한층 가중되었다. 이러한 상황이 향후 민중저항으로 나타나 송유진의 반란이 아산과 직산에서 일어나게 되는 토양이 되었다.

　송유진은 서울 건천동(乾川洞, 현재 서울 중구 인현동1가)에 집이 있었다. 그는 중인 신분으로 그의 부친 송택종(宋澤宗)은 중국어 역관이었다. 송유진은 부친 덕분에 중국어를 능통하게 구사했다. 그는 24세이던 1591년(선조 24) 겨울에 사학(四學) 중 하나인 중학(中學)에서 공부를 했는데, 일과(日課)를 잘 외우고 제술(製述)도 뛰어나 상을 받을 정도로 학식이 출중한 지식인이었다. 그는 임진왜란이 일어나자 서울을 떠나 비교적 안전한 피난처인 직산으로 옮겨와 어린아이들을 모아 서당을 열고 학장(學長)노릇을 하면서 살고 있었다.

 이후 송유진은 호서지방의 의병활동을 주도한 듯하다. 선조는 반란의
수괴라는 이유로 송유진을 경성 서족 출신의 도적과 무뢰배라고 폄하하
였지만, 당시 병조판서로 왕세자인 광해군을 수행해 무군사(撫軍司)의
일원으로 전주에 가 있던 백사 이항복은 "송유진이 의병 가운데서 공을
가장 많이 세운 사람으로, 그가 싸움을 잘하여 공이 많은 실상에 대해서
는 분명하게 기억하고 있다."라고 증언하고 있다. 그런 가운데 전란과
기근, 참혹한 수탈 속에 민의 고통이 깊어지고 민심의 이반이 심각해지
자 이러한 변화를 읽은 송유진은 아산, 직산지역을 중심으로 민중 반란
을 준비한다. 그 반란의 근거지가 연암산에 있는 개현사(開現寺)였다.
 당시 개현사는 일현(一玄)이라는 승려가 주재하고 있었는데, 그는 의
병승장(義兵僧將)이었다. 개현사가 송유진 일당에게 점유된 것도 의승
(義僧)인 일현과 함께 의병활동을 하면서 서로 가깝고 친밀해진 결과로
짐작된다. 이곳에서 송유진은 군대를 모으고 무기를 수집·저장했으며
동조자를 포섭하는 데 노력을 아끼지 않았다.
 그는 봉기를 준비하며 "백성들이 고통을 견디기 어려운 처지이므로
우리가 그대들을 위해서 나왔다"고 설파했다. 자신의 봉기가 시대적
모순을 극복하고 도탄에 빠져 죽어가는 백성의 삶을 구원함에 있음을
선포한 것이다.
 송유진은 동조자를 포섭하고 아산과 평택에 있는 관가의 무기창고
를 털었으며, 아산의 부호인 임희지의 집으로 몰려가 궁시와 편전 등
무기를 빼앗았다. 그 뒤에도 계속 양반 부호의 집을 털어 거사에 필요
한 물자를 확보해 나갔다.
 그러나 거사일을 앞두고 변란의 주모자이며 옛 친구인 홍근(洪瑾)과
홍난생(洪蘭生)·홍우(洪瑀)·홍각(洪殼) 등이 배반해 고변했다. 송유진

이 주도하는 변란을 알게 된 조정은 충청병사 변양준(邊良俊)을 시켜 그를 잡도록 했고, 변양준은 무사 김응룡과 그의 조카 홍각(洪殼)을 통해 송유진을 유인했다. 송유진이 10여 명의 부하를 데리고 직산으로 나왔을 때 김응룡이 미리 잠복시킨 역사(力士)들을 시켜 송유진 일당을 체포했다. 이들은 물길을 이용해 서울로 압송되어 문초를 받고 모두 능지처사에 처해졌다.

송유진 난의 결과 주모자급으로 죽음을 당한 사람은 사형 16인, 자살 1인, 심문 중에 고문으로 죽은 자 1인 등 모두 18인이었다. 송유진의 사후에 그의 집은 역적의 집이라 하여 헐어버리고 연못을 만들었다. 그의 가재·전답·잡물 등 재산은 몰수되어 발고자(發告者)인 홍응기(洪應沂) 등 15명에게 나누어 주었다.

송유진의 사형으로 분출하는 백성들의 분노를 일단 억눌렀지만 전란 중에 백성들이 당하는 고통은 조금도 줄어들지 않았다. 나아가 지방수령들에 의한 연루자 색출과 가혹한 처벌은 백성들의 불만을 내연시키고 있었다. 이것이 결국 2년 뒤에 이몽학의 난으로 다시 폭발하게 되는 것이다.

4. 아산의 동학농민혁명

충청남도 아산 지역에 동학이 포교되기 시작한 시기는 1870년대 무렵이었다. 아산 출신의 동학 지도자로는 안교선이 대표적인데, 안교선과 순흥안씨 일가인 안교일, 안교강, 안교백, 안교상 등도 초기 지도자로 활동했다. 특히 안교선은 1870년대와 1880년대 『동경대전』과 『용담유사』 등 동학 경전의 편찬과 교세 확장에 큰 역할을 담당했다. 안교선의 초기 활동 무대는 출신지 아산과 수원·평택·안성·진위 등 경기 남부지역이었다.

아산 지역 교세가 크게 확대된 것은 1892년 후반부터 1893년에 걸쳐 동학 교조 최제우의 억울한 죽음에 대한 원한을 풀어달라는 교조신원운동으로부터였다. 안교선이 아산포 대접주로 임명되었고, 아산의 안교선과 신창의 김경삼이 이끄는 동학교도들은 1893년 3월에 일본과 서양 세력을 배척하며 의병을 일으키자는 '척왜양창의'를 내세운 보은집회에 참여했다. 1894년 8월부터는 청일전쟁의 승기를 잡은 일본에 맞서 반외세 투쟁을 전개했다. 청일전쟁 당시 청국 주둔군의 주민 탄압과 물자 징발, 일본군과 청국군의 전투를 가까운 곳에서 목격하며 반외세 의식을 키워간 점이 적극적인 투쟁으로 나가는 데 영향을 미쳤을 것이다.

청국 패잔병을 소탕하는 과정에서 일본군으로부터 분탕질을 당한 아산 지역민들은 일본에 대한 적대감을 직접적으로 표출했다. 8월 12일 다리 공사를 하던 주민과 동학교도들이 다리를 지나가려던 일본인들을 살해하는 사건이 벌어졌고, 아산 지역민들은 이 사건을 조사하러 온 일본 경찰들을 두려워하기는커녕 오히려 위협했다. 이 사건 이후 일본 침략 세력을 물리치자는 의지를 갖고 동학에 입도하는 사람들이 증가했다고 한다.

9월 방구용, 방성모, 편덕진 등이 지도하는 온양의 동학농민군은 '보국안민'의 기치를 내세우고 봉기해 마을을 다니면서 군사들과 군자금을 모집했다. 이어 온양관아의 무기도 탈취하고자 했다. 편덕진은 백정이었으며, 농민군에는 향리도 참여했다. 양반 관료 지배체제에서 소외된 계층이 동학농민군이 되어 외세 침략에 저항하면서 지역민을 수

탈하는 탐관오리와 지방 토호들을 공격했던 것이다.

안교선이 이끄는 아산의 동학농민군은 덕산포 동학농민군과 합세해 10월 5일 아산관아를 점령하고 군수 양재건을 포박하는 등 탐관오리를 징벌한 후, 무기고를 부수고 병기까지 탈취했다. 당시 아산에 머물고 있던 유생 이범석이 남긴『경난록』에 의하면, 탐관오리를 징벌하고 양반 토호들로부터 재물을 탈취하는 동학농민군을 보자 많은 주민과 양반집 청지기가 농민군에 합류했으며 노비들이 동요했다고 한다. 또한 노비문서를 불태우고 노비를 풀어 면천시켰다는 기록도 남아 있다. 아산의 동학농민군은 10월 18일경 당진과 내포 등으로 이동했다.

신창의 동학농민군은 10월 25일과 26일 신창현 남상면 판방리에 주둔하였다. 김경삼, 곽완, 이신교, 정태영 등의 접주들이 이끌었던 신창 농민군은 천안 동학농민군과도 연계돼 있었으며 대포 2문을 보유하고 읍내에 창궐한다고 할 만큼 기세를 떨쳤다. 이들은 26일이나 27일 무렵 대흥과 홍주 등으로 이동했다.

아산의 동학농민군은 '호서창의소'에 소속되었으며, 도접주 안교선이 호서창의소 수령이 되었다. 당시 자료에 의하면, 호서창의소는 아산을 비롯해 공주· 천안· 예산· 당진· 연기 등지에서 모인 23만 7,700명의 동학농민군으로 구성되어 있었다. 이렇듯 안교선이 이끄는 농민군은 충청남도 서부 지역 동학농민혁명에서 큰 역할을 맡으며 주요한 위치를 점하고 있었다.

1894년 10월 말 조선 정부는 양호도순무영에서 군대를 아산으로 보내 수많은 동학농민군을 색출해 체포하고 처형했다. 11월 온양의 황천일· 정구영· 유덕신· 안완석· 이구길· 김일석· 백원손 등은 온양읍에서, 김기형· 이호득· 이성오· 정군칠· 이우하· 권태진· 엄홍록 등은 신창 앞길에서 처형당했다. 이 밖에도 수많은 아산의 동학농민군이 체포·투옥되었다.

안교선은 12월 24일 경기도 수원 남벌원에서 처형당해 효수되었다. 신창의 이신교도 홍주전투에 참가했다가 체포되어 처형됐다. 관군에 체포되거나 처형당한 동학농민군의 가산도 몰수됐다. 이로 말미암아 동학농민군의 희생과 피해는 후손들에게까지 막대한 영향을 미쳤다. 특히 안교선의 처형 사실은 효수된 사진과 함께 일본 신문에 보도되었고, 이사벨라 비숍의 조선 여행기인『조선과 그 이웃 나라들』에도 소개돼 널리 알려지게 되었다.

이처럼 충청남도 아산 지역에서는 일찍부터 안교선에 의해 동학의 조직화가 이루어졌다. 또한 아산만을 끼고 있는 지리적 특징으로 청일전쟁의 직접적인 피해를 받아 반침략 의식을 지닌 주민이 동학에 입도했다. 이러한 두 요소가 결합해 아산 지역의 동학농민혁명은 충청남도 서부 지역에서 중심적 역할을 수행했으며 지배체제에 대한 도전을 통해 신분 해방을 지향했다.

5. 아산의 3·1운동

아산 지역에서 처음으로 독립만세 소리가 퍼진 것은 1919년 3월 11일 온양공립보통학교 학생들의 시위였다. 학생들은 학교 운동장으로 뛰쳐나왔고 일본인 학교장이 나와 학생들을 설득했다. 일부 학생은 스스로 해산했고, 나머지는 계속해서 독립만세를 불렀다. 12일 독립만세 소리가 드디어 학교 담을 넘어 시장으로 번져 나갔다. 오후 2시 30분

온양장터에서 학생 30여 명이 주민 200여 명과 함께 만세를 외치고
그로 인해 주동 인물이 체포되었다.

　14일 장터에 또다시 독립선언서가 뿌려졌다. 현창규는 서울의 3·1
운동에 참가했다가 천도교 도사 권병덕의 지시를 받고 3월 중순 온양
에 돌아와 서만수, 권태원, 김치삼 등과 온양장터에서 운동을 전개하
기로 모의했다. 이날 시위 참가자는 수백 명이라고만 알려져 있다. 이
는 천도교의 영향 아래 전개된 것으로, 다음 날인 15일에도 온양면에서
는 100여 명이 독립만세를 불렀고, 주동자 9명이 체포됐다.

　같은 날 영인면에서도 만세시위가 전개됐다. 오후 1시경 약 15명이
태극기를 들고 아산리 아산시장에 나타나 지역민들에게 독립만세를
함께 부르자고 했다. 일단 주동자가 체포되며 시위는 진정되었는데 저
녁 6시에 이르러 약 100명이 집합했다가 읍내로 들어오려 해 온천리
헌병분견소에서 헌병 7명이 급히 출동했고 주동자 9명을 체포하고 해
산시켰다. 그럼에도 일제는 형세가 불온한 상태라 경계 중이라고 기록
을 남겼다. 또한『매일신보』에는 공세리 예수교인 중에 불온한 운동이
있었으므로 헌병수비대는 이 지역에 주둔하고 목하 엄중 경비 중이라
는 기사도 실렸다.

　약 2주의 휴지기 이후 만세시위는 횃불을 동반해 더욱 거세게 일어
났다. 31일 밤 8시경 탕정면, 염치면, 배방면 등의 각 동리 산 50여
군데에서 횃불을 올리고 2,500여 명 군중이 독립만세를 소리 높여 외
쳤다. 탕정면에서 봉화가 오른 곳은 명암리 장무기마을 쪽이었다. 장
무기마을 서남쪽 산줄기인 새매에서 주민들이 봉화를 올린 것이다.

　염치면에서는 고종 인산일에 상경했던 오봉환이 박동은과 상의해
마을 주민을 계몽하고 횃불을 올리며 독립만세를 외쳤다. 또한 염치면

백암리에서는 3월 31일 이화학당 여학생 김복희와 영신학교 여교사 한연순이 주동이 되어 동리의 북쪽 산(방화산)에서 횃불을 올리고 백암교회 김상철 장로를 비롯해 교인 20여 명과 함께 만세시위를 벌였다.

4월 1일 둔포면 시위 때는 운용리 광산 소재지에서 일본인 소유의 광혈 20여 군데를 파괴했다. 둔포면, 음봉면 등은 광산 채굴권의 이동이 심했고 여기에는 일본인들이 적극 개입하고 있었다. 이미 인근 성환의 직산금광에서는 3월 28일 광부들이 대규모 만세시위를 벌인 바 있었다. 2일과 3일에도 시위는 지속됐다.

이때 시위는 세 방향에서 전개됐는데, 첫 번째가 영인면 백석포와 인주면 공세리·걸매리, 둔포면 둔포 등 해안가에서 일어난 횃불 시위였다. 두 번째는 영인면 영인산 횃불시위였는데, 기독교인이 중심이 된 운동이었다. 세 번째는 신창면 횃불시위였다. 신창면 시위는 많은 군중이 2일 밤 학성산 위에 올라가 횃불을 올리며 절정을 이뤘다.

군중들은 산상 봉화에 만족하지 않고 산을 내려와 돌을 주워들고 신창면사무소에 돌을 던져 문 2개를 부쉈다. 또 헌병주재소와 신창공립보통학교에도 돌을 던져 학교 유리창 272매와 문 4개가 파괴됐다. 이 시위의 결과 15명이 체포됐다. 이 시위를 이끈 주동자는 이덕균이라는 인물인데, 당시 도주하여 일본 경찰에 체포되지 않았던 관계로 그에 대한 기록이 남아 있지 않다.

4일에는 선장면 군덕리에서 4·4 아산독립만세운동으로도 불리는 아산 지역 3·1운동 가운데 가장 큰 만세시위가 일어났다. 선장면은 일찍이 물길이 발달해 인천기선회사의 배가 출입하는 등 외부와의 교통이 활발했고, 동학교도도 많았다.

만세시위는 선장 장날을 맞아 본격적으로 시작되었다. 일제는 선장면 만세운동의 주동자로 정규희(정수길), 서몽조, 임천근, 오상근, 김천봉 등을 지목했다. 이날의 시위는 가장 적극적인 저항운동의 형태를 띠었다. 판결문에 따르면 "김천봉은 솔선하여 힘을 돋우고 정수길, 서몽조, 임천근, 오상근은 곤봉을 휘두르며 군중을 지휘해 동면 헌병주재소에 침입, 유리창에 투석"하는 방식으로 전개됐다. 일제 당국은 이를 폭력적으로 진압했다. 헌병 조장 쇼지 마고사부로(庄司孫三郞)가 발포를 이끌어 주동자 중 한 명인 최병수가 목숨을 잃었다.

아산 지역의 3·1운동은 4월 4일 이후 다시 일어나지 못했다. 헌병 조장의 지휘 아래 헌병 33명, 보병 47명이 무력적 탄압을 일삼았고, 이로 인해 1명 순국, 9명 부상, 83명 이상이 체포 구금을 당했다. 또한 온천리 헌병분견소에서는 266명을 대상으로 즉결처분 즉 태형(1명만 고령을 이유로 벌금형)을 4월 중순 이후 집중적으로 집행했다. 일제는 1개월 가까이 아산 내 모든 시장을 폐쇄시켰다가 4월 말이 돼서야 영업 재개를 허락해 막대한 생활고를 유발시켰다. 모든 사건 처리가 끝난 뒤 일제는 아산 내 친일 유지를 대거 동원해 간담회를 개최하는가 하면 통치에 절대 협력하겠다는 서약서 제출을 강요했다.

아산 지역의 3·1운동은 다음과 같은 점에서 중요한 의미를 갖는 독립운동이었다. 첫째, 아산 지역 모든 곳에서 만세시위가 활발하게 전개됐으며 이 과정에서 지역 내 기독교, 천주교, 천도교 등 모든 종교집단이 한데 어우러졌다. 둘째, 초창기에는 평화적인 만세 시위로 진행되다가 산 위의 횃불 시위로 확대되었고, 마지막에는 직접 관공서에 투석을 하는 등 격렬한 저항운동으로 발전했다. 셋째, 농민층을 중심으로 학생, 노동자, 여성 등 다양한 계층이 힘을 모았다. 넷째, 주도층의 나이가 대개 20~30대로 일제 식민통치 아래 새로운 운동이 성장할 수 있는 계기를 만들어 주었다. 다섯째, 아산 지역민이 식민 지배를 극복하고 정의·인도의 새 세계를 꿈꾸며 한국의 미래를 함께 열어가고자 한 활동이었다.

6. 현충사 중건 운동과 성역화 사업

현충사는 본디 충무공 이순신과 이충무공의 조카 강민공 이완, 5대손 충민공 이봉상을 기리기 위해 건립한 사당이었다. 1706년 충청도 유생들이 숙종에게 상소해 건립하도록 하였고, 1707년에 현충사라 사액되었다. 그러나 1868년 흥선대원군이 내린 서원 철폐령에 의해 현충사는 철폐됐고, 외교권 박탈에 분노한 유림들이 1906년에 현충사 자리에 현충사 유허비를 건립하기도 했던 곳이다.

국권회복운동기에 신채호는 이순신을 구국의 영웅이라고 칭송할 만큼 그를 일본에 맞선 저항의 상징으로 주목했다. 이와 같은 이순신 인식은 일제 강점 이후에도 널리 퍼졌지만, 사실상 이순신을 기리는 사당과 묘지 및 문중의 제사 등을 위한 위토 관리는 전적으로 후손들의 몫이 되어 있는 상태였다.

이순신의 13대 종손 이종옥은 독립운동에 직접 참여하면서 살림이 어려워지자 1919년 3·1운동 이후 이충무공의 위토를 담보로 동일은행에서 1,300원을 대출받았다. 이종옥은 일본 경찰의 지속적인 감시를 받았으며 1923년 12월 독립운동 사건에 또 한 번 휘말렸다. 아산 온천리경찰서 고등계에 체포된 이종옥은 경성으로 압송돼 고초를 당했다. 아산으로 돌아온 뒤에도 1930년 자택에 덕의학교를 세워 청소년들에게 민족정기를 가르치기도 했다.

그런데 동일은행에 진 빚이 이자가 불어나면서 1931년에 총 2,400원에 이르렀다. 이 대출금을 계속 갚지 못하자 동일은행에서 경매로 처분할 예정이라고 최후 통지를 하기에 이르렀다. 이충무공의 고택과 임야, 묘소까지도 경매로 넘어갈 위기에 처한 것이다.

이러한 상황에 주목한 것은 한글신문 중에서 가장 영향력이 컸던『동아일보』였다.『동아일보』는 1931년 5월 13일과 14일 연이틀 기사와 사설을 실어 민족의 각성을 촉구하고, 이충무공의 유적 보존을 위해 한국인들이 노력해줄 것을 주문했다. 당시 한국인을 대표하는 언론사가 몇개 안 되던 상황에서『동아일보』의 보도는 사회적 이슈가 되면서 각계각지에서 성금이 답지했고 추모 열기가 고조됐다.

이렇게 모인 성금은 다음 해인 1932년까지 2만여 명, 400여 개 단체에 의해 총 1만 6,021원 30전이 모였다. 일반노동자로부터 어린이까지 성금을 보내면서 자신이 민족구성원이라는 사실을 자각하게 되었다. 그열의를 이어 동아일보 사장 송진우와 한학자 정인보 등 각계 인사들이 중심이 돼 이충무공 유적 보존운동을 전개하기로 했고, 아산 출신 윤치호를 회장으로 하여 1931년 5월 23일 이충무공유적보존회를 설립했다.

이충무공유적보존회는 변호사였던 김병로와 사업가 윤현태가 위토채무보상에 관한 업무를 맡는 한편, 그동안 모은 성금으로 현충사를 중건하기로 결정했다. 또한 현충사 중건을 위해 유억겸, 정인보, 백관수 등이 아산에 직접 내려가 실지 조사를 진행했고, 앞으로의 보존회 사무 일체 경비를 각자 부담하기로 결정했다.

이와 관련된 기사를『동아일보』는 지속적으로 보도했고, 당시 동아일보사 편집국장이었던 이광수는 장편소설「이순신」을 1931년 6월 26

일부터 178회에 걸쳐 연재했다. 이광수는 이충무공을 슬픈 영웅으로
묘사하면서 인간적 면모와 비극적 상황 등에 주목하는 등 신채호와는
다른 관점을 선보였다.

이충무공유적보존회 활동과 성금 모금 등 전민족적인 성원과 노력
끝에 1931년 7월 11일 현충사 중건이 착수돼 이듬해인 1932년 6월 5일
낙성식과 함께 이충무공 영정 봉안 행사가 열렸다. 영정은 화가 이상
범이 그렸고 새로 꾸민 사당에는 영정 외에도 이충무공의 검, 일기 등
유물이 안치됐다. 봉안식 행사 당일 현충사 주변에는 3만여 명의 인파
가 몰렸다고 하며, 심지어 천안-온양 간 임시 열차를 운행했다고 한
다. 당연히 위토 문제도 해결됐으며 기존의 땅 이외에 추가 위토를 구
입했다.

현충사 중건 운동은 1931년 만주사변 등 일제가 대륙침략을 전개하
는 가운데, 민족독립운동이 신간회의 해소로 다소 침체되는 상황에서
언론사 『동아일보』를 중심으로 민족적 각성을 촉구한 활동이었다. 국
권회복운동기에 이어 이충무공을 다시 한 번 민족적 인물로 재조명하
는 성격을 띠었고, 1930년대에 민족문화에 대한 관심을 일으키는 계기
를 만들었다. 또한 광복 이후에도 민족의 표상으로서 이충무공을 기억
하는 배경이 되었다는 점에서 중요한 의의가 있었다.

이제 현충사는 더 이상 이순신 후손들만의 것이 아니었다. 정치인들
과 주요 인사들의 참배가 잇달았고, 이충무공의 뜻을 계승하는 것이
오늘날 국가적 목표로 상향되었다. 특히 이러한 특징은 박정희 정부에
들어서 두드러졌다. 1950년대 이승만 정부는 봉안된 영정을 교체하는
것 외에는 문화재 보수 차원에서 현충사를 관리만 했다.

그러나 5·16군사정변 직후부터 '민족중흥의 사명'을 강조한 국가재

건최고회의 의장 박정희는 1962년에 충청남도 지사 윤태호를 이충무공기념사업회장으로 임명하고 4,438㎡였던 현충사의 경역 면적을 1만 7,684㎡로 확장하고 유물관을 건립하도록 지시했다. 군사정권이었던 박정희 정부는 군인이 나라를 잘 이끌 수 있다는 것을 국민에게 설득하기 위해 진주성, 남한산성, 행주산성, 강화전적지, 한산도제승당 등 국난극복의 뜻이 서린 곳을 유적지로 크게 육성했는데, 현충사 육성이 이와 같은 문화재 정책의 대표격이었고 이충무공이 우리 역사의 가장 큰 위인으로 주목 받았던 것이다.

1963년부터 이른바 현충사 성역화 사업이 정부 주도로 시작되어 1967년에 철근콘크리트 건물로 지금의 현충사를 준공하였다. 이때부터 현충사에는 이완과 이봉상을 제외하고 이순신만을 단독 배향했으며, 1932년에 중건한 구 현충사 건물은 1968년에 현재 위치로 이전했다. 더불어 경역도 추가로 확장돼 141만 5,331㎡가 되었고, 내삼문, 홍살문, 정려, 정문, 고택, 충무정, 활터, 유물전시관, 정원, 연못, 그 외의 부대시설 등을 완공해 아산 이충무공 유허를 완전히 성역화 했다. 1969년 4월 28일 이충무공 제422회 탄신 기념 및 성역화 준공식을 거행하면서 현충사 성역화 사업은 마무리되었다.

현충사 중건운동과 현충사 성역화 사업은 이순신에 대한 기억을 만들어가고자 하는 공통된 움직임 속에 있었다. 그러나 전자가 일제 강점 상황에서 민족의 정신적 유대를 강화하기 위한 것이었다면, 후자는 통치의 정당성을 확보하려는 목적이 강했다. 근대 이후 현충사는 아산 지역을 넘어 한국인이 기억하는 역사적 사적으로 승격되었다. 현충사가 아산의 현충사가 될 수 있는 방법은 무엇인지 찾아보기 위한, 아산 지역사회의 꾸준한 노력이 앞으로도 필요할 것이다.

참고문헌

『디지털아산문화대전』

김일환·천경석,『아산 3·1운동의 역사』, 3·1운동 100주년기념사업 아산시추진
　　위원회, 2018.

은정태,「박정희시대 성역화사업의 추이와 성격」,『역사문제연구』제15호, 2005.

김기승,「역사학 측면에서의 이순신 연구 방향」,『이순신연구논총』제2호, 2004.

아산의 인물

김일환·조형열

1. 맹사성

　맹사성(孟思誠, 1360~1438)은 고려조에 출사하여 조선 세종대에 대성한 관리로 청백리이자 명재상으로 유명한 역사인물이다. 본관은 신창(新昌), 자는 자명(自明), 호는 고불(古佛)이다. 맹자의 후손인 맹의(孟儀)는 신창 맹씨 1세조로 고려 충렬왕 때 문과에 급제하고 예부시랑(禮部侍郎)을 거쳐 예부전서(禮部典書)에 오른 인물이다.

　당대 학자로도 유명했던 맹의는 조적(曹頔)의 난을 평정하는 데 공을 세웠고, 충선왕 때 신창백(新昌伯)에 봉해졌다. 그래서 후손들이 신창을 본관으로 쓰게 됐다. 명문세도(名門勢道) 가문으로, 맹사성의 할아버지는 맹유(孟裕)로 이부상서(吏部尙書)였다. 아버지는 고려 수문전제학(修文殿提學) 맹희도(孟希道)이며, 최영(崔瑩)의 손녀사위이다.

맹사성(孟思誠)은 권근(權近)의 문하에서 수학한 후 1386년(우왕 12) 문
과에 장원급제하면서 춘추관검열(春秋館檢閱)을 거쳐 내직과 외직을 두
루 역임했다. 조선이 건국된 뒤 태조 때 예조의랑(禮曹議郎)이 된 이래
정종, 태종, 세종 대까지 4대 왕을 모셨다. 하지만 맹사성의 사환은 평탄
하게 이루지지 않았다. 50년간 이어진 사환기(仕宦期) 중에 많은 파란을
겪어 조선조에 들어와 13년 2개월 동안 1번의 좌천, 4번의 파직, 2번의
유배를 경험했다. 특히 태종 8년에 일어난 조대림(趙大臨) 사건은 진위에
대한 재조사를 간언한 것이 오히려 왕의 역린을 건드렸다는 이유로 죽음
직전까지 내몰렸다가 영의정 성석린(成石璘) 등의 도움으로 간신히 죽음
을 면했다. 하지만 오랫동안 유배에 처해졌으며, 아들 맹귀미(孟歸美)는
매를 맞아 죽는 불행을 당했다.

이러한 좌절과 고통스런 경험을 딛고 일어서 맹사성은 이후 원숙한
인품과 경륜을 가지게 되었고, 태종 11년에 방면된 후 재등용되고 나서
는 성실하고 조신한 태도로 일관해 국왕의 신임과 사랑을 받으며 여러
직함의 판서직에 등용되는 등 승승장구하게 되었다.

세종이 즉위한 후 공조판서, 이조판서를 역임한 맹사성은 세종 3년
에 의정부찬성사를 역임하고 국정에 해박한 식견을 보여주었다. 때마
침 세종 8년에 김도련(金道練) 회뢰 사건이 발생해 조정 구신(舊臣)들
다수가 뇌물수뢰사건에 연루돼 처벌당하는 희대의 독직사건이 터졌
다. 이를 계기로 정계 개편이 단행되어 좌의정에 황희, 우의정에 맹사
성이 발탁되었다. 당시 맹사성은 청백리로 공인될 정도로 청렴하고 검
박(儉朴)하며 충심으로 국정에 임하는 성실함을 인정받고 있었다.

하지만 두 사람이 의정대신이 된 지 5개월 만에 황희의 사위 서달(徐
達)이 신창(新昌) 관아의 아전을 살해한 사건을 무마하는 과정에 맹사

성이 관여한 사실이 드러났다. 파직을 요구하는 언관들의 비판이 격렬해지자 세종은 두 사람을 파직하고 투옥했지만 곧 풀어주고 관직도 회복시켜주었다. 이것은 맹사성과 황희에 대한 세종의 신임이 각별하고 이들의 원숙한 국정운영의 경륜을 필요로 했기 때문이다.

이후 맹사성은 의례상정소(儀禮詳定所)의 제조, 도제조를 겸직하며 법제와 예제 등과 같은 복잡하고 논란이 많은 어려운 국정업무를 효율적으로 주관하며 경륜을 펼쳐보였다. 맹사성은 국정 전반에 대해 깊이 관여해 정치·국방·외교뿐 아니라 과거제 운영, 예악(禮樂) 문제, 『속육전』, 『태종실록』, 『고려사』, 『신찬팔도지리지』 편찬 등과 향악(鄕樂) 등의 궁중음악 정비에도 탁월한 식견과 능력을 보여주었다. 세종시대의 빛나는 문화업적의 상당부분은 맹사성의 노련하고 숙성한 경륜의 도움을 받아 이루어진 것이다.

1429년(세종 11) 맹사성이 벼슬을 버리고 물러나려하자 세종은 궤장(几杖)[임금이 나라에 공이 많은 70세 이상의 늙은 대신에게 하사하던 궤(几)와 지팡이]을 하사하고 끝까지 자신과 함께 있도록 했다. 그 후 1431년(세종 13) 좌의정에 오르고 4년간 세종을 더 모시다 1435년(세종 17) 관직에서 물러나 고향인 온양으로 내려갔다. 하지만 나라에 중요한 정사(政事)가 있으면 맹사성에게 자문을 구하였다.

벼슬에서 물러난 뒤 맹사성은 고향에서 한가롭게 생을 보내며 벼슬에 있을 때나 물러났을 때나 항상 청빈하여 식량은 늘 녹미(祿米)[녹봉으로 주던 쌀]로 하였다. 79세에 사망했을 때 세종은 친히 조상(弔喪)하고 '문정(文貞)'이라는 시호를 내렸다.

고불 맹사성의 초상화

맹사성의 고택

2. 이순신

이순신(李舜臣, 1545~1598)의 본관은 덕수(德水), 자는 여해(汝諧), 호는 덕암(德巖), 시호는 충무(忠武)이다. 고려 때 중랑장(中郞將)을 지낸 이돈수(李敦守)의 12세손으로 할아버지는 이백록(李百祿)이며, 아버지는 이정(李貞), 어머니는 초계 변씨(草溪卞氏)이다. 이순신의 형제로는 형 이희신(李羲臣)과 이요신(李堯臣), 동생 이우신(李禹臣)과 누이가 1명 있다. 처는 상주 방씨(尙州方氏)이다. 자녀로는 이회(李薈), 이울(李蔚), 이면(李葂) 3남과 1녀를 두었다.

이순신은 1545년(인종 원년) 음력 3월 8일[양력 4월 28일] 한성부 건천동[현재 서울특별시 중구 인현동]에서 아버지 이정과 어머니 초계 변씨 사이에서 셋째 아들로 태어났다. 10세를 전후해 모친의 고향이며 전장(田莊)이 있는 충청도 아산으로 이주하여 이곳에서 성장했다. 이순신은 처음 문과시험을 준비하다가 포기하고 21세 때 상주 방씨와 혼인한 후 이듬해부터 말타기와 활쏘기 등 무예를 익히고 28세 때 훈련원 별시무과에 응시했다. 그러나 시험 도중 낙마해 다리를 다치는 부상을 입어 낙방하고 말았다. 이순신이 무과에 합격한 것은 그로부터 4년 뒤인 1576년(선조 9)에 치렀던 식년무과(式年武科)에서였다.

32세 때 무과에 급제한 이순신은 함경도 동구비보(童仇非堡)의 권관(權管)으로 첫 관직 생활을 시작한 후 22년간 무관 생활을 했다. 이순신이 북방과 남방을 왕래하면서 관직 생활을 하던 중 아산에 들른 시기는 주로 파직과 휴직, 그리고 백의종군 때였다. 이순신은 38세에 발포(鉢浦, 현재 전라남도 고흥군 도화면 발포리) 만호(萬戶)로 근무하던 중 파직돼 잠시 아산에 머무르다가 한성부 훈련원봉사(訓鍊院奉事)에 복직된 적이 있었다.

39세 때 함경도 건원보(乾原堡)의 권관 시절 부친이 별세함에 따라 휴직하고 귀향해 3년상을 치렀다. 그 후 42세 때인 1586년(선조 19) 함경도 조산보(造山堡)의 만호로 근무했으며, 이듬해 두만강 하구에 있던 녹둔도(鹿屯島) 둔전관(屯田官)을 겸하고 있을 때 여진족의 습격으로 녹둔도 병영이 피해를 입게 되었다. 이순신은 백의종군의 처벌을 받았지만 1588년(선조 21) 2월 시전부락(時錢部落) 전투(여진족 토벌 작전)에서 공을 세운 후 아산에 낙향해 있다가 정읍현감으로 복직했다.

1591년(선조 24) 이순신은 전라좌도수군절도사에 임명된 후 임진왜란을 맞아 준비된 전력으로 첫 해전인 옥포를 비롯해 합포(合浦), 적진포(赤珍浦), 사천(泗川), 안골포(安骨浦) 등 수많은 해전에서 연전연승했다. 1593년(선조 26)에는 전라좌수사 겸 초대 삼도수군통제사가 되어 한산도에서 일본군의 서해 진출을 막았다.

1597년 왜장 고시니 유키나카의 간계와 조정의 그릇된 판단으로 삼
도수군통제사에서 파직된 후 투옥됐다가 도원수(都元帥) 권율(權慄) 휘
하에서 백의종군을 하였다. 백의종군을 하기 위해 한성에서 초계(草溪,
현재 경상남도 합천군 초계면)로 향하던 중 여수로 피난갔던 모친과 가족
을 만나기 위해 13일간 아산에 머물렀다. 이때 배를 타고 귀향하던 어
머니의 부음(訃音)을 받고 큰 슬픔에 빠지기도 했다.

원균함대의 칠천량의 패전으로 조선수군이 궤멸되자 삼도수군통제
사로 복직한 후 명량대첩 등 여러 해전에서 승리를 거뒀다. 이어서 1598
년(선조 31) 음력 11월 19일[양력 12월 16일] 노량해전에서 적을 크게 물리
치고는 적탄에 맞아 58세에 전사했다. 이순신의 시신은 1598년 11월
19일 순국 후 고금도(古今島)를 거쳐 그해 12월 중순 아산 본가에 도착해
3개월간 장례를 치렀다. 그 후 1599년(선조 32) 2월 11일 아산 음봉면
금성산(錦城山) 자락에 안치되었다가, 1614년(광해군 6) 아산시 음봉면
삼거리 어라산(於羅山)의 자리로 이장되어 오늘에 이르고 있다.

이순신이 순국하자 조정에서는 1598년 12월에 우의정을 증직했으며,
1604년(선조 37)에는 좌의정을 증직하고 덕풍부원군(德豊府院君)의 작호
(爵號)를 수여했다. 1604년 10월에는 선무일등공신(宣武一等功臣)에 녹
훈(錄勳)되어 후손들은 대대로 공신의 후손으로서 대우를 받게 되었다.
1643년(인조 21)에는 '충무(忠武)' 시호가 내려졌으며, 1793년(정조 17)에
는 영의정이 증직되었다. 이순신의 사후 전라남도 여수시에 있는 충민
사(忠愍祠)를 시작으로 많은 사당이 세워졌으며, 아산시에 있는 현충사
(顯忠祠)는 이순신을 제사지내는 사당 중 가장 큰 규모로 추모 공간으로
도 활용되고 있다.

이순신은 무장이었지만 유학을 겸비한 학자이기도 했다. 남긴 저술로

아산의 이순신 동상(신정호 공원)　　　　이순신 고택(현충사 경내)

는 진중에서 기록한『난중일기(亂中日記)』, 당시의 편지를 수록한『서
간첩(書簡帖)』, 전황 보고서를 수록한『임진장초(壬辰狀草)』등이 있으
며,『난중일기』및『서간첩』,『임진장초』가 1962년 국보 제76호로 지정
되었다.

3. 이지함

  토정 이지함(李之菡, 1517~1578)은 1517년(중종 12)에 태어나 1578년
(선조 11) 현감으로 재직하던 아산에서 사망했다. 토정은 한산 이씨로
목은 이색의 6대 손이다. 그는 어려서 가형인 이지번(李之蕃, ?~1575)과
서경덕(徐敬德) 문하에서 수학했다. 토정은 명문가 출신이지만 관직에
뜻을 두지 않고 은둔과 기행, 그리고 유랑으로 지냈다. 그 이유는 친구

인 안명세(安名世)가 사관으로 재직하며 을사사화의 진상을 직필해서 시정기(時政記)에 넣어둔 것이 누설돼 권신들의 미움을 받아 처형당하는 것을 보고, 관직에 대한 혐오감과 인생의 허무를 느꼈기 때문이다. 이후 해도(海島)를 돌아다니며 거짓 미치광이 행세를 하며 세상을 피하고 과거시험에도 응시하지 않았다.

하지만 학행(學行)이 뛰어나 57세인 1573년(선조 6)에 '유일지사(遺逸之士)'를 발탁하는 천거(薦擧)를 통해 관직에 등용되었다. 그는 지방수령인 포천현감으로 부임했지만 제수된 지 1년여 만에 사퇴했다. 그가 목격한 포천 백성들의 비참한 민생고를 해결해 달라고 조정에 제시한 정책 제안이 거부됨에 따라 크게 실망했기 때문이었다.

포천현감을 사퇴할 때 토정은 수령직에 큰 집착이 없었다. 따라서 민생을 위한 자신의 정책 건의가 수용되지 않자 미련 없이 떠날 수 있었다. 이후 토정은 4년간의 휴지기를 가진다. 그 기간에 형 이지번이 사망해 조카 이산해와 함께 삼년상을 치렀다. 이 무렵 토정은 정치에 적극적인 태도를 보인다. 1576년 통진현감으로 있던 제자 중봉 조헌을 찾아가 민심의 동요와 국가 장래를 걱정하면서 많은 충언을 했다.

1578년 3월에는 율곡 이이(李珥)가 사간원 대사간에 제수되었지만 서울에 와 은명(恩命)을 사례한 뒤에 사직하자 적극적으로 만류하는 모습을 보인다. 이렇게 토정이 다시 정치에 큰 관심을 보이는 이유는 분명치 않다. 다만 이 무렵 동·서 분당으로 당쟁이 본격화되고, 또 1573년 8월 10일 군적(軍籍) 개정으로 민간이 시끄러워지고, 1575년 3월 1일 새로 작성된 군적이 반포되는 등 민생이 위협당하는 정치·사회적 변화가 진행되자 다시 사환키로 결심한 것으로 보인다.

이 때 토정은 "내가 1백 리 되는 고을을 얻어서 정치를 하면 가난한 백성을 부자로 만들고 야박한 풍속을 돈독하게 만들고 어지러운 정치를 다스리게 하여 나라의 보장(保障)으로 만들 수 있을 것이다"라고 말하며 목민관으로의 복귀를 강하게 희망했다. 그 결과 아산현감으로 부임할 무렵은 그가 경국제민(經國濟民)에 큰 의욕을 보일 때였다.

신임 수령으로 부임하는 토정은 "왕이 된 이는 백성을 하늘로 삼고, 백성은 먹는 것을 하늘로 삼는다(王者以民爲天 民以食爲天)"라는 원칙하에 민생의 안정을 최고의 가치로 쳤다. 이것은 자신의 목민관 생활을 친민(親民), 애민(愛民)의 자세로 일관하겠다는 원칙으로 나타났다. 그 실천방법으로는 민생을 해치는 적폐를 척결하고 백성을 살리는 구빈제도를 마련하고 그 시설을 확충하는 것이었다. 그 첫 번째가 군역제도의 모순을 해결하는 것이었고, 두 번째가 민을 괴롭히는 공납의 폐단을 고치는 일이었다.

토정은 아산현감 재임 시에 가난한 백성을 위한 구빈시설을 짓고 운영했다. 이 시설을 소위 '걸인청(乞人廳)'이라 한다. 이지함은 가난한 백성들이 떠돌아다니며 다 헤진 옷에 음식을 구걸하는 모습을 불쌍히 여겨 이들을 위해 구빈시설을 짓고 수공업을 가르쳤다. 사농공상(士農工商) 가운데 일정한 직업을 선택하도록 설득한 다음 직접 얼굴을 맞대고 일일이 타일러 가르쳐 주었다. 이렇게 각자 그 의식(衣食)을 마련할 수 있도록 했는데, 그 가운데 가장 능력이 뒤떨어진 사람에게는 볏짚을 주어서 짚신을 삼도록 했다. 몸소 그 작업의 결과를 따져서 하루에 열 켤레를 만들어내면 짚신을 시장에 내다 팔도록 했다. 소위 자립형 복지정책을 실시한 것이다.

토정의 목민관 생활은 그의 평생 삶의 철학인 애민사상을 실천할 기회였다. 토정은 현감 직을 수행할 때 관내 지역을 직접 방문했다. 그는

토정 이지함의 영정

충남 보령에 있는 토정 이지함의 묘소

'현장주의'를 최우선으로 어려운 백성들을 찾아가 만나고 대화하면서 백성들의 애환과 고통을 보고 듣고 확인했다. 토정은 의욕적으로 직무를 수행하던 중에 질병으로 갑작스럽게 순직한다. 이 때문에 토정의 사망원인을 둘러싸고 이설이 많다. 그의 갑작스런 죽음에 아산 백성들은 친척이 죽은 것처럼 슬퍼했다. 노소를 막론하고 마치 부모상을 당한 것처럼 거리를 가로막고 울부짖으며 다투어 고기와 술로 제사를 올렸다고 한다.

그는 백성은 국가의 근본이며, 민생 안정이 백성에게 최우선이고 백성이 안정되어야 나라가 평안하다는 유교적 민본주의 사상에 가장 충실한 실천가였다. 그는 민생 현장을 순방하며 백성들의 어려움을 확인하고 그들의 소리를 직접 들었다. 수령으로서 권위를 내세우지 않고 현장 우선주의를 통해 생생한 백성들의 고통을 묻고 들었던 것이다. 그런 가운데 박봉을 털어 아랫사람을 도와주고, 폐단을 제거하며 곤궁한 백성을 구제하는 진정한 목민관의 자세를 보여주었다.

4. 홍가신

홍가신(洪可臣, 1541~1615)은 1541년(중종 36) 7월 17일 아버지 온(昷)과 어머니 흥양 신씨 사이에서 4형제의 장남으로 태어났다. 본관은 남양이며, 자는 흥도(興道), 호는 간옹(艮翁)이라고 했다가 64세인 1604년 구양공의 "일찍 벼슬에서 물러나 늦은 절개를 온전히 한다"는 말을 따서 만전(晩全)으로 고쳤다. 고조부 귀해(貴海)는 경상좌도 수군절도사를 지냈다. 증조부 한(瀚)은 이조참의를 역임했는데, 강직한 성품 탓에 연산군 시절 무오사화에 연루돼 귀양 가다가 중도에 사망했다. 조부 윤창(胤昌)은 내섬시 판관을 지냈으며, 부친 온은 장원서 장원(掌苑)을 지냈다. 어머니 신씨는 김제군수를 지낸 윤필(允弼)의 딸이었다. 이처럼 홍가신은 대대로 벼슬이 끊이지 않은 양반가에서 태어났다.

홍가신은 나이 15세가 되기 전에 『소학』과 사서이경은 물론 고문집을 읽을 수 있었다. 집안에서는 생김새와 행동거지가 단아하고 무거워서 강직했던 증조부의 풍모를 이어받았다고 했다. 어려서 초당 허엽(許曄)으로부터 배웠다. 4학 중에 하나인 동학(東學)에 입학해 서애 유성룡(柳成龍), 동암 이발(李潑), 유유립(柳柔立) 등과 사귀었고, 이들과 함께 거처하면서 과거공부를 했다.

어려서는 반고의 문과 두보의 시를 좋아하는 등 문장에 주력해 최경창(崔慶昌), 이순인(李純仁) 등의 운사(韻士)들과 교유했다. 27세인 1567년 행촌 민순(閔純)을 찾아가 『심경』, 『근사록』, 『주자서절요』 등을 읽으면서 성리학을 배웠고, 화려함을 배척하고 실질을 숭상하는 가치관을 형성했다. 민순은 화담 서경덕의 제자로 예학에 조예가 깊었고 동인과 서인의 당쟁에서 초연했던 학자로 알려졌다. 후일 홍가신은 민순의 제문과 묘갈명(墓碣銘)을 쓰기도 했다.

민순을 스승으로 찾아뵈었던 1567년에는 진사시험에 합격했고, 이후 성균관에 입학해 본격적으로 수학했다. 성균관 거재생으로 있을 때에는 성락(成洛, 1550~1616), 조원(趙瑗, 1544~?) 등과 사귀었다. 후에는 퇴계 이황을 배알하고 밝은 근원을 보게 되어 행동과 사업이 명백 통쾌하게 되고 사사롭게 치우치지 않고 공명정대함에 힘썼다.

홍가신이 관직에 진출한 것은 1571년 31세 때의 일이다. 그는 낭천으로 경기도 양주 소재 강릉(康陵, 명종의 능침)의 참봉이 되었다. 1573년 이발(李潑)·이길(李洁) 형제와 함께 알성시에 응시했는데, 시간이 다 되어도 마무리를 하지 못하자 친구들이 부정행위를 권유했지만 거절하고 당당하게 낙방을 선택했다. 이듬해 예빈시 주부와 형조좌랑을 거쳐 부여현감이 되었다. 1578년 사헌부 지평, 1583년 43세에는 사헌부 장령, 안산군수가 되었다가 1585년 수원부사로 승진했다.

1589년 정여립(鄭汝立)의 모반 사건이 발생하자 이에 연루된 사람들에 대한 대대적인 숙청 작업이 추진되었다. 이때 홍가신은 정여립과 사마시 동방이었고, 이발 형제와 친한 사이여서 연루되어 파직 당했다. 특히 그는 친구에 대한 의리와 명분을 중시했다. 이발이 반역 죄인으로 곤궁에 처했을 때, 옛 친구들이 화를 입을까 두려워하여 모두 그를 외면했으나 홍가신은 옥에 갇힌 친구를 찾아 위로하고 귀양 갈 때 옷을 벗어주는 등 우정을 표현했다. 이발이 돌아와 매 맞아 죽은 뒤에도 찾아가 곡하고 친히 염습해 장사까지 지내주었다. 이렇듯 반역죄인과의 친분을 숨기지 않았으므로 그는 한동안 관직을 떠나야만 했다.

1592년 임진왜란이 일어났을 때, 홍가신은 야인 신분이었다. 비록 서울에서 살았지만, 먹을 식량이 없어 말을 팔아야만 했다. 그는 말이 없었으므로 선조 파천 시 호종할 수 없었다. 가족을 데리고 걸어서 가까스로 서울을 탈출해 숨어 지냈다. 그러다가 관향인 남양으로 돌아와 향당을 규합해 일시 의병으로 활동하기도 했다. 그러나 중앙정부에서 의병을 통괄한다는 명령이 있자 군사와 군량을 관에 인계하고 아산에 은거했다. 1593년 파주목사에 임명되었으나 명령 전달이 여의치 않아 제대로 근무하지도 못하고 해임되었다. 이해 10월 왕이 환궁한다는 소식을 듣고 장문의 상소문을 올려 시국 수습책을 건의했다. 이듬해 1월 홍주목사로 부임해 재직중이던 1596년에 이몽학의 반란이 일어났는데, 반란군의 공격으로부터 홍주성을 성공적으로 방어했을 뿐만 아니라 반란군을 궤멸시켰다. 이런 공로가 인정돼 임진왜란이 끝난 후 청난공신(淸難功臣) 1등에 봉해졌다. 1599년 홍주목사 임기를 마치고, 1600년 해주목사에 제수되었으나 그 해 10월 사직했다.

1602년 62세에 한성부윤으로 금오당상을 겸했다. 1605년 3월 형조판서가 되었다가 12월 개성유수로 전임되었다. 홍가신은 개성유수가 된 지 8개월 만에 사직했는데, 사직하면서 영원군(寧原君)에 봉해졌다. 이후 고향 아산에 은거하면서 만년을 보내다가 광해군 7년인 1615년 6월 14일 향년 76세로 일생을 마쳤다.

저서로『만전집(晩全集)』,『만전당만록(晩全堂漫錄)』이 있다. 홍가신 묘는 아산시 염치읍 대동리에 있다. 1693년(숙종 19) 문장(文壯)이라는 시호를 받고, 부조묘(不祧廟)가 내려졌으며, 1642년(인조 20) 홍주목사 재임 중의 공을 기려 홍양청난비(洪陽淸難碑)가 홍성에 세워졌다. 또한

만전당 홍가신 영정사진
(남양홍씨문장공파에서 제공)

만전당(홍가신 사당)

아산의 인산서원과 온양의 정퇴서원에 배향되었다. 홍성군 홍성읍 월산리에 있는 백월산(白月山)에는 사당인 홍주정난사(洪州靖難祠)가 있다.

5. 박지계

잠야 박지계(朴知誡, 1573~1635)는 조선중기 선조~인조대를 살다간 처사형 도학자다. 함양 박씨로 1573년(선조6, 부친 56세) 9월 3일 부친이 송화현감으로 재임하던 관아에서 출생했다. 이후 부친이 수안군수로 나가게 되자 따라갔다가 1582년 부친이 순직해 장례를 치르고 서울 본댁으로 돌아와 성장하면서 독서에 매진했다. 이 과정에 조부 박세무가 지은『동몽선습(童蒙先習)』과『사기』를 읽었다. 이때부터 15세까지 일과를 거르지 않고 열심히 공부에 정진하였다.

20세인 1592년 임진왜란이 일어나자 모친을 모시고 제천으로 피난했다가 다시 괴산으로 옮겼다. 이곳에서 여가를 이용해『중용』과『대학』을 읽었다. 청년기의 박지계는 우계 성혼과 율곡 이이를 존모(尊慕)하며 이들 문하에 나가 배우지 못한 것을 한스러워했다. 임란이 끝나자 서울 반송방 본댁으로 돌아왔다.

1606년(선조 39) 천거로 왕자사부에 제수됐지만 사임했다. 곧 광해군의 집정이 시작되자 박지계와 가족들은 주거를 신창 소동면 수유리(현 아산시 신창면 수장리)로 옮겼다. 광해군 집권기에 대북(광해군을 옹립했던 당파)정권의 독주와 거듭되는 난정에 몸을 숨기기 위해 신창으로 이주한 것이다. 기근으로 잠시 남양으로 옮겨간 적은 있지만 종신토록 아산에서 살았다. 그는 신창으로 옮겨와서도 지기인 권득기(權得己), 조익(趙翼)과 활발하게 교류하며 성리학에 대한 학문적 연구에 몰입했다. 한편 쉼 없는 강학활동으로 조극선(趙克善)을 비롯한 많은 제자를 양성했다.

인조반정 이후 김장생, 장현광과 함께 명망있는 산림처사(山林處士)로 존숭되어 신정을 도울 숙유(宿儒)로 초빙되었다. 하지만 반정이란 특수한 정치 상황에서 발생한 왕통의 계승 문제와, 이에 따른 예론(禮論)과 복제(服制) 문제로 조정 중신 및 김장생(金長生) 등 주류학자와 대립했다. 잠야는 이처럼 오랫동안 논쟁의 중심에 서게 됨에 따라 찬사와 질시를 동시에 받는 인물이 되었다. 하지만 학문적 신념에 대한 일관성 있는 그의 주장은 마침내 관철되어 원종(元宗) 추숭 문제는 박지계의 의지대로 결정이 되었다.

1635년 6월 학질로 고통을 당했고 7월 13일에 정침(正寢)에서 별세했

인산서원 터(아산 염치읍 서원리)

다. 죽음의 계기는 3살 난 손자가 죽었는데 그 사실을 알고 놀라움과 걱정을 하다가 흉복(胷腹)이 아프고 담천(痰喘)이 막혀 사망했다고 한다. 장지는 서산으로 초장했다가 9년 후 1643년(인조 21) 청주 남면 팔봉산 남쪽 등등리(청주시 서원구 남이면 사동리)로 이장했다. 사후에 가선대부 이조판서로 증직되고, 1668년(현종 9) 별세 후 33년 만에 아산 인산서원에 배향되었다. 1740년(영조 16) 제자 김극형의 증손자인 영의정 김재로의 건의로 문목(文穆)이라는 시호를 하사받았다.

박지계는 17세기 아산에 새로 입향해 학문과 교육으로 아산지역의 유학적 전통과 기반을 넓히고 그 수준을 높이는 데 기여했다. 따라서 17세기 아산 유학의 형성에 초석을 놓은 인물이 바로 잠야 박지계라 할 수 있다.

6. 이간

이간(李柬, 1677~1727)의 본관은 예안(禮安), 자는 공거(公擧), 호는 외암(巍巖)·추월헌(秋月軒)이다. 예안 이씨(禮安李氏)가 아산에 입향한 것은 5대조인 이사종(李嗣宗)이 평택 진씨(平澤陳氏) 참봉(參奉) 진한평(陳漢平)의 사위로 처가가 있던 외암마을에 거주하면서부터다. 처는 파평 윤씨로 윤헌의 딸과 윤이징의 딸이다.

이간은 4세부터 글을 배우기 시작했고, 10세 때에는 서울로 올라가 학문에 전념하였다. 이때의 동학(同學)으로는 기원(杞園) 어유봉(魚有鳳)이 있다. 15세 때에는 숙부의 근무지인 평안도 자산에서 학문을 연마했다. 이때 문루 현판에 글을 게시했는데, 그 필법이 웅대하고 건장하여 보는 사람마다 감탄했다고 한다.

1706년(숙종 32) 상경해 한수(漢水)에서 농암(農巖) 김창협(金昌協), 삼연(三淵) 김창흡(金昌翕)과 도를 논했다. 32세 때인 1708년(숙종 34) 권상하(權尙夏)를 찾아가 문인이 되고, 권상하로부터 '추월헌'이라는 호를 받았다. 이때는 권상하가 우암(尤菴) 송시열(宋時烈)의 학통을 계승해 청풍면 황강리에서 유학의 종장(宗匠)으로서 활동하던 시기였다.

1709년(숙종 35) 최징후(崔徵厚)를 통해 남당(南塘) 한원진(韓元震)의 편지를 읽어보고, 성리설에 대한 논변을 시작하였다. 같은 해 4월에는 홍주(洪州) 한산사(寒山寺)에서 한원진을 만나 각자의 입장을 정리했고, 돌아와서 「한산기행시(寒山記行詩)」를 지었다. 1710년(숙종 36)에는 이만성(李晩成)이 학행으로 천거해 장릉참봉(莊陵參奉)에 제수됐으나 나가지 않았다. 1712년(숙종 38)에는 한원진과 계속 편지로 논쟁을 벌이다가 스승 권상하의 만류로 중단하고, 권상하에게 글을 올려 자신의 논리를 설명했다. 1714년(숙종 40) 「미발변(未發辨)」을 지어 자신의 주장을 정리했다.

1715년(숙종 41) 세자시강원 자의(諮議)에 천거되자 사양했고, 1717년(숙종 43) 종부주부(宗府主簿)에 임명됐다. 1725년(영조 1) 회덕현감에 임명되자 부모 봉양을 위해 출사했으나 백성의 고통을 해결해 주지 못함을 한탄하고 몇 달 만에 사직했으며, 1725년 12월 경연관(經筵官)에 발탁되었다. 1726년(영조 2) 충청도사(忠淸都事) 겸 해운판관(海運判官), 익위사 익위(翊衛司翊衛)로 제수됐으나 모두 사양했다. 1727년(영조 3) 51세로 사망했다.

이간은 조선 중기의 사단칠정(四端七情) 논쟁에 이어 전개된 조선 후기의 호락논쟁을 주도했다. 호락논쟁은 율곡(栗谷) 이이(李珥)-사계(沙溪) 김장생(金長生)-우암 송시열-수암 권상하로 이어지는 기호학파 내에서 일어났다. 권상하의 문하에 한원진, 이간, 윤봉구(尹鳳九), 최징후(崔徵后), 성만징(成萬徵), 현상벽(玄尙璧), 채지홍(蔡之洪), 한홍조(韓弘祚) 등의 강문팔학사 사이에 인물성동이론(人物性同異論)을 주제로 논쟁을 벌인 것이다. 특히 이간과 한원진 사이에 치열하게 전개되었다.

이간의 주장은 주로 낙양(洛陽), 즉 서울·경기 지역의 학자들이 많이 동조해서 낙론이라고 했다. 호서(湖西), 즉 충청도의 학자들은 대개 한원진의 주장에 동조했기 때문에 호론이라고 했다. 낙론과 호론의 쟁점은 크게 두 가지였다. 우선 인물성동이론, 즉 금수(禽獸)도 사람처럼 오상(五常, 인·의·예·지·신)을 가지고 있나 없나 하는 문제이다. 또 하나는 사람이 정(情, 희노애락)이 발동하지 않은 미발의 상태일 때 선악이 나타날 수 있는 기질이 있나 없나 하는 문제였다.

이간은 금수도 오상을 가지고 있다고 하는 인물성동론과 미발일 때

외암마을 건재고택의 사랑채에 걸려
있는 편액 외암서사(巍巖書社)

관선재(觀善齋)

는 심체(心體)가 순선(純善)하기 때문에 굳이 작동하지 않는 기질을 겸
하여 말할 필요가 없다는 입장이었다. 한원진은 오상은 금수에게는 없
고 미발일 때에도 기질지성(氣質之性)이 있고 선악이 존재한다고 주장
했다. 이간의 학설을 지지·계승한 학자들은 이재(李縡), 박필주(朴弼
周), 어유봉, 김창흡 등이었고, 한원진의 학설은 윤봉구, 최징후, 채지
홍 등이 지지했다.

호락논쟁은 임진왜란과 병자호란을 거치면서 극심해진 사회적 무질
서를 바로잡기 위해 성리학자들이 벌인 인간 본성에 대한 논쟁이다.
또한 오랑캐라고 멸시하던 만주족이 한족의 명나라를 멸망시키고 세
운 청나라가 발전하는 모습과 유교 덕치의 실현 모습을 두고 벌어진
조선 지식인의 세계관과 인간관에 대한 치열한 논쟁이었다.

이간은 일찍이 광덕산 강당골에 관선재(觀善齋)를 짓고 사돈이자 벗
인 윤혼(尹焜)과 함께 학문 연마와 강론에 전념했다. 이곳은 후에 외암
서사(巍巖書社)로 불리다가 '외암서원'이라고도 했는데, 외암이 시호를
받았을 때의 일로 추정된다. 이때 부조묘(不祧廟)를 명하였다. 흥선대
원군(興宣大院君)의 서원 철폐를 피해 공주 마곡사에서 불상을 가져와

강당사(講堂寺)라는 절로 바꾸어 지금에 이르고 있다.

이간 묘는 아산시 송악면 유곡리에 있다가 1751년(영조 27) 송악면 외암리 서북쪽 삼상당(삼승댕이)으로 이장되어 오늘에 이르고 있다. 외암민속마을 입구 다리 건너기 전 오른쪽에는 지돈령부사(知敦寧府事) 홍직필(洪直弼)이 짓고, 판돈령부사(判敦寧府事)를 지낸 윤용구(尹用求)가 썼으며, 이간의 6세손이며 참판을 지낸 이정렬(李貞烈)이 글을 새겨 1924년에 세운 이간 신도비가 있다.

7. 김복희

1919년 3월 1일 만세운동으로 아산 일대에서 봉화시위가 들불처럼 퍼져 나갈 때 염치면 백암리(白岩里)에서는 마을 주민들이 봉화를 피우고 마을 뒷산인 방화산에 올라 산상 시위를 벌였다. 이 시위는 유관순과 함께 이화학당에 다녔던 김복희(金福熙, 1901~1986)와 구미동에 있는 감리교 백암교회 부설 영신학교(永新學校) 여교사였던 한연순(韓連順)이 주도해 이루어졌다.

김복희는 1901년 11월 30일(음력 10월 20일) 이순신의 고택과 현충사의 인근 마을인 염치면 백암리 구미동에서 아버지 김윤필(金允弼)과 어머니 박씨 사이에 태어났다. 위로 오빠, 아래로 여동생을 둔 3남매 중 장녀였다. 약 50호 되는 구미동 마을은 대지주의 땅이 많았는데, 지주들은 현지에 '마름'이라 부르는 소작지 관리인을 두고 소작인들에게 가을에 수확물의 일정한 비율을 소작료로 거두어 들였다. 당시에는 대개 병작반수(竝作半收)라 하여 지주가 수확의 절반을 가져가나 악덕 지주들은 6~7할 이상을 가혹하게 거두는 경우도 있었다.

1901년경 지주 장지순의 소작지 마름으로 인천에서 최봉현이란 사람이 구미동으로 왔다. 최봉현은 기독교 감리회 인천 내리(來里)교회의 독실한 신자였다. 그는 자신의 집에서 예배를 보며, 이웃들에게도 전도했다. 구미동 마을에는 불과 3개월 만에 70여 명의 신자가 생겼다. 얼마 후에는 구미동 이웃 마을에도 구미동만큼의 신자가 생겼다. 구미동에는 아산 최초 개신교 교회인 백암교회가 세워졌고, 백암교회 교인들은 철저하게 신앙생활을 해 다른 마을 사람들은 '예수교인 마을'이라 불렀고, 술 담배를 못하는 사람을 보면, '구미동 사람'이라 하며 놀렸다.

김복희는 백암교회 안에 설립된 '영신학교'에서 공부했다. 당시 백암교회는 공주에 있는 감리교단이 관할하고 있었기 때문에 가끔 외국인 선교사들이 찾아오곤 했다. 그런 외국인 선교사 중에 이름이 앨리스 제이 햄몬드 샤프(Alice J. Hammond Sharp)로, 사람들이 사애리시(史愛理施) 또는 '사부인'이라 불렸던 여성 선교사가 있었다. 여성 교육에 큰 관심과 열성을 가지고 있었던 샤프의 눈에 총명한 김복희가 띠었다.

샤프 여사는 김복희가 영신학교를 졸업하자 서울의 이화학당에 추천해 4년제 보통과의 4학년에 편입하게 했다. 보통과를 마친 김복희는 이화여자고등보통학교로 진학했다. 김복희는 1902년생인 유관순보다 1살 위이며, 학년으로서는 이화학당 2년 선배였다. 3·1운동 때 유관순이 이화여자고등보통학교 1학년이었는데, 김복희는 졸업이 한 달도 안 남은(1919년 3월 말에 졸업) 3학년이었다.

3·1운동이 일어난 것은 김복희가 이화여자고등보통학교 3학년으로서 졸업식을 앞둔 시점이었다. 탑골공원에서 시작된 만세시위는 서울 4대문 안 전역에서 벌어졌다. 시위 학생들은 덕수궁 뒤에 있는 이화학

김복희(오른쪽)와 가족들

이화학당에서 찍은
유관순과 김복희 사진

당 앞에 와서 이화학당 학생들의 참여를 촉구했다. 학생들이 교문으로
달려 나갔다. 시위가 격화되자 총독부는 휴교령을 내렸다. 기숙사에
있던 지방 학생들은 모두 고향으로 내려가야 했다. 3월 13일 김복희는
기차를 타고 천안역에 내려 고향 백암리로 돌아왔다.

　귀향 후 김복희는 영신학교 교사인 한연순을 만나 서울에서 있었던
독립선언과 만세시위운동을 이야기하고, 백암리에서도 독립만세 시위
를 일으킬 결심을 말했다. 이에 한연순 선생도 뜻을 같이 했다. 두 사
람은 김상철 같은 동네 유지들과 만나 만세운동을 의논했다. 3월 31일
밤으로 날을 정했다. 그날 밤 모든 동네 주민들이 횃불을 들고 동리에
서 가장 높은 방화산 꼭대기에 모였다. 산상 봉화시위가 아산 일대에
퍼지던 때였다.

산정에 모인 약 50여 명의 주민 중 여자는 김복희와 한연순 뿐이었다. 주민들은 봉화를 피워놓고 한 마음으로 "대한독립 만세!"를 목청껏 외쳤다. 시위소식이 알려지자 온양 온천리 헌병분견대 헌병들이 총을 쏘며 올라왔다. 헌병들에게 쫓긴 주민들은 뿔뿔이 도망하고 잡힌 사람들은 연행되었다. 시위를 주도했던 김복희와 한연순은 지척을 분간할 수 없는 어둠 속에서 헌병을 피해 산을 타고 급히 내려오다 낭떠러지 밑 돌밭으로 떨어져 둘 다 큰 부상을 입었다. 김복희는 특히 얼굴을 다쳐 피투성이가 되었다. 한연순도 부상이 심해 서울 세브란스병원에 입원했다.

헌병들은 만세시위의 주도자가 김복희와 한연순 두 여성인 것을 알고, 두 사람의 상처가 아물기를 기다렸다가 온양 헌병대분견소로 끌고 갔다. 두 사람은 온양헌병대에서 걸어서 천안역으로 압송됐다. 천안역에서 기차로 조치원에 도착해 헌병대 유치장에서 하루 밤을 지내고, 다음날 공주 감옥에 수감되었다. 김복희는 공주감옥에서 유관순을 만났다. 유관순은 아우내장터 시위 후 잡혀와 있었던 것이다.

김복희의 증언에 의하면 당시 공주 감옥에는 3·1만세시위로 잡혀온 여성이 10명이었는데 2명은 서울로 호송되었다고 한다. 그중에 유관순도 있었다. 김복희는 미결수로서 2개월을 보내고 재판을 통해 징역 2개월, 한연순은 교사였다는 이유로 3개월의 실형을 선고받았다. 하지만 실제 미결수 기간까지 포함하면 김복희는 4개월, 한연순은 5개월 동안 수감생활을 했다.

한연순보다 한 달 먼저 출감한 김복희의 증언에 의하면 수감생활은 고통의 연속이었다. 일제당국의 가혹한 처우로 미결수일 때는 종일 무릎을 꿇려 대기하게 하고 식사는 짐승이나 먹을 정도로 열악한 음식을 주었고, 여자들은 감옥 내 공창으로 데려가 삼을 삼게 하는 노역도 강

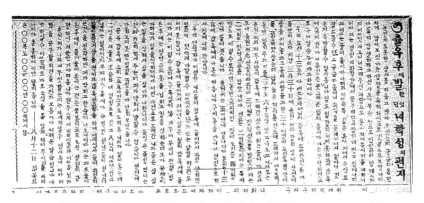
출옥 후에 김복희가 미국 신한민보에 보낸 편지 〈신한민보, 1919.09.25(4)〉

요당했다.

김복희는 출옥 후 다시 공부하기 위해 이화여전 부설 유치원의 사범과에 진학했다. 유치원교사 양성과정을 이수한 것이다. 졸업 후에 사애리시 선교사의 부름을 받아 그녀가 운영하는 강경의 황금정 여학교 부속유치원 설립에 참여하는 한편 강경 만동여학교의 시간교사로도 일했다. 다시 공주 대화정교회의 영명여학교 부속유치원 교사와 영명여학교 시간교사로 일하기도 했다.

8. 이성렬

조선왕조 말기의 문신으로 아산의 대표적인 유교 지식인이자, 대한제국기 국권회복운동에 참여했다. 외암마을로 잘 알려진 외암 이간의 6대손이다. 본관은 예안이며, 호는 퇴암이다. 아산 송악면 외암리 출신이며 이상훈의 아들이지만, 이상유에게 입양되었다.

1888년 별시문과에 병과로 급제해 홍문관 관원이 되었으며, 홍문관 응교를 지냈다. 1890년 이후 규장각직각, 시강원문학, 증광문과 초시 시관, 이조정랑, 성균관대사성이 되었다. 1894년 이후에는 호남전운사, 진주부관찰사, 내각총서 등으로 일했다. 1896년 명성황후의 혼전 향관에 임명되었고, 경상북도관찰사로 부임했다. 1898년 중추원일등 의관, 1899년 평리원재판장, 1900년 경효전제조를 각각 역임했다. 1903년 다시 경상북도관찰사로 나갔다가 전라북도관찰사로 보직이 바뀌었으며, 여러 관직을 맡다가 1905년 궁내부특진관에 재임용되었다.

종2품으로서 같은 해 음력 3월 "기강 확립의 간언을 거부하면 직언하는 사람이 물러가고 간신이 활개를 치게 된다"는 상소를 올리고, 왕명으로 복제를 개정한 것에 반대한 최익현의 주장에 동조해 전통적인 복제를 고수해야 한다는 최익현의 건의를 채용할 것을 청했다. 또한 의효전 복제의 잘못을 논하고 3강 13목의 시무책을 건의했다. 계속해서 관직의 부름을 받았지만 나가지 않는 경우도 많았으며, 고종과 성리학적 왕조 체제를 고수하고자 하는 의지가 강했다.

을사늑약이 체결되자 최익현으로부터 창의구국으로 거사하자는 편지를 받았다. 그 뒤 관직을 사직하고 경기도 여주에 은거하며 민종식, 이시영 등과 협의해 의병을 규합하기로 하고 군자금을 담당했다. 군자금 마련은 전답 400여 석 분량을 내다팔고 '교수댁'이라고 불리는 외암마을 집까지 급히 헐값에 팔았다고 전해진다. 실제로 1905년 8월 7일자 『황성신문』에는 "온양향약장 이용신이 작년부터 배일운동을 하고 전 참판 이성렬(李聖烈, 1865~1907 추정)이 몰래 그에 협조하고 있다"는 기사가 게재된 바 있다.

그러나 밀고한 자가 있어 일본군에게 의병 명부를 압수당해 많은 의병이 붙잡히는 사건이 일어났고, 이에 대한 책임감으로 단식 끝에 자결했다고 알려져 있다. 사망한 해는 1907년으로 추정되며, 이성렬 집안은 가세가 크게 기울어 후손이 심한 고초를 겪으며 힘겹게 살았다고 한다. 생부 쪽이든 양부 쪽이든 선대의 묘는 모두 송악면을 중심으로 아산시에 있으며, 부인 연일 정씨와의 합장묘는 송악면 마곡2리 바누실에 있다. 1977년 대통령표창이 추서되었다.

9. 곽한일

의병운동, 독립의군부 등 독립운동에 적극적으로 참가한 아산의 대표적인 성리학적 유교 지식인이다. 자는 원우, 호는 장암이며, 본관은 청주다. 1896년 경기도 여주에서 출생해서 아버지 곽승현 대에 아산으로 이주했다. 할아버지는 승정원 동부승지를 지낸 부호군 곽치섭이다. 독립운동 당시 주소는 아산군 송악면 궁평리 194이다.

명성황후 시해 사건인 을미사변 이후 1896년 안성 지역 의병운동에 참여했고, 이후 아산·예산·청양 등지로 잠행하며 동지들을 규합하기 위한 활동을 벌였다. 1905년 11월 일제가 국권을 빼앗은 을사늑약이 체결되자, 1906년 2월 남규진과 함께 면암 최익현을 찾아갔다. 최익현은 "호서의 일은 내가 그대에게 부탁한다. 그대는 남규진과 함께 민중의 뜻을 격려하여 빨리 군사를 일으켜 영·호남과 함께 앞뒤에서 적을 몰아치는 형세가 되도록 하다가 만일 여의치 못하면 그대도 남하해 나와 함께 일하는 것이 좋겠다"고 했으며, 사방의 군사를 모으고 지휘할 수 있도록 성명을 도장에 새겨주었다. 이와 더불어 격문과 왕실을 받들고 오랑캐를 물리쳐 나라를 되찾는다는 '존양토복'의 깃발을 주며 선봉이 되라 하였다.

1906년 5월 19일 홍주의진 의병장 민종식이 1,100여 명의 부대를 이끌고 홍주성을 점령하자, 곽한일(郭漢一, 1869~1936)은 5월 27일 남규진으로 하여금 예산에서 군사를 일으키도록 하였다. 의거 초기 의병 400여 명과 더불어 홍주성 인근에 있는 해미성을 공격하려 했으나, 민종식이 홍주성에서 포위됐다는 소식을 듣고 5월 29일 홍주성에 진입, 합류했다. 홍주성에서 돌격장, 소모장으로 활약하며 일본군과 진위대를 격퇴시켰다.

일본군이 보병 2개 중대, 기병 1개 소대, 기관포대, 폭파대 등을 동원해 쳐들어오자 일본 군병 10여 명을 사살하고 4명을 잡아 처단했으나, 의병도 83명이 전사하고 145명이 체포당하는 등 치열한 저항 끝에 5월 31일 홍주성에서 후퇴했다. 이후 최익현이 이끄는 순창 의병부대로 합류하려 했으나, 이미 그쪽도 실패했기에 독자적으로 거사를 준비했다.

10월 무렵에는 예산읍에서 북쪽으로 10리 거리에 있는 한곡(현재 예산군 대술면)에 살고 있는 이용규의 족형 이남규의 집에서 김덕진, 이용규, 박윤식 등과 회의를 가졌고, 의병 수백 명을 예산 일대에 동원하기도 했다. 마침내 11월 20일을 기해 예산읍을 총공격하기로 결정했으나 안타깝게도 일진회원에게 기밀이 누설돼 11월 17일 일본 헌병대에게 기습을 당하고 말았다. 체포된 곽한일은 공주경무청에서 경성평리원으로 이감되는 등 갖은 고초를 겪다가 1907년 7월 3일 고종이 종신 유배형을 승인해 그해 8월에 전라남도 신안군 지도로 유배되었다.

1912년에 풀려난 곽한일은 항일운동을 멈추지 않았다. 1913년 1월에는 독립의군부 사건에 참여했으며, 고종으로부터 비밀리에 의대조(옷

에다 써서 내린 명령)를 받아 독립의군부 총무총장에 임명되었다. 독립의
군부는 1912년 9월부터 1913년 1월까지 고종의 밀조를 확인하면서 만
들어진 유림 세력 중심의 독립운동단체로서 위정척사적 성격을 띠고
있었다. 1912년 12월 전라북도 순창에서 최익현과 같이 의병을 일으켰
다가 일본 대마도에 유배되었던 임병찬이 전라남북도 순무대장으로
임명됐으며, 도 단위까지 조직을 확대해 무력 항거뿐 아니라 국권 반
환 요구 등 다양한 항일투쟁을 모색하고자 했다.

1913년 1월 임병찬은 아들 임응철을 서울로 파견해 참판을 지낸 이
인순, 곽한일, 이명상, 전용규와 독립운동을 협의하도록 했다. 이들은
독립의군부 취지를 제정하고, 총무·참모·회계·사법·군무 등 조직을
구성했으며 맹원 모집과 군자금 조달에 분주하였다. 이때 곽한일은 이
인순으로부터 또 다른 독립운동을 벌인다는 김재순의 말을 전해 듣고
1월 중에 김재순을 대면하게 된 자리에서 그 계획의 진위를 확인한 후
에 여비와 운동자금 조달을 약속했다.

이어 동지인 전용규, 이정로와 협의한 후 온양군 일북면 덕지(현재
탕정면)에 사는 윤천보, 윤익동과 평택군 서면 목정리(현재 평택시)에 사
는 이일영, 윤상보, 강태건 등으로 하여금 전라도·충청도·경기도 등
지에서 모은 금액 중에서 300원을 3월 하순경 김재순에게 내주고, 계
속 금원 조달을 약속했다.

이후 4월에 김재순이 일경에 잡히면서 사건이 발각되었고, 1913년
8월 경성지방법원에서 김재순은 징역 2년, 곽한일은 징역 1년 6월, 전
용규는 징역 1년, 이정로는 징역 6월의 형이 언도됐다. 이것이 독립의
군부 사건(혹은 온양사건)으로 8월 14일 『매일신보』에 보도되었다. 곽한
일은 출옥 후에도 항일운동을 지속적으로 모색했다고 하나, 1936년 사

망할 때까지 일본 경찰의 감시를 받으면서 신변이 자유롭지 못했다. 1902년 허칙과 함께 한국 유교의 정통성과 유교 숭상을 내세운『대동정로』를 편찬해, 1903년 간행했다.

곽한일의 묘소는 송악면 평촌리에 있으며, 1980년 아산군수가 세운 묘비가 있다. 1968년 대통령표창, 1977년 건국공로포장, 1990년 애국장에 각각 추서되었다. 의병장 시절 사용하던 장도가 서울 서대문독립공원과 천안 독립기념관에 전시되어 있다. 송악면 역촌리 75-1에는 송덕비가 있다. 2005년 10월 곽한일 의병장 송덕비 건립추진위원회에서 세웠으며, 묘비 전면에는 '애국지사 곽한일 의병장 송덕비'라 적혀 있고, 후면에는 곽한일 의병장의 생애를 기록했다.

10. 정규희

아산 지역의 대표적인 천도교 지도자로서, 아버지 정태영이 동학농민혁명에 참여했고 정규희(丁奎熙, 1895~1979)는 3·1운동과 인근 지역의 민족운동에서 주동적으로 활동했다. 본관은 나주, 자는 수길, 호는 규암이다. 예산군 대술면 이티리에서 태어났으며, 1902년경 선장면 군덕리로 이주했다. 아버지 정태영의 영향을 받아 13세이던 1907년에 천도교에 입교했다. 일찍부터 천도교도로서의 삶을 개척했고 평생을 이와 같은 활동 영역 안에서 살았다.

1908년 신창 사립 신민학교에 입학해서 신학문을 익혔다. 1919년 3·1운동이 일어나 전국에 확산되자 정규희는 김천봉, 서몽조, 임천근, 오상근 등과 함께 4월 4일 선장면 군덕리 장터에서 독립만세운동

을 주도했다. 독립선언문을 낭독한 뒤 군중들을 이끌고 시위를 전개했
으며, 헌병주재소를 습격하는 등 격렬하게 투쟁했다. 정규희는 헌병
대에 체포되어 5월 12일 공주지방법원에서 징역 2년 6월형을 선고받
았다. 죄명은 보안법 위반과 소요죄였다. 불복하고 항소한 뒤 서대문
형무소로 이감됐으나 기각되어 다시 공주형무소에서 옥고를 치렀다.

형기를 마치고 출옥한 이후에도 지속적으로 천도교 활동을 이어갔
다. 1926년 순종황제 장례식을 기해 일어난 6·10만세운동에 참여했다
가 온양에서 체포돼 고문을 당하고 풀려났다고 전해진다. 1931년에는
천도교 예산교구를 중심으로 조선의 대표적 농민운동 단체이자 농촌
협동조합인 조선농민사 예산지회 창립을 이끌어 이사장에 취임했다.
1938년에는 기도문 암송을 통해 민족의식을 고취시키기 위한 아산 지
역 천도교 무인멸왜기도운동에도 참여했다. 이 사건으로 다시 체포된
후 온양경찰서에서 고문을 당하고 신병을 얻어 13일 만에 풀려났다고
한다. 경찰의 감시를 받으며 광복을 맞이했다.

해방 후에도 천도교 정비를 위한 노력을 계속했다. 1975년 3월 10일
천도교 대표 49인의 한 사람으로 을묘통일선언에 참여했다. 그는 독립
운동에 헌신했음에도 이를 당연한 일로 생각하고 살아서는 정부의 포
상을 사양한 채 1979년 5월 23일에 향년 85세로 생을 마감했다. 묘소
는 충청남도 아산시 선장면 군덕리 산292-6에 있다. 3·1운동을 주도
하고 옥고를 치른 공훈을 인정받아 1980년 대통령표창, 1990년 건국훈
장 애국장이 각각 추서되었다.

11. 박안라

충무공 이순신의 9세손 이도희의 아내이며, 아들 이규풍과 이규갑을 독립운동의 길로 인도한 여성 독립운동가이다. 여성의 사회적 활동이 활발하지 못했던 시대에 남편과 아들을 통해 자신의 뜻을 전달한 것도 중요한 활동이라고 할 수 있겠다. 아산 출신도 아니고, 직접적으로 큰 활동을 한 것도 아니지만, 아산 지역 이충무공 집안을 대표할 수 있는 여성이다. 본관은 밀양이며 1853년 10월 16일 생원 박준호의 장녀로 황해도 배천에서 태어났다. 16세에 결혼하여 아산에서 살았다.

이도희는 1901년에 유교적 관점에서 여성이 갖춰야 할 윤리 지침을 담은 「직중록」이라는 가사를 쓰기도 했다. 1902년 남편이 세상을 떠나자, 박안라(1853~1922)는 집안 살림을 혼자 몸으로 떠맡았다. 남편의 영향을 받아 유교적 여성상을 체득한 박안라는 자녀교육에도 열중했다. 1905년 이후 을사늑약으로 국권이 위태로워지자 두 아들에게 매국노 처단 상소를 올릴 것을 지시하는가 하면, 의병전쟁에 참여해 일본군과 맞서 싸우도록 가르쳤다.

이에 따라 장남 이규풍은 연해주로 건너가 안중근과 함께 전투에 참여했고, 차남 이규갑은 홍주의병에 투신했다. 1910년 국망 이후 이규풍이 어머니 걱정에 집으로 돌아오자 크게 혼내 다시 독립운동 전선에 나서도록 했다. 이규갑도 3·1운동 이후 집안이 걱정돼 비밀리에 보낸 사람이 꾸중을 듣고 돌아갔다고 한다.

박안라 자신도 독립운동에 헌신하기 위해 길을 나섰다가 1922년 러시아 블라디보스토크에서 결국 사망했다. 두 아들 외에 손자 이민호, 증손자 이길영까지 독립운동가로 길러낸 행적이 영인면 월선리의 오충비에 기록되어 있다. 박안라의 묘소는 영인면 월선리 산60-5에 있으며 행적을 기록한 오충비, 충국순의비가 함께 세워져 있다.

12. 윤보선

아산이 배출한 대한민국 대통령이자 정치인이다. 본관은 해평이며, 호는 해위이다. 대한제국 중추원 의관이자 일제 하 경제활동과 지주경영에 탁월한 실적을 보였던 윤치소와 중추원 의관이었던 이재룡의 장녀 이범숙 사이에 장남으로 태어났다. 할아버지는 안성군수, 남포군수, 강계부사, 대한제국 육군 참모장 등을 역임한 윤영렬이며, 종조할아버지는 병조판서, 군부대신, 법부대신, 전라남도관찰사 등을 역임한 윤웅렬이다.

작은아버지는 대한민국 초대 내무부 장관을 지낸 윤치영이다. 아버지의 사촌 형제인 윤치호는 개화파로 한성부판윤, 독립신문사 사장 등을 지내고, 105인 사건으로 옥고를 치렀으며 일제 말기 조선임전보국단 고문, 일본제국의회 귀족원 칙선의원 등이 되었다. 아산의 대지주이자 기독교 전파 등에도 큰 역할을 했던 지역 유력가문 해평 윤씨가의 자손이다.

윤보선(尹潽善, 1897~1990)은 1897년 8월 26일 아산군 모산면 신촌(둔포면 신항리)에서 태어났다. 아버지와 할아버지 등 일가가 중앙 관직에 활동하면서 실질적으로 서울에 살고 있었기 때문에, 10세에 서울로 올라가 지금의 안국동에 있는 안동장에서 생활하며 한성고등소학교와 일출소학교를 다녔다. 1913년 일본으로 건너가 도쿄 게이오의숙, 세이

소쿠영어학교를 다녔으나 1915년 학업을 접고 국내로 돌아왔다. 1910년대 초 당시 일본에서 유행하던 사회진화론에 반감을 품어 자연스레 반일 감정도 생겼다고 하며, 오히려 신해혁명에 대한 관심으로 여운형 등과 교류하게 되었다.

귀국 후 비밀리에 독립운동을 준비했고 신학 공부를 한다고 집안에 알린 뒤 중국 상하이로 건너갔다. 상하이에서 신한청년당에 입당해 활동했고, 1919년 상하이에 대한민국 임시정부가 수립되었을 때 최연소로 임시의정원 의원에 선출됐다. 고향에 도움을 요청해 대한민국 임시정부 운영자금을 받았다. 1921년 영국으로 유학을 떠나 1925년 에든버러대학교에서 고고학을 전공, 1930년 12월 졸업했다.

유럽 여러 지역을 여행한 후 1932년 국내로 돌아왔다. 귀국 후 일제 경찰의 감시 탓인지 두드러진 활동은 없었고, 교회를 다니거나 함경도 안변의 문중 별장에 가는 것을 빼고는 거의 집에서 지냈다고 한다. 그러면서도 고향의 신항리교회에 헌금해 교회를 개축하게 했고, 학교에 토지를 기부하고 유럽 상황과 동·서양의 차이 등에 대해서 언론에 기고하는 등의 활동을 전개했다.

광복 직후 송진우, 이인 등과 함께 한국민주당의 창당에 참여했다. 또한 '대한민국 임시정부 환국 봉영회' 준비에 앞장섰다. 미군정 때에는 농상국 고문, 행정자문위원 등의 역할을 맡았다. 1946년 독립촉성국민회에 참여하는 한편, 삼의사(이봉창, 윤봉길, 백정기)의 유해가 송환될 때 서울역에서 유해를 맞이하기도 했다. 민중일보사 사장을 맡으면서 남조선 과도정부의 고문 역할도 했다.

영국 유학 경력을 기반으로 한영협회 회장이 되었고, 이승만기념사업회 회장으로서 이승만 일대기 집필과 우익 지도자로서 단독정부 수

립을 지지하기도 했다. 1948년 5·10총선거에 아산군 지역구에 한국민
주당 후보로 출마했지만 무소속 서용길에 패했고, 이승만이 국회의장
비서실장직을 맡겼으나 두 달도 안 돼 사직했다.

대한민국 정부가 수립된 뒤에는 서울특별시장과 상공부 장관을 지
냈다. 하지만 이승만 대통령의 사적인 인사 요구 등에 반감을 품으면
서 거리가 멀어졌고, 결국에는 장관직에서 물러나야 했다. 사임 직후
치러진 제2대 국회의원 선거에서도 낙선의 고배를 마셨다.

6·25전쟁이 일어나 부산으로 피난한 후에는 대한적십자사 총재를
지냈다. 전쟁 중에 이승만의 정치적 행동에 반감이 쌓여가면서 한국민
주당의 후신인 민주국민당에서 활동 폭을 넓혀갔다. 1954년 치러진 제
3대 국회의원 선거에 서울 종로갑 선거구 후보로 출마해 당선되었다.

이후 1955년 민주당을 창당할 때 구파 지도자로서 중심적 역할을 하
며 자유당의 부패에 항의하는 여러 활동을 펼쳤으며, 1958년 제4대 국
회의원 선거에서도 당선됐다. 1960년 3·15부정선거가 원인이 되어 일
어난 4·19혁명으로 이승만 대통령이 하야한 뒤 제5대 국회의원 선거
에서 다시 당선되었다.

민주당이 의원내각제를 기반으로 내각을 구성하면서 제4대 대통령이
되었고, 실질적인 권한은 국무총리인 민주당 신파의 장면에게 대부분
집중되었다. 대통령직을 맡으면서 대통령 집무 공간의 명칭을 경무대에
서 청와대로 바꾸었다. 1961년 2월 민주당 구파가 결국 탈당해 신민당을
창당했다. 게다가 박정희를 중심으로 한 군부가 5·16군사정변을 일으
켰는데, 국가 원수로서 역할을 다하기 위해 대통령직을 놓지 않았으나
결국 군부와의 갈등으로 1962년 3월 22일 하야를 발표하고 물러났다.

1963년 7월 제5대 대통령선거에 출마했으나 낙선했고, 12월 치러진

제6대 국회의원 선거에 당선됐다. 비밀리에 졸속적으로 추진된 한일협정에 반대해 박정희 정권에 반대하는 운동을 펼쳤고, 1967년 또 한 번 대통령선거에 출마했으나 낙선했다. 1970년대 반독재 민주화 투쟁에 참여하는 등 정권에 대항하는 활동을 했으나 박정희 대통령이 죽고, 전두환 대통령이 집권한 이후 원로 정치인으로서 정책 자문을 했다. 민족사바로잡기국민회 의장, 석오이동녕기념사업회 회장 등으로 활동했고, 1990년 사망했다.

윤보선의 저술로는 1967년 회고록 형태로 발간한『구국의 가시밭길 -나의 회고록』이 있으며, 사망한 후인 1991년『윤보선 회고록: 외로운 선택의 나날들』이 발간되었다. 윤보선의 묘는 음봉면 동천리 해평 윤씨의 일가 묘역에 있다. 생존 당시 "독재자와 함께 누울 수 없다"며 국립묘지 안장에 반대했다고 한다. 윤보선은 1960년 8월 12일 대통령에 취임해 무궁화대훈장을 받았다. 1984년 3월 20일에는 인촌문화상을 수상했다.

참고문헌

『디지털아산문화대전』.
조형열 엮음,『한국 근현대 아산 사람들』, 보고사, 2015.

제3부

소중한 문화자원

온양온천과 온양행궁

김일환

온양온천은 우리나라에서 가장 오래된 온천이다. 온양온천이 역사에 등장하는 것은 『삼국사기』의 백제 온조왕 36년(18)에 탕정성(湯井城)을 쌓았다는 기록에서 비롯된다. '탕정(湯井)'은 '끓는 물이 나오는 우물'이란 뜻으로, 바로 온양온천을 지칭한다.

통일신라 때에 탕정군으로 바뀌고 고려시대에는 온수(溫水)라 하였다. 고려시대에는 문종이 온양온천을 찾아와 목욕했다. 1082년(문종 36) 9월에 문종은 남방을 순수(巡狩)한다는 목적으로 개성을 출발해 온수군에 도착한 뒤 15일간 머물며 온천욕을 했다. 이 기간에 문종은 신하들과 시 문답을 주고받기도 했다.

문종이 떠날 때는 재상들이 글을 올려 국왕의 온양온천 행차를 축하했다. 문종은 행행(行幸)하면서 주변의 역로, 역참에 그해 조세의 절반을 면제해줘 왕의 덕화(德化)를 보여주었다. 이러한 문종의 온양온천행은 조선시대 역대 국왕들이 탕치(湯治)와 민정 시찰을 목적으로 온행하던 사례와 유사한 모습을 보여준다. 이처럼 온양은 기원 전후부터 온천지로 알려졌고, 삼국시대부터 고려시대까지 여러 국왕이 온천욕을 목적으로 찾아온 오랜 역사를 가진 온천지였다.

조선시대 왕실이나 병든 일반 백성들이 가장 선호하던 온천은 충청도의 온양과 황해도의 평산(平山)이었다. 조선조에 온양온천을 처음 찾아온 국왕은 태조였다. 1396년(태조 5) 3월 10일 태조는 서울을 떠나 직산을 거쳐 3월 16일 온양에 도착했다. 이후 보름간 온양에서 머물다 4월 1일 천안을 지나 광주를 거쳐 4월 7일에 귀경했다.

이때 승려들을 시켜 국왕이 머물 숙소로 원(院)집을 개조했는데 이것이 온양에 온천행궁이 지어진 시작이다. 본격적으로 온천행궁, 곧 온궁(溫宮)이 축조된 것은 세종 대였다. 세종이 온양으로 행행(行幸)한 것은 온양온천이 민간에 가장 효험이 좋은 온천으로 유명했고, 온양 출신인 맹사성의 권유도 주효했다.

세종은 지병인 풍질을 치료하기 위해 1432년(세종 14) 9월에 온행을 결정했다. 하지만 세종은 민폐를 줄이기 위해 온궁을 화려하거나 크게 짓지 못하게 했다. 이 때문에 온궁의 체제를 그림으로 올리게 해 자신이 직접 보고 그 수효를 감하였다. 온궁이 완성된 것은 1433년(세종 15) 1월이었다. 당시 온궁은 온양현의 관아에서 서쪽으로 7리(약 2.8km) 떨어진 언한동(言閑洞)에 있었다. 온궁의 규모는 25칸이며, 그 구조는 정무 공간인 정청(正廳)과 동, 서 양쪽에 두 개의 침실이 있었다. 목욕 시설인 탕실은 두 개가 있어, 남북으로 상탕자(上湯子)와 그 아래 차탕자(次湯子)가 있었다. 상탕자는 후대에 북탕(北湯)으로 지칭된 목욕 시설로 왕대비, 대비, 왕비 등 여성 전용 공간이므로 아름다운 돌로 장식한 화려한 모습이었다고 한다.

차탕자는 국왕이 목욕하던 공간으로 후대에 남탕(南湯)으로 불린다. 건물 주변에는 여러 용도로 사용되는 부속 건물들이 둘러싸고 있었다. 세종의 1차 온행이 끝나고 온궁의 구조는 변경되었다. 국왕이 온행하지 않을 때 백성들이 온천을 이용할 수 있도록 조처한 것이다. 세종은 왕실의 전용 공간인 정청, 침실, 북탕자는 자신이 환궁한 후 봉쇄하지만, 여타 시설은 백성들에게 개방했다. 차탕자는 사족남녀에게 개방하고 남북의 빈 땅에는 새로운 탕자와 집을 지었다. 월대(月臺) 아래 온수가 용출하는 곳에 우물을 파고 집을 지어 일반 백성 남녀가 모두 목욕하게 했다. 왕실, 사대부, 일반 백성 등 공간을 나눠 3탕으로 구성한 탕실 구조는 후대까지 계승돼 조선 말기까지 유지되었다.

이후 세조 대에는 온궁을 관리하는 수직인 3호를 두었다. 이들에게는 한전(閑田)으로 각각 1결 50부를 주고 관리 의무를 주는 등 온양온천의 관리 체제를 강화했다. 한편, 환관과 선공감 관리를 보내 온정(溫井)을 보수했다. 1483년(성종 14)에는 어실 외에 휴식 공간인 헐식소(歇息所)와 세자궁 침실의 존재가 확인된다. 이것을 통해 온궁의 규모가 확장되었음을 짐작케 한다.

이후에도 후궁이나 사대부 관료들의 온양온천행은 활발하게 이어졌다. 왕실의 온행은 1483년에 정희왕후, 안순왕후, 소혜왕후가 온궁을 다녀간 것을 마지막으로 조선 후기 1665년(현종 6)까지 182년 동안 끊어졌다. 그러나 이것은 국왕이 행행하지 않았다는 것뿐이지 대군, 왕자, 부마, 사대부 관료층 등과 일반 백성 가운데 질환자들은 여전히 온양온천을 찾아 질병 치료를 계속했다. 하지만 점차 국왕의 행행이 중단되며 온궁도 쇠퇴하였다.

이런 상황을 촉진한 것은 임진왜란이었다. 임진왜란 발발 5년 후 1597년에 재발한 정유재란 때 전라도를 통해 북상한 왜군이 충청남도 공주와 아산을 지나 서울을 향해 가던 중에 온양을 급습했다. 이 와중에 온양은 초토화되었고 온궁도 불타버렸다. 이후 온궁은 장기간 복구되지 못하고 폐허가 된 채 병자들만 찾아와 목욕할 정도로 방치되었다.

당시 온양온천의 피폐상을 보여 주는 자료가 남구만(南九萬, 1629~1711)이 32세이던 1660년(현종 1)에 기록한 「온양온천북탕기(溫陽溫泉北湯記)」이다. 남구만은 두풍(頭風)으로 어지럼증을 호소하는 모친을 치료하려고 온양온천에 왔다. 그는 온양에 도착해 당시 임진왜란 이후 피폐해진 온궁의 모습을 목격하고 상세한 기록을 남겼다.

남구만이 온양을 찾은 때는 임진왜란이 끝난 지 60여 년이 지났음에도 전란 때 파괴된 온궁이 복구되지 않아 담장이 무너지고 섬돌이 망가져 성한 곳이 없었다. 궁전도 무너졌으며, 임원준이 기록한 신정비만 글자의 획이 닳고 마멸된 채 초라하게 남아 있었다. 온천탕 위에 있던 단청 누각도 퇴락해 1620년(광해군 12)에 무너져 버렸다. 이렇게 임진왜란 후 온궁은 무너지고 온천수는 오염되는 등 피폐할 정도로 파괴되었다.

온궁이 다시 복원된 시기는 현종 초였다. 현종은 지병인 습창과 안질을 치료하기 위해 1665년(현종 6)부터 모두 다섯 차례나 온양온천을 찾았다. 온양행행(溫陽行幸)의 약자인 '온행'이란 용어가 처음으로 쓰인 것도 현종 대부터이다. 현종이 신병 치료를 위해 온양행을 결정한 것은 온양에 옛 행궁의 유지(遺址)가 있다는 점이 크게 작용했다. 현종은 온궁 복구에 착수했다. 다만, 옛 행궁 터에 신축하는 온궁은 민폐 우려가 컸기 때문에 소박하게 지었다.

온궁 구조는 서쪽에 어실(御室) 6칸 8작과 온정실(溫井室), 곧 탕실은

8칸을 짓고 부속 건물은 모두 초가로 해 전체가 100여 칸 정도였다. 처음에는 담장 밖에 임시로 지은 집이 150여 칸이었는데, 나중에 전체가 100여 칸 정도라는 것으로 보아 현종이 민폐에 대한 우려로 약간 줄인 것으로 보인다. 어실 세 군데에는 담장을 둘러 다른 공간과 구분했다. 이 당시 행궁은 흙으로 계단을 만들어 전체적으로 보면 초라할 정도로 검소했다. 당시 온궁 축조를 위해 동원된 인력은 수천 명의 승군(僧軍)이었다. 한편 행궁 옆에 지은 임시 건물은 충청 각 고을에 분담 배정했기에 각 수령이 자기 담당 지역의 백성을 토지결수에 따라 징발해 축조했다.

이때 지은 온궁은 비록 구조상 소박하지만, 정조 대에 편찬된 『온궁사실(溫宮事實)』에 실려, 현재 온궁의 전형으로 알려진 「온양별궁전도」의 시원이 된다. 첫 온행으로 질병 치유의 효과를 크게 본 현종은 다음 해에 병든 어머니 인선대비를 모시고 가기로 결심하면서 행궁 증축을 계획했다.

우선 인선대비가 머물 어실을 새로 건축했다. 자전의 어실은 동쪽에 있는 옛 행궁 자리에 지었다. 또 옛터는 계단이 너무 높아 두어 개의 계단을 제거해 땅을 평평하게 만들고, 집은 4칸으로 짓되, 칸 사이를 넓게 해 비좁지 않게 하였다. 사용하는 재목은 서울에서 내려 보냈다. 탕실도 바뀌어 북탕은 침실 북쪽 내궁장의 바깥에 있고, 옆에는 세조 대에 세운 신정비가 있었다. 이런 북탕은 백관들이 목욕하는 장소로 제공되었다. 이때부터 신하들에게도 온궁에서 목욕할 기회를 주는 것이 전통으로 자리 잡았다.

증축된 온궁은 규모가 커져 둘레가 1,758척[533m]이며 내정전이 16칸, 외정전이 12칸, 탕실이 12칸으로 확장되었다. 현종 5년에 6칸 8작

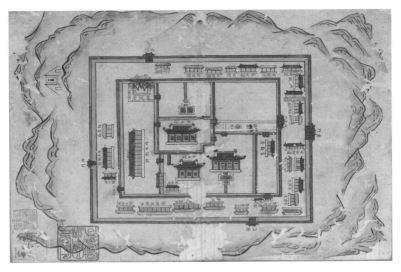

온양별궁전도(1795년, 정조19)

이던 어실이 16칸의 내정전으로 변모했고, 탕실은 8칸에서 12칸으로
확장된 것이다. 정무 공간인 외정전은 새로 지은 것으로 추측된다. 이
로 미루어 부대시설도 모두 이전보다 확장되었음을 짐작할 수 있다.
그 결과 온궁은 정전을 에워싸고 많은 건물이 들어찬 화려한 궁궐의
모습을 갖추게 되었다.

　1795년(정조 19)에 발간된『온궁사실』에 수록된「온양별궁전도」에서
완전하게 복원된 온궁의 모습을 보여 준다. 이 그림을 보면 온궁은 이
중으로 담장을 치고 있다. 내궁장, 즉 안담의 가운데에는 국왕과 왕후
의 숙소인 내정전과 왕과 신하가 국사를 논하는 외정전이 있고 옆에
목욕 시설인 탕실이 있다. 그 외 왕자방, 의대청, 내수라간, 온천 구탕,
영괴대, 신정비각, 종친부 등이 있었다. 이 내궁장과 외궁장 사이에는
왕을 보필하는 궐내 각사들이 옮겨와 동서남북으로 나누어 자리하는

1906년 주일 독일무관 헤르만 산더가 촬영한 대원군 별장의 탕실

데, 와가·초가로 되어 있는 여러 채의 집이 산재해 있다.

　다른 행궁에서 볼 수 없는 온궁의 가장 특징적인 시설은 탕실이다. 목욕 공간인 탕실은 온천물이 솟아 나오는 온정을 가운데 두고 동서로 각각 1칸 반의 크기인 욕실 2개가 있고, 욕실별로 온돌 1칸 반, 협실 1칸, 양방 1칸 등이 부속 시설로 배치되어 있었다. 온정은 옥돌로 한가운데를 빙 둘러 붙였다. 이곳에는 중국의 온천에서 볼 수 있는 거북이나 물고기, 게와 같은 동물이나 연꽃과 마름과 같은 식물을 형상화한 장식물 외에, 완상(玩賞)할 만한 보옥이나 기교 있게 새긴 치장이 없었다. 하지만 돌의 재질이 뛰어나고 제작이 완벽하고 치밀해, 전체적으로 보면 화려하며 규모가 굉장하면서도 질박했다.

　국왕이 온궁에 행행하면 훨씬 넓은 공간을 점유했다. 국왕을 수행해 온양에 오는 인원이 적으면 900여 명, 많으면 7,500명 정도로 대규모였기 때문이다. 따라서 이 많은 수행원을 지공(支供)하기 위해 충청도 관찰사를 중심으로 호서 지방의 전체 수령이 동원되었다. 이들은 각각 수발할 대상 기관을 분담했다. 이를 위해 가가(假家)라 불리는 임시 건물과 포막(布幕)을 온궁 주변에 다수 설치해 온궁을 에워쌌다.

외포장은 둘레가 500보로, 도성 문을 모방했고 대신들과 정리사(整理使)들이 머물렀다. 내포장은 둘레가 300보로, 궁성 문을 모방했는데, 승정원·옥당·병조·도총부 및 시위하는 여러 장수가 입직했다. 그 나머지 각사들은 모두 외작문(外作門) 바깥으로 나가 자리했다. 그래도 부족한 공간은 민간의 집을 징발했으므로 집을 빼긴 백성들이 국왕의 온행 기간에 노숙하는 경우도 있었다.

온양 행궁의 최고 전성기는 현종 대부터 숙종, 영조, 장헌(사도)세자까지 4대에 걸쳐 국왕과 왕세자가 온행을 이어간 시기였다. 정조 대에 이르러 온궁에는 영괴대라는 새로운 축조물이 들어섰다. 영괴대는 장헌세자[사도세자]가 1760년의 온행 중에 활쏘기를 했던 자리에 세워진 사대(射臺)이다. 장헌세자가 부왕 영조에 의해 뒤주에 갇혀 죽은 후 장헌세자에 대한 언급은 금기시되었다.

정조가 즉위하고 부친의 신원(伸冤)을 도모하면서 온행 중에 백성들에게 보여준 장헌세자의 성덕이 칭송되었다. 정조에게 부친 장헌세자가 온양온천 행행 시 백성에게 보여준 덕화(德化)와 활터에 심은 홰나무는 부친의 성덕을 추억할 좋은 소재였다. 정조는 1795년(정조 19) 4월에 본격적으로 홰나무 보전을 위해 영괴대를 쌓고 영괴대비와 비각을 축조해 장헌세자를 기념하게 하였다. 또한, 그 시말을 기록한 『온궁사실』을 편찬했다.

이후 국왕의 온행은 단절되고 온궁은 쇠락했다. 하지만 1834년(순조

34)에 온양에 온 조수삼(趙秀三)의 「온정기(溫井記)」에 의하면 이 무렵까지 행궁은 건물이 완전하게 유지되고 있었다. 또한 조선 말기 고종 초에 간행된 『온양군지』에는 온궁에 함락당(涵樂堂)과 혜파정(惠波亭)이라는 새로운 명칭의 건물이 등장한다. 함락당은 12칸이고, 혜파정은 10칸이었다. 나아가 1871년에 발간된 『온양군읍지』에는 내정전, 외정전은 이미 폐전되었고 함락당은 16칸, 혜파정은 14칸으로 더 확장되었음을 밝히고 있다. 단, 탕실은 12칸으로 남아 있었다. 이 건물은 당시 집권자 흥선대원군과 관련된 건축물로, 흥선대원군의 온천 별장이었다. 당시 온궁은 내·외정전이 사용이 불가할 정도로 퇴락해 건물이 사라졌음과 함께 함락당과 혜파정이 온궁의 중심 건물이 되었음을 보여준다.

1876년 문호 개방이 되자 1904년 인천 개항장의 일본인 상인들이 온양온천의 상업적 가치에 주목했다. 이들은 러일전쟁 중에 온양행궁을 '운현궁 기지(雲峴宮基址)'라 하며 자신들이 매입했다고 주장하고 불량배를 동원해 온궁을 폐쇄한 후 강제로 탈취했다. 이들은 온양온천주식회사를 차리고 시설을 개조해 이듬해 온양관(溫陽館)이라는 명칭의 온천장을 개장하고 일본인 온천객을 유치하며 영업을 개시했다.

1926년 이후 일본인 소유의 경남철도주식회사가 온양관을 인수해 근대적인 온천여관인 신정관(神井館)을 짓고 온천 유락장으로 경영했다. 그중 혜파정은 여전히 살아남아 조선식 여관으로 사용되었다. 해방 후 신정관은 온양철도호텔로 바뀌었지만 6·25전쟁 중에 미 공군기의 폭격으로 신정관과 그 주변 일대가 파괴되었다. 혜파정이라는 조선식 여관도 함께 파괴되어 사라졌다.

온양은 조선 초기 태조 대부터 조선 말기까지 국왕을 비롯한 최고 권력자들이 가장 선호하던 온천지였다. 통상적으로 조선시대 역대 국왕들은 짧게는 8일, 길게는 40여 일 정도 온양에 머물렀다. 특히 온양 행궁을 건립한 세종 이후에는 왕실 가족들이 탕치를 목적으로 자주 찾던 최고의 왕실 온천장으로 자리 잡았다. 이러한 사실이, 역사 깊고 독특한 아산 지역의 온천 문화를 낳은 바탕이 되었다. 온양행궁에서 이루어진 왕들의 온천 목욕법도 특별한 의미가 있고 당시 왕들이 먹었던 음식도 아산의 소중한 문화 자원이 된다.

조선시대 국왕이 찾아가는 온천에 행궁을 조성한 사례는 많다. 그러나 온궁이 건립되고 나서 조선왕조 전 시기에 걸쳐 국왕이 방문하고 일관되게 잘 유지된 곳은 온양행궁이 유일하다. 그렇기에 오늘날 온궁의 복원문제는 조선시대 역대 국왕들이 다녀간 궁궐을 복원한다는 역사적 의미뿐 아니라 온양온천에 남겨진 귀중한 온천목욕문화의 정수를 지켜나간다는 의미도 크다고 할 수 있다.

아산의 문화유산

홍승균·천경석

1. 총괄

　문화는 역사를 이끄는 혼이라 할 수 있으며 문화재는 그 지역 문화의 결정체이다. 같은 토양에서 살아온 조상들의 얼이 깃든 문화재를 찾고 소중하게 가꾸어 보존하는 일은 후손의 책무이며, 이는 다가올 미래에도 지역 문화의 밑거름이 될 수 있는 자양분이다. 아산의 문화재는 아산을 지탱하는 정신적 지주로서 앞으로도 아산을 아름답게 꾸밀 수 있는 귀한 자산이므로 이를 보살피는 정성은 전통과 현대가 조화를 이루어 아산을 발전적으로 가꾸는 지름길이라 하겠다.

　아산은 시간과 공간을 망라하여 전역에 걸쳐 광범위하고 다양한 역사의 자취를 간직하고 있으며, 국가적으로 공인된 2점의 국보를 비롯해 6점의 보물을 보유하고 있다. 또한 충청남도와 아산시 차원에서 유무형의 문화재를 분야에 맞게 공식 문화유산으로 지정하고 있다.

이들 문화재를 격에 맞게 분류하고 가치를 부여하는 데는 무엇보다 우리나라의 고유 문화재이면서, 아산지역의 특성에도 부합하는 예술성과 기록성·사료적 중요도를 평가하며, 창의적이면서 해당 분야와 시기를 대변할 수 있는 내용을 갖춰야 한다. 당연히, 조상들이 후손들에게 전달하고자 했던 의미가 전달될 수 있을 만큼의 '보존상태'도 뒤따라야 가능한 일이다.

향후 아산지역에서 미처 확인하지 못한 문화유산을 꾸준히 찾아야 할 것이며, 기존의 문화재에 대해서도 타당한 가치를 평가받도록 노력해야 하는 숙제를 안고 있다. 아산이 가진 정체성과 역사적 맥을 잇는 작업이기 때문이다.

대한민국의 국보 『난중일기』와 비교적 뒤늦게 보물에서 국보로 승격 지정된 「기사계첩」 등 아산의 분야별 지정 문화재 전체 현황은 다음과 같다.

계	국가지정문화재				도지정문화재					아산시	기타
	국보	보물	사적	국가 민속 문화재	유형 문화재	기념물	무형 문화재	민속 문화재	문화재 자료	향토 문화유산	충청남도 전통사찰
125	2	21	3	6	11	8	4	7	26	32	5

(2021.9.13.기준)

2. 국가 지정 문화재 - 국보와 보물

종별	지정 번호	명칭	소재지	지정일	소유자 /관리자	비고
국보	76	이순신 『난중일기』 및 서간첩 「임진장초」	염치읍 현충사길 126	1962. 12.20	현충사 관리소	9책
	334	「기사계첩」 및 함	배방읍 휴대세교길 257-7	2020. 12.22.	홍완구	1점
보물	326	이순신 유물 일괄	염치읍 현충사길 126	1963. 01.20	현충사 관리소	4점/ 1쌍
	536	아산 평촌리 석조약사여래입상	송악면 평촌길50번길 147-20	1971. 07.07	용담사	
	537	아산 읍내동 당간지주	읍내동 255-5	1971. 07.07	아산시	
	1564- 1~16	이순신 선무공신교서 및 관련 고문서	염치읍 현충사길 126	2008. 06.27.	현충사 관리소	16점
	1815	홍가신 청난공신 교서 및 관련 고문서	염치읍 만전당길 120번길 3-20	2014. 01.20	남양 홍씨 문장공 종회	8점
	1960	「불설대보부모은중경」 (언해) 목판	염치읍 산양길 180	2017. 12.26	세심사	13판

1) 이순신 『난중일기』 및 서간첩 「임진장초」(李舜臣 亂中日記 및 書簡帖 壬辰狀草, 국보 제76호)

『난중일기』는 충무공 이순신(1545~1598)이 1592년(임진년) 1월 1일부터 1598년(무술년) 11월 17일까지 임진왜란 7년 동안에 전쟁터에서 직접 기록한 진중일기이다. 당시의 정세와 전쟁의 진행 상황, 개인의 솔직한 감회, 백성들의 생활 모습을 비롯해 매우 광범위한 내용이 초서체 한문 친필로 기록되어 있다. 임진왜란의 역사와 당시 사회 상황 등을 연구하는 데 귀한 자료임은 물론 인간 이순신을 이해할 수 있는 기초 자료가 된다. 글과 글씨 또한 예술적으로 높게 평가된다.

　일기는 매년 별책으로 묶고 표지에 간지로 이름을 붙였다. 1권 「임진일기」, 2권 「계사일기」, 3권 「갑오일기」, 4권 「병신일기」, 5권 「정유일기」, 6권 「속정유일기」, 7권 「무술일기」 등 7권 7책이다. 정조의 명으로 간행한 1795년(정조 19)의 『이충무공전서』에 수록된 이순신 일기 전체를 『난중일기』라고 부르는 사실은 잘 알려져 있다. 개인 편지 묶음인 「서간첩」과 전라좌수사 당시 이순신이 조정에 보고한 장계를 모은 「임진장초」도 포함해 총 9책이 일괄 국보로 지정되어 아산 현충사에 보관돼 있다.

　더불어 전쟁 중 최고 지휘관이 다양한 사항을 직접 기록한 『난중일기』는 세계적으로 희귀한 사료로 인정돼 국보로서의 위상을 넘어 유네스코 세계기록유산으로 등재(2013.6.18.)되었다.

이순신 『난중일기』 및 서간첩 「임진장초」

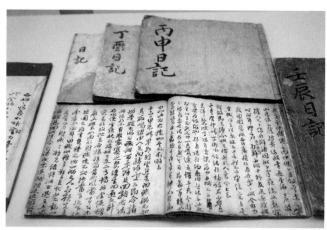

2) 기사계첩 및 함(耆社契帖 및 函, 국보 제334호)

숙종 45년(1719)에 있었던 기로소(耆老所)의 계회를 기념하기 위해 당시 행사 모습 다섯 장면의 그림과 참석했던 기로신(耆老臣)들의 반신상 초상화를 다양한 서문과 시문 등과 함께 엮은 일종의 화첩이다. 기로소는 70세가 넘은 정2품 이상의 문신들을 우대하기 위해 설치한 기관이다. 숙종과 더불어 기로소에 입소한 11명의 기로신에게 나누어 줄 것에 기로소 보관분을 더해 총 12부를 제작한 것 중 하나로, 기로신 만퇴당 홍만조에게 하사돼 풍산 홍씨 종중에서 보관하고 있다.

기사계첩은 기로소와 계회의 모습을 구체적으로 알 수 있는 매우 중요한 자료임은 물론이고 당시 화원이 그렸기 때문에 회화사 자료로도 중요성이 큰 유물이다. 현존 5부가 전해오는 중에 국립중앙박물관 소장「기사계첩」(국보 제325호)과 더불어 아산의「기사계첩」은 원형의 보존상태가 가장 탁월하다. 특히 홍만조라는 소장자가 분명히 확인되는 유일한

기사계첩 및 함

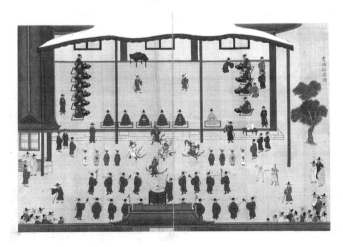

계첩이다. 계첩을 보관하는 내함, 호갑, 외궤가 모두 온전하게 남아있다는 점, 제작 실무자 명단이 포함된 점도 그 가치를 더한다. 이로 인해 2020년 12월 22일에 보물에서 국보(제334호)로 승격 지정되었다.

3) 이순신 유물 일괄(李舜臣 遺物 一括, 보물 제326호)

현충사 경내 충무공이순신기념관에 보관돼 있는 이순신의 유물이다. 유물은 장검 2점과 옥로 1점, 요대 1점, 도배 1쌍 등 5종 6점이다. 장검은 임진왜란 중 1594년 4월 진중에서 장인 태귀연과 이무생이 만들었다. 한쪽 면에만 날이 있어서 '검'이 아닌 '도'다. 전체 길이가 197.5㎝로 매우 길어서 실제 전투에 사용할 수는 없었기에 벽에 걸어 두고 보면서 마음을 다졌을 것으로 추정한다. 이순신의 마음과 기상을 담은 친필 검명이 유명하며, '삼척서천 산하동색(三尺誓天山河動色)'과 '일휘소탕 혈

이순신 유물 일괄

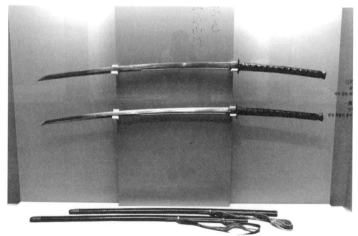

염산하(一揮掃蕩血染山河)'이라는 글귀가 각각 새겨져 있다.

옥로는 갓 꼭대기에 달았던 장식품으로 이순신이 사용하던 것이며, 연꽃잎에 싸인 백로 세 마리를 조각하였다. 요대, 즉 허리띠는 1598년에 명나라 장수 왕원주가 이순신의 지용과 덕을 높이 찬양해 선물한 것이다. 도배, 즉 복숭아 모양의 술잔과 받침 각 한 쌍은 동판에 도금한 방식으로 제작했으며, 명나라 장수 진국경이 선물한 것으로 추정되는 유물이다. 요대와 도배 선물을 받은 것은 노량해전에서 충무공이 순국하기 한 달 전후의 일이다.

4) 아산 평촌리 석조약사여래입상(牙山 坪村里 石造藥師如來立像, 보물 제536호)

송악면 평촌리의 용담사 경내에 있는 석불이다. 고려시대 초기인 10세기 무렵에 조성된 것으로 추정되는 높이 540㎝의 대형 석불이다. 커다란 화강암 판석 1매를 이용하여 조성했는데, 정면 위주로 조각해서 부조의 형식을 띠고 있다. 전체적으로 조각 기법이 매우 우수하고 예술성이 탁월하며 보존상태가 양호하다. 상호, 즉 얼굴 모습은 원만하면서 균형이 잡혀 있고 당당함과 함께 자비로운 느낌을 준다.

아산 평촌리 석조약사여래입상

몸 부분은 양 어깨에서 발 위까지 길게 내려진 옷 주름이 대략 좌우 대칭으로 동심원 무늬를 포함해 세밀하고 생동

감 있게 표현되었다. 양손을 가슴 앞에 모아 오른손은 약합을 감싸고 오른손은 왼손을 받치는 모습으로, 고려 전기 불교의 약사신앙 성향을 엿볼 수 있는 약사여래상이다.

아산 평촌리 석조약사여래입상은 통일신라시대의 양식을 계승하면 서도 다소 형식화되고 힘찬 모습이 표현돼, 고려 초기 지방문화의 특 색을 갖춘 대표적인 불상으로 평가된다. 또한 당시 온양 일대에 이 정 도 대형 석불 조성의 주체가 될 만큼 강한 세력을 갖춘 호족이 등장했 을 것으로 추정할 수 있다.

5) 아산 읍내동 당간지주(牙山 邑內洞 幢竿支柱, 보물 제537호)

아산 읍내동에 소재한 고려 시대 당간지주다. 사찰의 종파나 불보살 의 위엄을 표현하는 그림과 무늬 등을 표현해 모자 같은 덮개 아래 천 을 원통형으로 길게 늘어뜨린 장엄구가 당(幢)이다. 이런 당이나 깃발

아산 읍내동 당간지주

형태의 번(幡)을 매다는 긴 기둥을 당간이라고 하며, 당간을 세울 때 아래쪽을 고정하기 위해 세운 두 기둥이 당간지주다. 대개 돌기둥 형태로 한 쌍을 길게 만들어서 사찰 앞에 설치한다.

아산 읍내동 당간지주는 아산 지역에 유일하게 남아있는 당간지주로 총 높이 410㎝이다. 고려 초기에 조성한 양식으로 특별한 조각이 없는 엄정하고 단아한 모습이다. 지주 사이의 간대(당간받침)는 화강석의 윗면만을 대접 엎은 것처럼 둥글고 볼록하게 가공한 원좌로 만들어서, 당간이 철이거나 나무일 경우 당간 아래를 오목하게 파서 세웠을 것으로 추정된다.

읍내동은 백제 이래로 1913년 말까지 온양군 고을 관아가 있던 치소였다. 당간지주 주변에서 기와 조각은 물론이고 석탑재 등이 발견돼 그 일대에 고려시대에 큰 사찰이 있었음을 알 수 있다. 주변의 도로와 부지가 계속 높아져서 당간지주가 우묵한 곳에 서 있는 모습이다.

6) 이순신 선무공신 교서 및 관련 고문서(李舜臣宣武功臣敎書 關聯古文書, 보물제1564-1~16호)

이순신 선무공신 교서 및 관련 고문서

충무공 이순신이 임진왜란 때 세운 전공에 대해 선무공신 1등 책정 및 상급을 기록해 내린 이순신 선무공신 교서와 이순신 관련 고문서 15점 등 모두 16점의 고문서다. 선무공신 교서는 임진왜란 종전 후 1604년(선조 37)에 표창되었으며 긴 두루마리 형태다. 이순신의 공적과 포상 내역이 소상하게

教旨 贈效忠仗義迪毅協力宣武功臣 大匡輔國崇祿大夫議政府左議政兼領經筵事德豊府院君李 舜臣 贈諡忠武公者 癸未三月二十八日

기록되어 있으며, 끝에는 이순신 등 1등 3명을 포함해 2등과 3등까지 18명의 공신 이름이 기록돼 있다.

고문서는 선조 9년(1576)부터 정조 17년(1793)까지 사이에 발급된 낱장 형태의 고문서다. 교서 2점, 유서(諭書) 3점, 무과홍패 1점, 처 고신 교지 2점, 증직교지 2점, 사패교지 2점, 증시교지 1점, 유지(有旨) 1점, 별급문기 1점 등 15점이며, 이중 사후에 발급된 문서는 8점이다. 모두 역사적 의미와 학술 가치가 높은 자료다.

7) 홍가신 청난공신 교서 및 관련 고문서(洪可臣淸難功臣敎書 關聯古文書, 보물 제1815호)

염치읍 대동리 출신의 조선 중기 문신 홍가신(1541~1615) 관련 고문서다. 홍가신이 홍주목사로 재임하던 1596년은 임진왜란 중이었는데 그해에 일어난 이몽학의 난을 평정한 공적으로 1604년(선조 37) 청난공신 1등에 책록되어 내려진 공신 교서와 관련 고문서 7점 등 총 8점의 고문서다.

청난공신 교서는 두루마리 형태이고 나머지는 낱장 형태의 고문서다. 고문서는 부친 추증교지 1점과 증직교지 2점, 모친 증직교지 2점,

홍가신 청난공신 교서 및 관련 고문서

처 고신교지 1점, 홍가신 증직교지 1점 등이다. 청난공신 교서를 통해 당시 조정으로부터 평가된 공적과 시대 상황, 포상 내역을 파악할 수 있으며 조선 시대 공신 문서의 양식과 책록 과정을 엿볼 수 있는 중요한 역사적 사료다.

8) 불설대보부모은중경(언해) 목판(佛說大報父母恩重經(諺解) 木板, 보물 제1960호)

염치읍 전통 사찰 세심사에 소장된 조선 전기의 불경 목판이다. 세심사에서 제작하고 보관하고 있는 불설대보부모은중경(언해) 목판은 1563년(명종 18)에 판각된 목판이다. 우리나라의 현존『부모은중경』언해본, 즉 한글 번역본 30여 종의 판본 중에서 가장 이른 시기의 목판이라는 중요성을 지니고 있다. 1545년(인종 원년)에 오응성이 한글 번역한 경전을 모본으로 제작하였다. 1563년 당시 비구 성회가 판각한 뒤 70부를 인쇄하여 배포했다는 간행기록과 관련이 있을 것이라 본다. 불설대보부모은중경(언해) 목판은 총 14매의 목판 양면에 새겼으며 1매가 없어지고 13매 25면이 전해진다. 변상도, 즉 경전 내용을 설명하기 위한 그림이

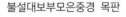

불설대보부모은중경 목판

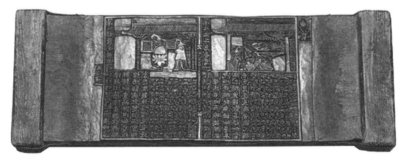

포함되어 있다. 간행과 관련해 당시 고승 보우도 기록돼 있어서 의미 있고 비중이 큰 판각이었음을 엿볼 수 있다. 세심사에는 불교 의식을 기록한 목판「승가결계도량 정제성현문집판각」4매도 전해오고 있다.

3. 국가 지정 문화재 – 사적

종별	지정 번호	명칭	소재지	지정일	소유자/관리자
사적	109	아산 맹씨 행단	배방읍 행단길 25	1963.1.21.	신창 맹씨 대종회
	112	아산 이충무공 묘	음봉면 고룡산로 12-38	1963.1.21.	현충사관리소
	155	아산 이충무공 유허	염치읍 현충사길 48	1967.3.18.	현충사관리소

1) 아산 맹씨행단(牙山 孟氏杏壇, 사적 제109호)

배방읍 중리에 있으며 맹사성(1360~1438)이 살던 고택이다. 고려 후기인 1330년(충숙왕 17)에 최영 장군의 부친 최원직이 지은 별저였으며, 최영의 손녀에게 상속돼 손녀사위인 맹사성과 후손에게 이어진 고택이다. 조선 건국과 두문동 사건 후 맹사성의 부친 맹희도가 개성을 떠나 서천 한산에 3년간 머물다가 맹사성과 함께 이곳에 들어와 살기 시작했다고 전해진다. 흔히 맹사성 고택이라고도 부르며, 건물만을 가리켜 맹사성 고택이라 칭하기도 한다.

고택은 'H'자 형태의 평면구조 맞배지붕 건물이다. 내부 마루도리 아래 솟을합장과 대공의 모양에서 고려 말 건축의 특징이 보인다. 여러 차례 중수한 기록이 전하며, 국내에서 가장 오래된 민간가옥으로

아산 맹씨행단

옛 건축기법을 연구하는 데 귀한 자료가 되는 건물이다. '행단'이라는 이름과 관련된 수령 600여 년의 쌍행수가 있고 맹사성과 조부 맹유, 부친 맹희도의 위패를 함께 봉안한 세덕사와 삼상당으로도 부르는 구괴정 등이 있어 역사적, 문화적 가치가 매우 크다.

2) 아산 이충무공묘(牙山 李忠武公墓, 사적 제112호)

음봉면 삼거리 어라산 중턱에 있는 충무공 이순신의 묘소다. 1598년(선조 32) 11월 19일 노량해전에서 순국한 이순신의 시신은 남해 이락사와 여수 고금도를 거쳐 그해 12월 중순 무렵 본가(현 '옛집')로 운구돼 초빈하였다. 이듬해인 1599년 2월 11일에 두사충이 정해주었다는 금성산(현 금산) 동남쪽 산줄기 중턱에 안장했다. 그곳을 초장지라 일컫는다. 자손들의 요청으로 15년 뒤인 1614년(광해군 6)에 풍수 박상의가 정해주었다고 하며 부모님과 형제의 묘소 근처인 현재 위치로 이장했다.

아산 이충무공 묘

묘는 부인 상주 방씨와의 합장묘이며 화강석 호석을 두른 봉분이 조성되었고 그 동쪽에 1720년에 새로 건립한 묘비가 세워져 있다. 선무공신 일등의 공적에 맞게 봉분 앞에 상석, 장명등, 망주석, 석상과 석양을 갖추었으나 전체적으로 소박한 모습이다. 묘역 입구에 숙종 때 세운 신도비가 있고, 묘역 내 봉분의 남동쪽 하단에는 정조대왕이 직접 비문을 짓고 건립을 명한 어제 신도비('상충정무비')가 세워져 있다. 봉분 뒤의 곡장은 현충사 성역화 과정에서 1975년에 설치한 것이다.

3) 아산 이충무공 유허(牙山 李忠武公 遺墟, 사적 제155호)

염치읍 백암리에 있는 충무공 이순신 관련 역사유적이다. 사당인 현충사를 중심으로 혼인 후 살던 옛집, 구 현충사, 정려, 충무공이순신기념관 등 경역 전체를 가리킨다. 그동안 유적 전체를 흔히 '현충사'로 칭하기도 했지만, 최근 들어 현충사는 사당만을 가리키는 이름으로 쓰

아산 이충무공 유허

고 있다.

백암리는 외가, 즉 초계 변씨 집안이 살던 마을이었으며 이순신은 10살 무렵 부친 이정을 따라 들어왔다. 혼인 후 옆 마을인 월곡(다래울)의 상주 방씨 집, 현재의 '옛집'에서 살았다. 이순신 순국 100여 년 뒤인 1704년(숙종 30)에 아산과 충청도 유생들이 조정에 사당 건립 요청 상소를 올려서 1706년(숙종 32)에 사당이 세워졌고 이듬해(1707년)에 숙종이 '현충사'라 사액했다. 위치는 백암리 서쪽인 현재 충무교육원 자리였다. 1726년(영조 2) 조카인 강민공 이완, 1732년에 5대손 충민공 이봉상이 추배되었으며 1868년(고종 5)에 흥선대원군의 서원 철폐령으로 훼철되었다.

을사늑약 이듬해인 1906년 2월 아산 지역 유림이 일제 침탈에 항의하는 의미로 현충사 유허비를 세웠다. 일제강점기인 1932년에 영정을 모신 현충사(사당)를 국민 성금으로 현 위치 바로 아래에 중건했다. 이후

1963년부터 '현충사 성역화 사업'이 국가 주도로 본격 추진되어 1967년
에 철근콘크리트 건물로 이순신만 배향하는 현재의 현충사를 새로 건립
했으며, 더불어 넓은 부지를 확보해 부대시설과 정원을 조성했다. 2011
년에는 충무공이순신기념관을 새로 준공했다.

4. 국가 지정 문화재 – 국가민속문화재

종별	지정 번호	명칭	소재지	지정일	소유자/관리자	비고
국가 민속 문화재	194	아산 용궁댁	도고면 도고산로 587번길 73-21	1984.12.24.	성하현	목조
	195	아산 외암마을 참판댁	송악면 외암민속길 42-15	1984.12.24.	이득선	목조
	196	아산 윤보선 대통령 생가	둔포면 해위길 52번길 29	1984.12.24.	윤상구 외 1인	목조
	225	전세 맹고불 유물	배방읍 행단길 25	1990.10.10.	신창 맹씨 대종회	5점
	233	아산 외암마을 건재고택	송악면 외암민속길 19-6	1998.1.5.	아산시	목조
	236	아산 외암마을	송악면 외암리 일원	2000.1.7.	외암마을 보존회	

1) 아산 용궁댁(牙山 龍宮宅, 국가민속문화재 제194호)

도고면 시전리, 도고산 북쪽 자락에 있는 조선 후기의 가옥이다. 경
상도 용궁현감을 지낸 성교묵이 1825년(순조 25)에 건립했다. 1984년
문화재 지정 당시 소유자의 이름을 붙여 '성준경 가옥'이라 했으나 가

옥을 건립한 6대조 성교묵의 관직명을 써서 2017년에 이름을 바꿨다.

아산 용궁댁은 지형에 따라 북향으로 지어진 점이 색다르다. ㄴ자형 사랑채와 ㅡ자형 중문간, ㄷ자형 안채 등이 전체적으로 日자 형태로 배치되어 있다. 그 밖에도 광채, 헛간채, 바깥채 등이 있다. 사랑채 높은 축대 위에 지어져서 위엄을 과시하고 있으며, 안채를 둘러싼 낮은 돌담 외에는 담장과 대문이 없다. 아산 용궁댁은 건물 사이가 비교적 좁은 편인데 북향이라는 좌향과 지형의 특징을 반영한 것으로 본다. 집 주변에는 울창한 소나무 숲이 잘 관리되고 있으며 보호수로 지정된 은행나무와 느티나무 등 큰 나무들이 아름다운 풍광을 이루고 있다.

2) 아산 외암마을 참판댁(牙山 外巖마을 參判宅, 국가민속문화재 제195호)

외암마을 위쪽(동쪽 지역)에 있는 전통 목조 건축물로서 퇴호 이정렬(李貞烈, 1868~1950)이 살던 집이다. 이정렬은 충북 보은 외속리면에서 이철인의 둘째 아들로 태어났고 주로 서울에 살았다. 증 비서감승 이원집의 둘째 아들 이상규의 계자(繼子)로 들어와 외암 이간의 6대손이 되었다. 24세 때인 고종 5년(1868년)에 증광시 문과에 급제한 뒤 궁내부 특진관 등 여러 관직을 역임했다. 1905년 전후 관직에서 물러나 송악으로 들어왔다고 전해진다. 궁내부 특진관이 참판 급이기는 하나 이정렬의 이조참판 경력은 확인되지 않으며, 계부 이상규가 이조참판에 해당하는 '내부협판'으로 증직된 것이 이정렬이 이조참판을 지냈다고 와전됐을 것으로 본다. 이상규의 어머니(한산 이씨, 이규년의 딸)가 명성황후의 이모였기 때문에 이정렬이 명성황후의 총애를 받았다고 전해지며, 참판댁 건물은 '19세기 말경 고종으로부터 건축비를 하사받아 지었다'고 전해진다. 안채, 사랑채, 문간채 등으로 이루어져 있다.

3) 아산 윤보선 대통령 생가(牙山 尹潽善 大統領 生家, 국가민속문화재 제196호)

아산 윤보선 대통령 생가

둔포면 신항리에 있는 대한민국 제4대 대통령 윤보선의 생가다. 윤보선 대통령의 부친 윤치소가 1907년에 지은 한옥 형태의 가옥이며, 근대 건축기법을 이용한 전형적인 상류 가옥이다. 안채와 안사랑채, 행랑채, 바깥사랑채가 동남향으로 배치되어 있다. 붉은 벽돌을 많이 사용하고 있으며 근대 건축재료인 유리도 적극적으로 활용했다. 인근에는 각각 충청남도 민속문화재로 지정된 윤일선 가옥, 윤제형 가옥, 윤승구 가옥, 박우현 가옥 등 해평 윤씨 문중의 근대가옥들이 자리 잡고 있다.

4) 전세 맹고불 유물(傳世 孟古佛 遺物, 국가민속문화재 제225호)
배방읍 중리의 고불맹사성기념관에 있는 고불 맹사성의 유물이다. 맹사성이 불었다고 하는 옥피리인 옥적(玉笛), 옥으로 만들어 손잡이

부분을 사자 모양으로 만든 사각 도장인 백옥방인(白玉方印), 보라색 돌로 만든 벼루인 채석포도문일월연(彩石葡萄紋日月硯), 수정과 구리판으로 만든 수정죽절(水晶竹節) 비녀, 나무뿌리 표주박의 일종인 목칠도형배(木漆桃形杯) 등 모두 5점이다. 한동안 국립부여박물관에 보관했다가 2018년에 되찾아와 고불맹사성기념관에서 보존하고 있다.

5) 아산 외암마을 건재고택(牙山 外岩마을 健齋古宅, 국가민속문화재 제233호)

건재고택은 외암마을 한가운데에 있는 전통가옥으로 외암마을에서도 가장 아름다운 고택으로 손꼽힌다. 건재고택은 고종 6년(1869)에 지었다고 전해지며, 영암군수를 지낸 이상익(1848~1897)이 살았던 집이어서 오랫동안 '영암댁' 또는 '영암군수댁'이라는 택호를 가지고 있었다. 그의 아들인 이욱렬(1874~1960)이 현재 모습의 가옥으로 완성했기 때문에 별도의 문화재로 지정될 때 이욱렬의 호 건재당(健齋堂)을 써서 '건재고택'으로 명칭이 바뀌었다.

건재고택은 아름다운 정원으로 잘 알려져 있으며 과도기적 특징이 복합적으로 엿보인다. 처음부터 넓은 정원을 조성하기 위해 사랑채와 대문 사이, 그리고 그 동남쪽으로 넓은 공간을 마련했다. 외암마을의 특징 중 하나인 물길을 이용해서 연못을 만들고 마당에는 장수를 기원하는 의미에서 거북 모양을 형상화하기도 했다. 건재고택은 안채와 사랑채에 추사체의 '무량수각', '유선시보' 편액을 비롯해 설아장, 건재장, 외암서사, 열승정기 등 각종 편액, 현판과 주련들이 볼만하고 사랑채 건물과 정원이 매우 아름다운 모습을 보여주고 있다.

6) 아산 외암마을(牙山 外岩마을, 국가민속문화재 제236호)

송악면 외암리에 조선 중기, 1546년 이후 약 500년 동안 예안 이씨가 세거해온 마을이다. 조선후기 학자 이간(1677~1727)은 '외암'이라는 마을 이름을 그의 호로 삼았다. 외암마을은 60여 호로 이루어진 민속마을이며 마을 전체가 전통가옥으로 구성되어 있고 주로 기와집인 양반 가옥은 대부분 택호가 붙어 있다. 마을 전체가 국가민속문화재이면서 마을 주요 가옥인 아산 건재고택과 참판댁도 국가민속문화재로 별도 지정되었다. 그 밖에도 종손댁, 송화댁, 감찰댁, 교수댁, 참봉댁 등 여러 가옥이 어우러져 마을을 이루고 있다. 우리나라의 대표적 민속마을 중 하나로 꼽히며 2011년에는 유네스코 지정 세계문화유산 잠정목록에 등재되었다. 〈☞ 별도 항목 '아산 외암마을' 참조〉

아산 외암마을

5. 충청남도 지정 문화재

종별	지정 번호	명칭	소재지	지정일	소유자/관리자	비고
유형 문화재	16	온주아문 및 동헌	아산시 온주길 27	1973.12.24.	아산시	
	17	여민루	영인면 여민루길 20	1973.12.24.	아산시	목조
	192	아산 세심사 신중도	염치읍 산양길 180	2007.10.30.	세심사	1점
	206	천수원명금고	아산시 충무로 123	2010.07.30.	(재)구정문화 재단	1점
	207	온양민속박물관 소장 금고	아산시 충무로 123	2010.07.30.	(재)구정문화 재단	1점
	208	온양민속박물관 소장 용문촛대	아산시 충무로 123	2010.07.30.	(재)구정문화 재단	1쌍
	219	홍가신 선생 교지	염치읍 만전당길 120번길 3-20	2011.07.20.	남양 홍씨 문장공종회	1점
	220	아산 용화사 석조여래입상	송악면 외암리 375-8번지	2013.02.12.	용화사 주지	
	240	아산 세심사 소조여래좌상	염치읍 산양길 180	2017.09.11.	세심사 주지	1점
	256	아산 삼도수군해방총도	아산시 충무로 123	2020.09.10.	(재)구정문화 재단	8폭
	257	아산 현종정미온행 망천도병풍	아산시 충무로 123	2020.09.10.	(재)구정문화 재단	8폭
기념물	13-1	김옥균 선생 유허	영인면 고균길 41	1976.12.6.	안동 김씨 종중	
	21	아산공세 곶창지	인주면 공세길 65-4	1976.7.3.	아산시	
	67	배방산성	배방읍 공수리 산49외 10필지	1988.8.30.	아산시	

종별	지정 번호	명칭	소재지	지정일	소유자/관리자	비고
무형 문화재	11	아산 연엽주	송악면 외암민속길 42-15	1990.12.31	최황규	
	38-2	옹기장	도고면 도고산로 746	2008.02.29	이지수	
	41-1	대장장	아산시 시민로 405번길 11	2009.07.10	허창구	
	56-4	앉은굿	아산시 방축로 54번길 15-6	2020.6.30.	박종기	
민속 문화재	12	윤일선 가옥	둔포면 해위안길 30번길 16	1986.11.19	윤택구	목조
	13	윤제형 가옥	둔포면 해위길 52번길 21-10	1986.11.19	심경화	목조
	15	아산 윤승구 가옥	둔포면해위안길 30번길 16-1	1990.12.31	윤승구	목조
	26	아산 김효직 가옥	도고면 도고산로 287번길 84	2009.10.20	김효직	목조
	28	온양민속박물관 소장 갑주와 갑주함	아산시 충무로 123	2010.07.30	(재)구정문화 재단	1쌍
	29	온양민속박물관 소장 사당형 감실	아산시 충무로 123	2010.07.30	(재)구정문화 재단	1점
	30	온양민속박물관 소장 거북흉배	아산시 충무로 123	2010.07.30	(재)구정문화 재단	1점

☞ 충청남도 지정 문화재 등 이하 문화재는 지면 제약으로 일부 문화재만 살펴본다.

1) 여민루(慮民樓, 충청남도 유형문화재 제17호)

영인면 아산리의 조선 시대 아산현 관아 터에 있는 문루다. 팔작지붕을 올린 2층 형식의 목조 건축물이며 아래에는 삼문을 달고 위층은 누각이다. 조선 태종 15년(1415)에 아산현감 최안정이 손님과 사신을

여민루

용담사 사적비

접대하기 위해 세웠으며, 이름 '여민'은 하륜이 '백성들을 위하는 뜻'으로 제안했다고 한다. 1760년경의 『여지도서』, 1819년의 『신정아주지』에 모두 '지금은 폐지'라 기록된 것으로 보아 현재의 건물은 19세기 중후반 흥선대원군 집권 시기에 중건된 것으로 추정된다. 아산현 관아터 원위치에 유일하게 보존된 유적이며 현재는 영인초등학교의 정문이 바로 옆에 자리하고 있다.

2) 천수원명 금고(薦壽院銘金鼓, 충청남도 유형문화재 제206호), 온양민속박물관 소장 금고(金鼓, 충청남도 유형문화재 제207호)

사찰에서 불교 의식에 사용하는 금고(金鼓, 쇠북)로 한 쌍이 음봉면 신수리에서 출토되어 온양민속박물관이 소장하고 있는 유물이다. 사물놀이 악기 중 징과 비슷한 모양인 이 한 쌍의 금고는 섬세한 문양과 뛰어난 예술성은 물론 보존상태도 양호하다. 그중 천수원명 금고에는 1162년(고려 의종 16)에 아주(아산) 땅 천수원(薦壽院)에 금고 하나를 만들어 바쳤으며, 금고의 무게가 13근 8냥이며 동량도인 연여가 삼가 기록한다는 명문이 새겨져 있다. 제작 연도, 봉안 사찰 이름, 시주자의 이름

천수원명 금고

등이 파악돼 역사적 가치도 탁월하다. 다만, 아산에 있었다는 천수원이라는 사찰의 위치나 내력이 확인되지는 않는다.

3) 아산 공세곶창지(牙山貢稅串倉址, 충청남도 기념물 제21호)

인주면 공세리에 있는 공세창(공진창)의 잔여 창성 유적이다. 공세곶창은 조선시대 세곡미를 수집·보관·운송하기 위한 조창 중 하나였다. 1478년(성종 9)에 당진 범근내 조창의 기능(20고을)을 통합하고 최대 충청도 40개 고을로부터 세곡을 거두었던 중요한 조창이었다. 봄에 720명의 조군(漕軍)이 움직여 800석씩 싣는 조운선 15척을 띄워서 경창으로 운송했다. 세곡의 운송과 수납 책임자로서 해운판관이 임명되었다.

1523년(중종 18)에는 창고 80칸을 짓고 공진창(貢津倉)이라 했다. 조선 후기 들어 1631년(인조 9)에 돌로 창성(倉城)을 쌓았다. 이후 사회경제적 변화에 따라 점차 수납 고을이 축소되고 관리 책임자도 충청도

아산 공세곶창지

도사가 해운판관을 겸하다가 1762년(영조 38)에 충청도 해운판관도 없애고 아산현감이 관리하게 되었다. 1847년 이후의 기록을 찾기 어려우며 1860년 무렵 완전히 폐지된 것으로 추정된다. 공진창의 창성은 조창 수호 목적으로 쌓은 창성으로는 전국에서 유일하다. 공세곶창 자리에는 공세리성당이 들어서 있으며, 현재 창성 일부와 관리자들의 송덕비가 보존되어 있다.

4) 신창향교, 아산향교, 온양향교(충청남도 기념물 제113, 114, 115호)

향교는 고려시대부터 관립 지방 교육기관이었으며, 아산 지역은 조선시대의 옛 행정구역이었던 신창현, 아산현, 온양군 지역에 각각 설립·운영되었다. 신창향교는 신창면 읍내리에 소재하며 현 신창초등학교 교정 안쪽에 있다. 조선 초기에 창건되었고 1872년(고종 9) 중건 사실이 확인된다. 아산향교는 영인면 아산리 영인산의 북쪽 기슭에 위치한다.

신창향교

아산향교

온양향교

조선 초기에 건립되었으며, 관아 동쪽 향교골에서 1575년(선조 8)에 현 위치로 옮겼다고 전해진다. 이지함이 옮겼다는 이야기는 시기가 맞지 않는다.

온양향교는 읍내동의 옛 온양군 관아 터 서쪽에 자리하고 있다. 조선 초기에 현 위치 서쪽 능 너머에 창건됐으나 정유재란 때 소실된 뒤 1610년(광해군 2) 현재 자리에 중건되었고 전해진다. 향교는 제례의 공간인 대성전을 비롯해 강학을 위한 명륜당과 동재, 서재 등 부속건물로 구성되어 있다. 1894년 갑오개혁 이후 교육기능을 상실한 뒤 제례를 통해 지역 유림의 구심점 역할을 해왔다. 현재도 춘추 제사를 지내며 매월 초하루와 보름에 분향을 이어가고 있다.

5) 아산 공세리성당(牙山 貢稅里聖堂, 충청남도 기념물 제144호)

인주면 공세리에 소재한 천주교 대전교구 소속 성당이다. 1890년 건립된 충청도 최초 성당인 예산 양촌성당과 신창 간양골성당 중 간양골성당을 계승했다. 1894년 가을 동학농민혁명으로 간양골성당이 피해를 입었고, 1895년 5월에 2대 주임신부가 된 드비즈 신부가 공세리 마을 민가를 성당으로 개조했다. 1897년에는 공세곶창의 창고 자리를 매입해 한옥으로 본당 등을 지었다. 현재의 고딕 첨탑식 본당 건물과 사제관은 1919년에 시작해 1922년 10월 완공했다. 그때 지은 사제관은 현재 공세리 성지박물관으로 활용해 신앙교육의 역할을 하고 있으며, 그 아래에는 아산지역 순교자 32위를 현양하는 공간이 조성되어 있다. 공세리성당은 초기 천주교 신앙이 정착하는 과정을 보여주는 성소이며, '신앙의 못자리'로서 주변 지역에 천주교 전파의 구심점 역할을 해왔다. 또한 주변의 고목들과 어우러져 아름다운 성당으로 널리 알려져 있다.

아산 공세리성당

6) 아산 연엽주(牙山 蓮葉酒, 충청남도 무형문화재 제11호)

송악면 외암마을 참판댁에서 빚고 있는 전통주다. 연엽주(蓮葉酒)는 이름 그대로 연잎을 넣어 빚은 술이다. 외암마을 참판댁에서는 맏며느리에게만 그 제조법이 전해진다는 연엽주를 빚고 있다. 현재 종부 최황규와 며느리에게 전승되고 있다. 연엽주는 조선 후기의 『산림경제』, 『규합총서』, 『임원경제지』 등은 물론이고 저자와 시기를 알 수 없는 『주방문』 등 여러 문헌에 다양한 제조법이 전해진다.

이정렬의 조부 이원집(李源集, 1825~1879)은 군자감 판관 등을 역임하고 비서감승에 증직되었다. 그의 부인 한산 이씨가 명성황후의 생모인 한창부부인 이씨와 자매간이었다. 그런 인연으로 왕실에 출입하며 연엽주를 접했을 참판댁에서는 이원집이 기록해놓았다는 제조법에 따라 연엽주를 만들어 가양주로서 손님 접대나 제주로 사용해왔다.

멥쌀과 찹쌀을 4:1 비율로 섞어 시루에 쪄서 고두밥을 짓고, 이를 펴서 식힌 뒤 누룩 등과 섞어 술밑을 마련한다. 누룩가루 외에도 솔잎과 감초, 녹두, 도꼬마리, 엿기름 등 여러 재료를 함께 넣는다. 그 다음 불로 깨끗이 소독한 술독에 연잎을 먼저 깔고 술밑과 연잎을 켜켜이 안친 뒤 깨끗한 물을 붓고 뚜껑을 덮어 발효시킨다. 적절히 발효되면 용수를 박고 술을 뜨게 되는데, 이렇게 만들어진 누르스름한 연엽주는 술맛이 부드럽고 향기로울 뿐 아니라 기를 보충해주고 피를 맑게 해주는 약주로 알려져 있다.

아산 연엽주

7) 옹기장(甕器匠, 충청남도 무형문화재 제38-2호)

도고면 금산리에 거주하는 이지수 씨는 옹기장, 즉 전통 기법으로 옹기 제작을 이어온 장인이다. 옹기장은 점토와 잿물을 이용해 독이나 항아리 등 옹기를 제작하는 전문 장인이다. 옹기는 우리 민족이 곡식이나 음식을 담는 데 사용해 온 질그릇 형태로, 우리 고유의 음식 문화에 적합하며 대중적으로 쓰이는 생활 용구이다. 옹기는 자연에서 채취한 점토를 물에 이기고 수작업으로 제작한 다음에 가마를 이용해 굽는 과정으로 제작한다. 충청남도 무형문화재이기 때문에 후계자를 양성하고 있으며 제자 신형묵, 이주용, 이재황, 이정식이 이수자로 등록되어 있다.

옹기장

6. 충청남도 지정 문화재 - 문화재 자료

종별	지정 번호	명칭	소재지	지정일	소유자/관리자	비고
문화재 자료	227	온천리 석불	온천대로 1459	1984.5.17.	온양관광호텔	
	228	영괴대	온천대로 1459	1984.5.17.	온양관광호텔	
	229	신정비	온천대로 1459	1984.5.17.	온양관광호텔	
	230	이충무공 사적비	온천대로 1496	1984.5.17.	아산시	
	231	세심사 다층탑	염치읍 산양길 180	1984.5.17.	세심사	
	232	관음사 석탑	영인면 여민루길 122	1984.5.17.	관음사	
	233	관음사 석조여래입상	영인면 여민루길 122	1984.5.17.	관음사	
	234	영인 신현리 미륵불	영인면 영인산로 511-21	1984.5.17.	아산시	
	235	인취사 석탑	신창면 서부남로 790번길 20-52	1984.5.17.	인취사	
	236	신창 척화비	신창면 읍내리 357-1	1984.5.17.	아산시	
	237	김육 비	신창면 읍내리 357	1984.5.17.	아산시	
	238	삼도해운판관비	인주면 공세길 67	1984.5.17.	아산시	9기
	239	영인 오층석탑	영인면 아산리 615	1984.5.17.	아산시	
	240	영인석불	영인면 아산리 615	1984.5.17.	아산시	
	242	봉곡사 불화	송악면 도송로 632번길 138	1984.5.17.	봉곡사	도난
	243	형제송	인주면 해암리 산63-1	1984.5.17.	아산시	
	244	신창학성	신창면 읍내리 산66-1외 6필지	1984.5.17.	아산시	
	311	창녕 성씨 종중 문서	배방읍 중리길 29번길 52	1989.4.20.	창녕 성씨 종중	3매
	314	온양 어의정	온양2동 578	1989.12.29.	아산시	

문화재자료	323	봉곡사 대웅전 및 고방	송악면 도송로 632번길 138	1993.7.20.	봉곡사	
	333	외암선생 문집판각	송악면 강당로 300	1994.11.4.	예안 이씨 종중	307판
	395	아산 인취사 석조아미타삼존 불상	신창면 서부남로 790번길 20-52	2005.10.31.	대한불교 조계종 인취사	3기
	402	원천재	송악면 송악로 357번길 10	2009.10.20.	진주 강씨 진사공파 휘세린문중	목조
	404	아산 박우현 가옥	둔포면 해위길 52번길 21-8	2010.02.22	박우현 외 2인	목조
	405	홍가신 초상	염치읍 만전당길 120번길 3-20	2010.07.30	남양 홍씨 문장공파 종중	1점
	425	아산 송암사 석조여래입상	충청남도 아산시 송악면 외암리 26-5	2020.09.10.	송암사	1점

1) 영괴대, 신정비(靈槐臺, 神井碑 – 충청남도 문화재자료 제228, 229호)

온양1동의 옛 온양행궁(온천행궁) 자리, 현재 온양관광호텔 경내에 있는 조선시대 비석이다. 신라 성덕왕, 고려 문종이 다녀갔고 조선시대 태조, 세종, 세조, 현종, 숙종, 영조 등 여섯 왕과 여러 왕실 가족이 치유와 휴양을 목적으로 온양온천에서 머물다 갔다. 세종은 온양온천에 소박한 행궁을 지었다. 그 뒤 온양행궁에 세조가 처음 행차했을 때 온천 옆 옛 우물에서 맑고 차가운 물이 솟았다. 세조는 이를 상서로운 징조로 여기고 기념하여 신비로운 우물이라는 '신정(神井)'이라 이름 짓고 세우도록 한 신정비('주필신정비')가 지금까지 남아있다.

영괴대비(靈槐臺碑)는 장헌세자(사도세자)의 생애와 관련해 유일하게 남아있는 역사 유적이다. 사도세자는 1760년(영조 36) 온궁에 와서 머물

영괴대, 신정비

며 활쏘기를 하던 자리에 느티나무 세 그루를 심도록 했다. 정조의 명으로 1795년(정조 19)에 그 주변을 정비하고 대를 조성해 영괴대라 하고 정조가 '영괴대(靈槐臺)'라는 친필을 내려 비각과 함께 세운 비석이다.

온양행궁은 러일전쟁 중이던 1904년 일본 상인에게 강탈당해 온양관이라는 여관과 목욕탕으로 전락했다. 일제강점기에 다시 신정관으로 바뀌었고 해방 후 6·25 한국전쟁 초기 미군기 폭격으로 전소되었으나 위의 비석 두 기만 온전하게 보존되었다. 조선 왕실의 자취가 어린 문화유산이면서 더불어 온양온천과 온양행궁의 역사성을 고증하는 매우 소중한 자료다.

2) 영인 오층 석탑, 영인 석불(靈仁五層石塔, 靈仁石佛 – 충청남도 문화재자료 제239, 240호)

영인면 아산리, 영인산 북쪽 자락의 폐사지에 있는 고려시대의 석탑

영인 오층 석탑, 영인 석불

과 석불이다. 이 유적과 관련된 사찰은 일찍이 폐사되어 이름이나 내력 어느 것도 확인되지 않고 전해지는 이야기조차 전혀 없다. 오래 전에 사찰의 기능은 마감했지만, 남은 석탑과 석불은 같은 자리에서 기나긴 세월을 지켜 낸 불교 문화유산이다.

영인 오층석탑은 아산 지역의 고려시대 석탑 중 유일한 오층석탑이다. 오층석탑이라는 점에서 백제계 석탑의 전통을 이었다고 볼 수 있다. 비교적 낮은 이중기단 위에 오층의 탑신부와 상륜부로 구성되어 고려시대 양식을 잘 보여준다. 탑신부의 몸돌(옥신)과 지붕돌(옥개석)은 5층 모두 각각 하나의 돌로 만들었다. 몸돌과 지붕돌의 체감이 완만해 전체적으로 안정감을 보여준다. 간결하고 단정한 모습이되 기단부 상대갑석의 복련 무늬와 초층 몸돌의 문짝 조각이 눈에 띈다. 상륜부는 노반과 복발을 하나의 돌로 조성하여 올렸다.

영인 석불은 영인 오층석탑과 약 20m 간격을 두고 같은 영역 안에서 있다. 영인석불은 입자가 곱고 질 좋은 화강암 판석 1매에 뒷면을 제외하고 전면과 양 옆면을 조각하였다. 흔히 '석불'이라 부르지만, 머리에 높고 단정한 보관을 쓰고 있어서 보살상이다. 보관 정면에 뭔가 조각되었던 흔적이 있는데 작은 불상, 즉 화불이라는 이야기가 전해져 영인 석불은 관음보살상으로 추정하고 있다.

미간 위에 백호의 구멍이 있으며 눈썹 선에서 이어지며 콧대가 힘 있게 표현된 코끝은 파손되었다. 가늘게 뜨고 내리깐 듯한 눈매와 작은 입, 원만한 볼과 풍만한 턱이 적절히 어우러져 예쁜 미소를 머금은 모습이 아주 매력적이다. 아산에서 가장 예쁜 석불로 알려져 누구나 좋아하는 불상이다. 착의는 오른쪽 어깨를 드러낸 우견편단이며, 오른팔과 겨드랑이 사이를 떼어 입체감이 느껴지도록 상당히 공을 들여 조성했음을 알 수 있다. 오른손은 가슴 앞에서 엄지와 중지를 맞대고 손바닥을 보이며 왼손은 가슴 아래에서 손바닥을 보이며 보주를 얹은 모습이다. 영인 석불은 충청 일대와 특히 아산 지역의 석불 조각 요소를 잘 나타내고 있다.

영인 오층석탑과 영인 석불은 인근의 관음사 삼층석탑, 관음사 석조 여래입상과 함께 아산 지역에 불교가 융성했던 시기의 모습을 엿볼 수 있는 의미 있는 문화유산이다.

7. 아산시 향토문화유산

종별	명칭	소재지	종별	지정일	관리자
향토 유적	독성서사	염치읍 동정리 179	건물2동, 비석1기, 편액1점	2006.3.7.	임종순
	효자 전효원 정려	배방읍 회룡리 산48	건물1동, 비석1기	2006.3.7.	천안 전씨 종중
	회룡리 3층석탑	배방읍 회룡리 83-2	석탑 1기	2006.3.7.	이영훈
	효부 의령 남씨 정려	탕정면 매곡1리 552-2	건물1동	2006.3.7.	이증팔
	가락국왕 숭령각	음봉면 동암리 524-2	건물1동	2006.3.7.	가락종친회
	열녀 평산 신씨 정려	영인면 아산1리 408-2	건물1동, 비석1기	2006.3.7.	고형탁
	아산리 비석군	영인면 아산1리 445-1	비석10기	2006.3.7.	영인면장
	조만영 영세불망비	영인면 아산2리 233	건물1동	2006.3.7.	영인면
	영인산성	영인면 상성리 산29-1	성벽 200m	2006.3.7.	영인면
	성내리 비석군	영인면 성내1리 산24	비석12기	2006.3.7.	함부광
	용화사 미륵불	영인면 신봉리 산139-73	석조불상 1기	2006.3.7.	김영균
	열녀 경주 배씨 정려	영인면 신운리 292-4	건물1동	2006.3.7.	하재용
	오교대 반석	영인면 구성리 355-1	자연석 1기	2006.3.7.	김정숙
	임욱 영정각	영인면 월선리 78	건물1동, 영정, 교지 등 20여점	2006.3.7.	장흥 임씨 종중
	해암리 게바위	인주면 해암리 197-2	자연석 1군	2006.3.7.	아산시
	갈곡 연정	도고면 화천리 479-2	건물2동, 비석1기	2006.3.7.	임완선
	효자 김익생 정려	도고면 도산리 270-1	건물1동, 비석2기	2006.3.7.	금령 김씨 종중

종별	명칭	소재지	종별	지정일	관리자
향토 유적	효부 동래정씨 정려	신창면 신달리 501-51	건물1동, 비석2기	2006.3.7.	오종환
	신인동 갓바위	신인동 141	자연석 3점	2006.3.7.	파평 윤씨 종중
	효자 정신비	풍기동 424	자연석 1점	2014.3.25.	풍기 1통 (효암) 노인회
	송악 두레 논매기	송악두레논매기보존회		2014.3.25.	박용선
	초가장 및 담장장	성주화·이전선·한선창·신수남· 이태우·이배선·윤재용·박성렬· 이만선·오병석·신동주		2014.3.25.	
	아산 오봉사 삼층석탑	장존동 500	석탑 1기	2015.8.5.	
	옥련암 소장유물	득산동 산1	불상 및 불화 5점	2015.8.5.	
	홍만조 묘역 및 신도비	배방읍 세교리 산22-1	분묘1, 석물9, 묘표1, 양조은포비 1, 신도비1	2021.9.5.	
	홍가신 묘역 및 신도비	염치읍 대동리 76 및 대동리 산 4-1	분묘2, 석물6, 묘표2, 신도비1	2021.9.5.	
	강학년 묘역 및 묘비	탕정면 매곡리 산61-1	분묘1, 석물2, 묘비1	2021.9.5.	
	아산 대윤사 석조미륵보살입상	인주면 해암리 308	석불 1구	2021.9.5.	
	강주 묘역 및 신도비	송악면 궁평리 산5-6	분묘1, 석물7, 묘표1, 신도비1	2021.9.5.	

향토유적	이봉상 신도비	음봉면 삼거리 산2-7	신도비1	2021.9.5.	덕수 이씨 충무공파 종중
	이간 묘역 및 신도비	송악면 외암리 210, 역촌리 506-69	분묘1, 석물5, 묘표1, 신도비1	2021.9.5.	예안 이씨 문정공파 종중

1) 아산리 비석군(牙山里 碑石群, 아산시 향토문화유산)

영인면 아산리 영인면사무소에 소재한 10기의 비석군이다. 송덕비는 고을의 수령을 역임한 이가 재임 중에 뚜렷한 공로가 있거나 백성들로부터 뛰어난 위정자의 덕목이 있을 때, 임기를 마친 후 주민들이 감사의 뜻을 모아 전임자의 뜻을 기리는 취지에서 세워졌다. 주로 관아를 중심으로 세워지거나 주요 길목에 세워진 것을 현대에 이르러 관청 중심으로 한데 모아서 보존하고 있다. 아산현감을 지낸 토정 이지함의 송덕비를 필두로 한 아산리의 비석군 사례처럼 온양군과 신창현의 경우에도 관아 유적 앞 또는 치소 추정 위치에 비석을 한 곳에 모아 나열 전시하고 있다. 송덕비에는 당해 위정자의 성명과 더불어 다양한 표현으로 공적을 나타내고 있어 역사적 흐름을 파악하는 데 자료적 가치가 크다.

아산리 비석군

2) 영인산성(靈仁山城, 아산시 향토문화유산)

염치읍 강청리 북쪽, 곡교천 북쪽에서 가장 높은 영인산의 정상부에 있는 석축산성이다. 정확한 축성 시기는 확인되지 않으나 전해지는 관련 이야기들에 근거해 삼국시대 백제 때 쌓았다고 추정하고 있다. 특히 근래에는 백제 초기인 온조왕 27년(서기 9년)에 쌓은 대두산성이 영인산성일 것이라고 비정하는 견해가 많아져서 영인산성이 새롭게 주목되고 있다. 멀리 아산만과 서해안이 조망되는 위치여서 한성 이남에서 매우 중요한 전략적 요충지였던 곳으로 인식되고 있다.

『신증동국여지승람』과 『신정아주지』의 기록을 종합해보면, 산 정상부에 두 개의 산성이 맞대고 있는데 북쪽 성은 삼국시대에 쌓은 석성(石城)이라고 한다. 남쪽 성은 몽골 침입 때로 추정되는 '옛날'에 평택 사람들이 피난 와서 쌓고 우거했던 토성(土城)이라 '평택성'이라 불렀다고 한다. 현재 남쪽 토성은 흔적이 확인되지 않는다. 영인산은 조선

영인산성

후기까지 신성산(新城山)이라고 불렸기 때문에 당시에 영인산성은 신성산성이라 기록되어 있다.

영인산성은 지형과 시기에 따라 다양한 형태의 축성이 이루어졌으나 현재는 동벽이 가장 양호하게 남아있고 우물 및 성문지가 발견된다. 아산에 축조되었던 20여 곳의 산성 중에서 가장 큰 영인산성은 시련과 영광의 역사를 간직한 아산의 대표 관방유적이다.

3) 효자 김익생 정려(孝子 金益生 旌閭, 아산시 향토문화유산)

도고면 도산리에 있는 김녕 김씨 김익생(1388~1450)의 정려다. 김익생은 조선왕조 개창에 반대해 도고산 동쪽 도산리로 들어와 은거한 김녕 김씨 아산 입향조 김질의 아들이다. 참고로 사육신 박팽년의 외할아버지이기도 하다. 어릴 때부터 효심이 지극해 정성으로 양친을 모심은 물론, 어머니의 병환에 임해서는 일곱 살의 나이에 엄동설한에 잉어를

효자 김익생 정려

구해다 드리고 한밤중에 배를 구해와 잡숫게 하는 등 봉양에 온 힘을
다했다. 배를 구할 때는 호랑이가 등에 태워 오갔다는 이야기가 전한다.

이에 1405년(태종 5)에 효자 정려가 내려졌는데 효자비와 정려각은 정
유재란 때 멸실되었다가 훗날 홍수를 통해 효자비가 발견됨으로써 1739
년(영조 15)에 다시 세워졌다. 정려는 충절, 효행이나 절개를 지키는 등의
귀감이 되는 사안에 대해, 국가로부터 내려지는 표창이다. 가문의 영광
이 되는 일이며, 동시에 백성에 대한 훈육의 취지로 세워지는 상징물이
다. 아산 지역 곳곳에는 숭고한 사연을 간직한 정려가 다수 세워져 있다.

4) 효자 정신 비(孝子 鄭信 碑, 아산시 향토문화유산)

아산시 풍기동, 청댕이 고개 북쪽 자락에 있는 조선 후기 효자 정신
의 효자비다. 커다란 바위에 마애비(磨崖碑) 형식으로 조성되었다. 정
신은 조선 후기 실존 인물로 『여지도서』 「온양군읍지」의 '인물' 조에
'사노 정신 정려(私奴 鄭信 旌閭)' 여섯 글자가 기록되어 있다. 한편, 인
근 마을에는 가난한 젊은이가 병든 노모를 구환하기 위해 개똥 속의
보리쌀을 골라 씻어서 밥을 지어드려 낫게 했다는 이야기와 근처 바위
에 벼락이 쳐서 은이 나와 어머니를 잘 모셨다는 이야기가 전해진다.
그 바위는 벼락바위, 효자바위라 불린다. 벼락 이야기는 길가의 큰 바
위가 벼랑을 이루었기 때문에 '벼랑바위'라 한 것이 '벼락바위'로 음이
변한 뒤에 붙여진 이야기다.

바위 옆면에는 처음에 작게 새긴 비문, 앞면에는 후대에 새로 크게
새긴 비문이 그대로 남아 전해진다. 비문은 가운데에 '효자정신비(孝子
鄭信碑)'라 새기고, 그 오른쪽에 '천감기성(天感其誠)', 왼쪽에 '벽암사은
(霹巖賜銀)' 네 글자씩 새겼다. 효자 정신의 비이며, 하늘이 그 효성에

감동하여 벼락으로 바위를 쳐서 은을 내주었다는 내용이다.

5) 아산 오봉사 삼층석탑(牙山 五峰寺 三層石塔, 아산시 향토문화유산)

아산시 장존동, 설화산 북쪽 중턱에 있는 고려 초기의 삼층석탑이다. 오봉사는 그 이전 이름은 알 수 없고 조선시대 남산사였으며, 일제강점기에 다섯 봉우리인 설화산의 별칭 오봉산에서 이름을 따서 오봉암이라 바뀌었다가 오봉사가 된 작은 사찰이다. 대웅전 등 건물들은 해방 이후 지었다.

아산 오봉사 삼층석탑의 상층기단 갑석의 윗면에서 8행 55자의 음각 명문이 2010년 확인되었다. 987년(성종 6)에 탕정군 호족 정홍렴의 큰누이가 공경하는 마음으로 보탑을 조성했으며, 탑을 깎은 장인인 대백사는 '덕달', 석탑 조성 불사의 실무 책임자인 도량행자는 '귀달', 명문을 짓고 새긴 집필승은 '법숭'이라는 내용이다. 석탑은 화강석으로 만들었으며 이중기단 위에 삼층의 탑신이 올려진 신라 양식의 특징을 보여준다. 삼층 옥개석과 상륜부에 해당하는 노반이 하나의 돌로 이루어진 점은 특이하다. 자연석을 보주 또는 복발처럼 얹었다. 위치도 약간 옮겨졌다고 하고 여러 곳이 파손된 모습이지만 명문으로 인해 그 가치가 더욱 높아졌다. 조성 연도, 시주자, 조성 책임자 등이 뚜렷이 확인되는 매우 귀중한 문화유산이다.

6) 아산 대윤사 석조미륵보살입상(牙山 大潤寺 石造彌勒菩薩立像, 아산시 향토문화유산)

아산시 인주면 해암리 대윤사에 주불로 모셔져 있는 고려시대 추정 석불이다. 원래는 현 위치 남서쪽 400여m 지점의 곡교천 가, 현재는 논으로 바뀐 곳에서 곡교천 하구 일대를 바라보고 있었다. 배 운항 및 홍수 시기 사람들의 안녕을 기원하며 세운 미륵불이다. 조선시대에 하류 구간을 중심으로 불렀던 곡교천의 이름이 '미륵천(彌勒川)'이었다. 바로 아산 대윤사 석조미륵보살입상에서 유래한 명칭으로 보고 있다. 정확한 조성 시기와 조성 주체는 알 수 없다. 인근에 있었다는 큰 절('한절')과 관련이 있을 수는 있으나 그 절 역시 아무 내력이 확인되지 않는다. 조선 후기부터는 마을 수호신으로 제사의 대상이 되었다.

아산 대윤사 석조미륵보살입상은 아산에서는 보기 드물게 앞뒤 좌우 전체를 모두 조각한 환조 형식의 석불이다. 부피감도 있어서 다소 풍만한 느낌이 든다. 머리에 삼산관 비슷한 모자를 쓰고 있는 보살상이다. 이 마을 출신 배오성이라는 한의사가 아버지의 뜻을 받들기 위해 지금 대윤사 자리의 토지를 희사해 사찰 건립을 추진했다. 1987년 미리 옮겨 놓았던 미륵불이 몇 년 뒤 도난당해서 3년간 고생 끝에 되찾아와 1995년에 완공된 대윤사의 대각전에 주불로 모시고 있다. 화강석으로 만든 높이 252cm의 아산 대윤사 석조미륵보살입상은 아산에 있는 여러 석불 중에서 가장 완성도가 높은 불상이다.

7) 강주 묘역 및 신도비(姜籌 墓域 神道碑, 아산시 향토문화유산)

송악면 궁평리 동쪽, 방미산 중턱에 있는 조선 후기 묘와 신도비다. 강주(1567~1651)는 본관이 진주다. 진주 강씨는 아산의 송악면 지역으로 이주 입향한 시기가 매우 이른 집안이며, 고려 말 무렵에는 거주하기 시작했을 것으로 추정된다. 궁평리 마을을 거쳐 다다르게 되는 강주의 묘역 입구에는 날렵하고 깔끔한 신도비가 세워져 있다. 신도비는 조선 시대에 정2품 이상의 뚜렷한 공적과 학문이 뛰어나 후세의 사표

강주 묘역 및 신도비

가 되는 인물에 대해 이를 기려 세울 수 있도록 국가에서 인정한 비석이다. 비석에는 해당 인물의 평생 사적을 기록한다. 강주의 신도비는 아산에 현존하는 신도비 가운데 가장 오래되었다.

대석과 비신·이수로 구성되었는데, 석질이 좋은 화강석으로 만든 대석과 이수에는 각각 복련과 용무늬가 매우 정교하고 아름답게 조각되어 있다. 대리암으로 세운 비신의 앞뒤 양면에는 강주의 행적을 새긴 글씨가 지금도 선명하게 보인다. 맨 위에는 전서로 "贈左議政竹窓姜公神道碑銘(증좌의정 죽창강공 신도비명)"이라 쓰여 있다. 비문은 김시국이 짓고 유심이 글씨를 썼으며 김광욱이 전서를 썼다. 동쪽으로 산 중턱에 있는 강주 묘역의 묘표와 망주석, 문인석, 상석, 향로석 등 묘지 석물 또한 오랜 연륜을 지니고 있으며 조형미 역시 뛰어나다.

민속과 생활사

신탁근

1. 개요

아산시에는 소장과 전시·교육 등을 목적으로 하는 박물관, 미술관, 기념관, 과학관, 식물원 등이 곳곳에 자리를 잡고 있다. 시민들은 자신의 위치에서 자동차로 10~20분 내에 이들 문화기관에 도착해서 관람과 교육, 힐링 등을 적절하게 즐길 수 있다. 아산지역 소재 박물관은 민속과 생활사, 자연생태와 과학, 종교와 성지, 인물 기념, 미술관 등으로 구분할 수 있을 정도로 주제가 아주 다양해 시민들이 자신의 기호에 맞춰 적합하게 선택하고 찾아서 즐기기에 충분하다. 박물관 만족도는 시민들의 활용도에 따라서 높아질 수밖에 없다.

국제박물관회의(ICOM) 헌장은 박물관을 '예술·역사·미술·과학·기술에 관한 수집품 및 식물원·동물원·수족관 등 문화적 가치가 있는 자료 및 표본 등을 각종 방법으로 보존하고 연구해, 일반 대중의 교육과 오락을 위해 공개 전시함을 목적으로 설립된 항구적 공공시설'이라고 정의하고 있다. 박물관은 미술관과 과학관, 식물원에다 기술관, 기록보존소, 사적 보존지역 등을 모두 포함한다. 따라서 본문에서는 박물관을 편의상 미술관과 기념관, 과학관, 식물원을 포함하고 대표하는 용어로 표기하되, 필요한 부분에서는 각각의 명칭을 정확하게 표기하고자 한다.

아산지역 박물관은 헌장에 기술된 유물수집과 수장, 전시기능뿐만 아니라 연구와 교육도 병행한다. 특히, 지역 주민을 위한 교육에 많은 관심을 갖고 펼침으로써, 평생교육기관 역할을 활발히 수행하고 있다. 뿐만 아니라 아산지역에서 나름대로 사회적 역할에도 충실하다고 평가받고 있다. 박물관은 최근 들어서 다목적 문화교육공간, 다기능 복합문화공간 등으로 기능을 확장하고 있는 추세다.

박물관이 지역주민들부터 사회적 요구를 받는 것은 필연적이다. 실제로 박물관은 기존의 고유한 역할 이외에도 지역사회에서 다수의 문화 활동을 포용해서 진행하는 것으로 대응하고 있다. 박물관은 지역주민들과 관람객들에게 질 높은 전시와 교육 등을 제공하고자 다양한 콘텐츠의 신규 발굴과 건실한 운영에 많은 노력을 기울이고 있다.

2. 내용으로 살펴보는 박물관

아산지역 소재 박물관들은 각 지역에 골고루 자리를 잡고 있다. 민속과 생활사, 자연생태와 과학, 종교와 성지, 인물 기념, 미술관과 아트센

터 등으로 유형 역시 균형 있게 갖추고 있다. 박물관들은 다양한 주제와
함께 그에 상응하는 자신들의 역할을 충실히 수행하고 있다. 언급한
특징에 따라서 아산시 소재 박물관들을 분류해서 설명하고자 한다.

1) 민속과 생활사를 소재로 한 박물관 – 온양민속박물관·아산정린박물관·외암민속마을

온양민속박물관은 한국의 전통생활을 종합적이면서 체계적으로 보
여주는 글로벌 박물관이다. 설립자인 故 김원대(金源大)는 뚜렷한 박물
관 개관 목적을 제시하였다. 그가 제시한 박물관 설립과 운영 목적은
유형적인 민속자료를 체계적으로 수집·보존·전시해 후세들에게 합리
적으로 이해·교육시키며, 전통적 요소를 오늘에 되살릴 수 있도록 유
도하고, 학술적으로 고증하여 분석·연구하고, 세계 속에 한국문화의
독자성을 선양하는 것이었다.

이에 따라 1975년 온양민속박물관 설립추진위원회를 결성하고 공사
를 시작, 1978년에 개관했다. 박물관 내에는 실내와 야외박물관, 휴게
시설 등을 고루 갖췄으며, 관내에는 또 다른 문화공간인 구정아트센터
가 자리를 잡고 있다. 실내 전시실은 3개의 상설전시실과 특별전시실
을 갖추고 있다. 제1전시실은 한국인의 일생과 식생활·주생활·의생
활, 제2전시실은 생업실로서, 농업·어업·직조·사냥과 채집·대장간,
제3전시실은 각종 민속공예와 민간신앙·오락과 세시풍속·학술과 제
도 등으로 세분해 유물들을 전시하고 있다. 야외박물관은 또 하나의
전시장인 동시에 정원이며, 힐링 공간이다.

개인이 설립한 온양민속박물관은 1987년에 실립사 김원대 선생이 계
몽문화재단(현 구정문화재단)으로 법인화해서 박물관을 지역사회에 환원

하는 용단을 내린 바 있으며, 매년 짜임새 있는 전시와 다양한 교육
프로그램 진행, 연구총서 발간 등의 공익적 사업을 추진해왔다. 이렇듯
전시와 교육, 연구기능을 고루 갖춘 온양민속박물관은 어디 내놔도 손
색없는 세계적인 박물관으로 자리 잡고 있다.

아산정린박물관(牙山鼎麟博物館)은 삼국시대부터 조선시대까지 기와
류(막새와 장식기와, 전돌)를, 도기류·석조 유물·탑·석인상·기타 근대
민속 유물과 함께 전시하는 공간이다. 설립자 서정호(공주대학교 문화재
보존과학과 교수)는 지난 30여 년간 삼국시대부터 조선시대까지 기와
12,000여 점을 수집해왔다. 상설전시실은 장식기와, 수키와, 암키와,
토기류, 고려청자, 조선백자, 분청도자기 등이 전시돼 있다. 정린박물
관 역시 실내는 물론 야외 전시장까지 갖춰 다양한 볼거리를 제공한다.

아산에는 살아있는 야외박물관의 표본인 외암민속마을(중요민속자료
제236호)이 있다. 마을은 설화산을 주봉으로 남쪽 경사면을 따라 동서
로 길게 뻗어 있는 등 배산임수 지형의 전형을 보여준다. 동고서저(東
高西低) 지형으로 주택은 거의 서남 또는 남쪽을 바라보고 있다. 5백여
년 전에 강씨(姜氏)와 목씨(睦氏)가 이 마을에 살았다고 전해지며, 이후
예안 이씨 입향조 이사종(李嗣宗)이 살기 시작하며 서서히 집성촌으로
변모해나갔다. 이사종의 5세 손인 이간(李柬)은 설화산의 우뚝 솟은 형
상을 따서 자신의 호를 외암(巍巖)이라 짓고, 주민들은 마을 이름을 외
암으로 불렀는데, 후에 외암(外巖)으로 바뀌었다.

마을에는 참판댁(중요민속자료 제195호)을 중심으로 영암댁·송화댁·
외암종가댁·참봉댁 등 반가와 그 주변의 초가들 80여 채가 전통가옥
의 원형을 유지하고 있다. 영암댁(건재고택)은 회화나무와 수석, 돌담,
인공수로와 함께 정원을 아름답게 꾸민 것으로 유명하다. 이 정원은

외암마을에서 볼 수 있는 특징적인 면을 가장 잘 담고 있는 것으로 평가된다.

또 하나의 특징은 마을 내 가옥을 두른 돌담이다. 지질조건상 마을 지표면에 수많은 괴석이 형성되어 있는데, 담장에 사용된 돌은 마을 현지에서 채취한 것으로 총 연장은 약 6㎞이다. 외암마을에서는 정월 대보름에 장승제와 동제를 지내고, 2000년부터는 매년 가을 짚풀축제를 열고 있다. 외암민속마을은 전반적으로 전통 마을과 가옥 연구에 중요한 주제와 소재로서의 가치를 지니고 있다.

2) 자연생태와 과학을 소재로 한 박물관 – 영인산산림박물관·호서대자연사박물관·아산장영실과학관·아산세계꽃식물원

아산시에는 자연생태계와 관련 있는 박물관으로 영인산산림박물관과 호서대 자연사박물관이 있다. 영인산산림박물관은 영인산 자연휴양림 내에 산림과 임업에 관한 자료수집과 전시·연구·교육·산림문화 창달 및 현장 학습장으로서 역할 수행을 목적으로 건립되었다. 본관은 예술과 놀이·체험·교육 등 다양한 분야에서 자연과 숲을 접하고 이해하도록 꾸몄으며, 별관은 상상과 치유의 숲 개념을 도입해 구성했다. 박물관은 산림문화를 보존·전파해 시민에게 산림의 소중함을 다시 인식할 기회를 제공하고, 일상에 지친 현대인들에게 숲을 통한 휴식과 치유를 제공하고 있다.

호서대학교는 자연생태계의 변천사를 한 눈에 볼 수 있는 문화공간 개념의 자연사박물관(400㎡)을 중앙도서관 내에 개관(2011.9.)해 운영하고 있다. 박물관 소장 자료로는 화석분야(공룡화석·운석·광물 등) 200점, 패류분야(어류·갑각류·연체류 등) 4,700점이다. 박물관은 자연사 자

료를 중심으로 전시하지만, 민속분야(복식, 장신구, 도자기 등) 600점과
화폐(엽전, 동전, 지폐 등) 11,500점 등의 자료를 동시에 확보하고 있어서
종합박물관의 성격을 띠고 있다.

아산장영실과학관은 아산 시민들에게 기초과학시설을 제공하고, 과
학교육 및 기획전시 등을 통해 과학기술에 이바지하고자 설립됐다. 특
히 조선시대 과학 발전에 기여한 천재 발명가 장영실을 아산시 브랜드
및 한국과학기술교육 아이콘으로 정립하기 위해 설립했다고 그 목적
을 밝히고 있다. 설립 이래 지금까지 장영실과학관을 중심으로 과학체
험관, 과학공작실, 어린이과학관, 4D영상관 등을 운영함으로써 과학
문화 전시와 과학교육기관으로서 역할을 충분히 해내고 있다.

아산세계꽃식물원은 연중 3,000여 종의 원예종 관상식물을 관람할
수 있는 실내 온실식물원이면서 야외 꽃박물관이다. 이곳은 지난 2004
년 개장한 국내 최대 규모의 사설 식물원으로, 계절별로 피고 지는 꽃
과 각종 원예식물들을 감상할 수 있어, 계절을 달리해서 찾을 때마다
새로움과 즐거움을 더해준다는 평가를 받고 있다. 식물원에서 즐긴 시
간을 집에서도 이어가기를 바라는 마음에서 관람객들께 증정하기 시
작한 다육식물은 100만여 개를 넘고 있다. 식물원은 전시뿐만 아니라
꽃손수건 염색, 분갈이 등 직접 손으로 체험하는 프로그램을 통해서
꽃을 사랑하고 즐기는 문화를 만들기 위해 노력하고 있다.

3) 종교 역사와 출판물을 소재로 한 박물관 – 공세리성지박물관·한국성
서박물관

종교 관련 박물관은 공세리성지박물관과 한국성서박물관이 있다. 공
세리성지박물관은 공세리성당(충청남도 지정기념물 144호) 안에 자리 잡

고 있는 옛 사제관을 개보수해 봉헌하였다. 이 성당은 1890년에 태동한 매우 유서 깊은 천주교 성지이다. 특히, 아산지역에서 신앙생활을 하면서 종교를 위해 자신의 목숨을 아끼지 않은 순교자 32분이 모셔져 있다. 조선 후기에는 많은 천주교 신자들이 신앙생활로 인해 박해를 받을 뿐만 아니라 순교를 당했다. 박물관은 소장품과 전시물 1,500여 점을 통해서 한국 가톨릭 역사와 뿌리를 올바르게 이해할 수 있는 공간으로 꾸며져 있다. 특히 공세리성지박물관은 아산지역 종교건축사와 종교사 등을 고스란히 간직하고 있는 매우 의미 있는 공간이다.

선문대는 지난 2018년 기존 박물관과 별도로 한국성서박물관을 설립·개관했다. 이 박물관은 초기 한국 그리스도 교인들이 온갖 종교적 박해를 받으면서도 기록하고 번역한 성서들을 필사하고 인쇄해서 활용한 수택본 300여 권을 전시하고 있다. 전시물들은 성인 8인이 감준하고 한글로 저술한 「신명초행」, 「성찰기략」, 「영세대의」 등 수많은 취중본들과, 디아즈(Diaz, 포르투갈인 예수회 선교사)가 1638년에 저술한 「성경직해(聖經直解)」 원본(전14권)과 한글 번역본(전9권) 전체를 중심으로 해서 기도서, 신심(信心)서, 묵상서, 명상서, 교리서 등이다. 대부분 자료들은 한국 가톨릭 및 개신교의 성서 초기 원본들과 번역본, 필사본들이다. 이들은 18세기와 이후 자료로서 당시 종교적 상황과 교리, 한글 발달과정, 출판과 인쇄기술사 등을 엿볼 수 있는 값진 자료들이다. 그 가치는 한국성서박물관에서 재조명될 것이다.

4) 역사적인 인물을 기리는 기념관-고불 맹사성기념관·홍가신기념관· 현충사 이순신기념관

기념관은 뜻깊은 일이나 훌륭한 인물 등을 오래도록 잊지 아니하고 마음에 간직하기 위해 세워서 여러 가지 자료나 유품 따위를 소장하고 전시한다. 아산시에는 고불 맹사성기념관과 홍가신기념관이 있다. 이 외에도 현충사는 충무공 사당과 별도로 이순신기념관을 두고 관련 유품들을 전시하고 있다.

고불 맹사성기념관은 조선 세종 때 청백리인 맹사성(孟思誠 1360~1438)의 발자취를 기리는 대표적인 공간이다. 단층 구조의 기념관은 고불의 일화, 청백리 정신을 담은 그림 및 유물을 소장하고 있으며, 전시동과 교육동으로 나뉜다. 전시동에는 영상실과 전시실이 있다. 영상실에서 맹사성을 비롯해서 신창 맹씨 문중과 맹씨행단 등에 대한 영상관람과 전시실에서 맹사성 일대기와 유품, 그와 관련한 청렴 이야기 등을 접할 수 있다. 맞은편 맹사성 고택을 포함한 맹씨행단 관람은 맹사성의 면면을 제대로 살필 수 있는 충분한 자료이며, 공간으로서 한 치의 모자람이 없다.

홍가신기념관은 홍가신(洪可臣, 1541~1615)의 고향이자 묘역과 사당이 있는 아산의 유허에 자리를 잡고 있다. 홍가신은 이몽학 난(1604)을 평정한 공으로 청난공신 1등에 책록돼 정헌대부로 특진되고 여원군에 봉해졌다. 그는 형조판서로 경영특진관 겸직과 개성유수 역임 후에 승정대부에 가자되었다. 기념관은 그의 초상을 비롯해서 각종 고문서와 문중 제기 등을 일목요연하게 전시하고 있다. 남양 홍씨 문중 가계도와 충청지역에 산재한 선생의 관련 유물은 선생을 이해하는 좋은 자료이다.

다수의 전시물 중에서 홍가신 청난공신 교서 및 관련 고문서(보물1815호)가 단연 돋보인다. 이 문서는 청난공신 교서와 추증 교지, 증직 교지, 처 이씨 고신교지로 구성돼 있다. 청난공신 교서는 1604년(선조 37) 10월에 그를 분충출기합모적의청난공신(奮忠出氣合謨迪毅淸難功臣) 일등으

로 봉작한 공신 교서이다. 제술자는 이심(李憕), 서사자는 이복장(李福
長)이다. 뿐만 아니라 홍가신이 이몽학의 난을 평정한 당시 상황을 재현
한 모형, 급박했던 당시 상황을 제작한 영상을 볼 수 있다.

아산에서 빼놓을 없는 역사적인 인물은 단연 충무공 이순신(李舜臣,
1545~1598)이다. 임진왜란 당시 백척간두에 놓인 조선을 구한 장군이
바로 이순신이다. 그는 임진왜란에서 나라를 구한 영웅으로 통영 충렬
사(忠烈祠, 1614년 건립, 사적 제236호)와 여수 충민사(忠愍祠, 1601년 건립,
사적 제381호), 아산 현충사(顯忠祠, 1706년 건립, 사적 제155호) 등에 배향되
었다. 현충사 내에는 이순신기념관이 자리를 잡고 있다.

기념관은 각종 고문서와 물품들을 전시하고 있다. 고문서로는 장군과
직접적인 관련 있는 전시물로『난중일기』및 서간첩, 임진장초, 선무공
신교서, 선유호상교서, 사명훈유교서, 유서, 무과 홍패, 증직교지, 증시
교지, 사패교지, 유지, 별급문기가 있으며, 장군의 처인 방씨 관련 고신
교지도 있다. 물품으로는 장군이 사용하던 장검(長劍) 2점, 옥로(玉鷺)
1점, 요대(腰帶) 1점, 도배(桃盃) 1쌍 등이 전시 중이다.『난중일기』는
국보 제 76호, 장검 등은 보물 제 326호, 나머지는 보물 제1564-1~16호
로 각각 지정되었다. 장군과 관련 있는 전시물은 역사적으로 매우 귀중
한 문화재이다.

5) 종합박물관 – 선문대학교 박물관

선문대학교 박물관은 다양한 주제의 소장품을 소장·전시하고 있어
서 종합적인 성격을 띤다. 이 박물관 건립은 기증으로부터 시작됐다.
대학은 김옥희의 한국 초대 카톨릭 성서, 교리해설 350여 점(1990), 홍
성하의 한국전통문화재 900여 점(1982)을 기증받은 후에 교내에 박물

관을 설치했다.(1992.12.)

그 이후에도 유물 기증은 지속되었다. 아타카 소장의 조선시대 민화 900여 점(1999)과 윤세원의 조선시대 생활도자기, 벼루 등 350여 점 (1993), 이형구의 북측 소재 금석문 탁본 376점(2009)은 대표적인 기증 품이다.

상설전시실은 고려시대 상감청자와 조선시대 분청자, 조선백자, 조선시대 회화, 서민의 생활화이며 실용화인 민화도 함께 전시하고 있다. 예술적 가치가 높게 평가된 작품들을 소장·전시하고 있어서 관람 만족도는 높을 수 있다. 그에 상응해서 소장품 역시 교육 및 연구 자료로도 매우 유익한 것들이다. 특별전시실은 선문대학교 설립자 문선명 (文鮮明, 1920~2012)의 말씀 자료와 직접 쓴 휘호 등을 비롯해, 설립자의 사상적 기반인 통일원리 태동과 세계적인 전파 현황, 통일사상 확충과 공산주의 종언 등에 대한 자료 전시 및 소개를 이어가고 있다.

6) 아산문화예술의 향연장 - 당림미술관(棠林美術館)·구정아트센터

아산은 당림(棠林) 이종무(李種武, 1916~2003) 화백이 낙향해 타계할 때까지 작품 활동을 한 곳이다. 미술관에는 이 화백의 작품세계 흐름과 근현대 다양한 장르의 소장 작품들이 전시되어 있으며, 아틀리에인 이 화백의 화실엔 유품과 함께 그가 마지막까지 그림에 몰두하던 분위기를 그대로 보여주고 있다. 미술관은 그의 유작 150점과 회화·조각·공예 등 1,000여 점의 작품을 상설로 전시함과 동시에 분기별로 교체하는 기획전을 개최하고 있다. 이외에도 아산시민의 문화 향유에 크게 이바지하는 문화행사로 다양한 장르의 작가들이 참여하는 특별전 및 교육프로그램, 음악회 등도 개최한다.

온양민속박물관 내에는 또 하나의 보석이 자리를 잡고 있다. 이타미 준(伊丹 潤)이 국내 첫 작품으로 설계한 옛 구정미술관인 구정아트센터가 바로 그곳이다. 그는 재일교포(유동룡) 건축가로 한국과 일본에서 건축물이 세워질 장소의 지역성을 십분 살려서 인간의 삶과 어우러지는 건축을 추구한 작가이자, 자연이나 지역 환경을 건축에 반영한 건축가이다. 구정아트센터는 아산 황토로 벽돌을 만들고, 전면을 한옥 기와 스타일로, 내부를 충청도 가옥의 특징인 'ㅁ'자 구조를 취하도록 꾸몄다. 내부는 좌우에 전시실이 있고, 벽을 사이에 둔 중앙을 크게 비워서 복합 예술을 소화하도록 했다. 거북선을 형상화한 지붕이 매우 이채롭다.

3. 문화적 가치 증대 노력과 인식의 전환 필요

1) 문화적 가치 증대를 위한 다각적인 노력

아산시에는 다양한 주제와 소재를 지닌 박물관들이 자리를 잡고 있다. 아산지역 박물관은 인문과 자연문화, 예술 자산을 지닌 창고이자, 그 자체로 아산시민의 문화 향유와 문화 복지 향상에 크게 이바지하는 소중한 공간이다. 뿐만 아니라 박물관들은 상호 연결되거나 교차하는 문화적 SOC이기도 하다. 따라서 박물관 활용도를 높이는 방안 수립과 실행은 문화적 가치를 최대한으로 증대시키는 효과적인 방법이다.

박물관은 가시적 또는 불가시적인 가치 위에서 자신의 본질적 속성이나 미래지향적 사고를 지닐 필요성이 있다. 이런 차원에서 콘텐츠 자체와 관련 정보 등을 상호 교환·공유하고, 각종 프로그램 구상과 협업을 추구하는 것 등이 박물관들이 최우선으로 모색할 수 있는 방안이 될 수 있다.

문화기관의 세분화도 필요하지만, 분화한 각 박물관은 전문적인 수준으로 자신들의 콘텐츠를 다른 박물관과 교류하거나 공동 연구하는 방식을 확대해서 가치를 더 고양시킬 필요도 있다. 한 발 더 나아가서, 전통과 현대는 시간적으로 편차가 있지만, 상호 재배열을 통한 맥락화될 가능성을 충분히 갖고 있다. 전통을 현대적으로 해석하는 한편, 현대를 전통과 연계시키는 작업은 전통과 현대가 융복합하는 계기가 될 수 있다.

그리고 시민들 스스로가 아산지역 박물관 활용법을 넓히고 심화시키는 것 역시 또 하나의 좋은 방법이다. 시민들이 박물관을 잘 활용할 수 있도록 방법을 일러주면, 아산지역 박물관 활용도와 효율성 지수는 매우 높게 나타난다. 문화적 가치는 박물관과 시민들이 각자 자신의 위치에서 자신에게 적합한 방법을 찾아서 실행에 옮길 때에 충분히 올라갈 수 있다.

2) 비영리 수익형 박물관으로의 인식 전환

아산지역 박물관·미술관 운영 주체 역시 국가와 시, 법인, 대학, 개인으로 주제만큼이나 다양하다. 그런데 이들 시설은 운영에 수반되는 수많은 현실적인 어려움에 직면해 있다. 특히 시와 법인, 개인 박물관·미술관의 재정적인 어려움이 가장 크다. 이를 타개하기 위해 박물관 등은 사업 내실화·전문화 추진, 특화사업 발굴 시행으로 경쟁력 우위를 확보할 필요가 있다. 나아가 공공성을 전제로 한 '비영리 수익형 박물관'으로의 전환도 적극 고려할만 하다.

입장료와 교육 프로그램 운영 등의 자체 수입 확대 등으로 증대된

박물관 수익은, 일부를 연구개발비와 문화나눔사업 등에 배분할 수 있다. 연구개발비는 더 나은 프로그램을 생성하기 위한 비용이며, 문화나눔사업은 문화희망 계층과 지역 사회발전 숨은 공로자와 함께 하는 프로그램 확대 개발과 운영으로 아산시민의 문화향수를 위해 일정 수익을 투여하는 사업이다. 이를 통해 박물관은 거시적으로 더욱 건실한 경영과 건강한 운영에 다가설 수 있다.

3) 지역사회 통합수단으로 포용적 박물관

최근에는 박물관·미술관이 지역에서의 사회적 역할을 상당히 요구받는다. 박물관은 공공성을 지닌 비영리기관으로서 경제적 효과가 아닌 사회적 효과에 귀를 기울여야 한다는 주장이다. 이는 박물관들의 사회적 역할에 대한 고민과 이의 확대에 지속적으로 노력해야 함과, 포용적 박물관으로서의 출발선을 제시한 것으로 해석된다. 박물관의 사회적 역할은 지역사회 구성원들을 위한 유의미한 역할로서 의의를 찾을 수 있다. 앞으로는 박물관 역할이 지역사회에서 더 증대될 뿐만 아니라 다양해질 것으로 예측된다.

작금의 사회적 상황은 앞으로 포용적 박물관이 폭 넓고 깊이 있는 사회적 역할을 지속적으로 요구받을 수 있음을 보여준다. 포용적 박물관은 사회적 불평등과 양극화 같은 사회문제 해결을 문화적으로 도우려는 정책을 일정 부분 맡아서 수행할 수 있다. 이는 포용적 박물관의 역할이 사회복지나 문화복지 정책과도 부분적으로 맞물려 있음을 보여주는 대목이다. 박물관이 지역의 문화기관과 공간이었지만, 이제는 복지기능을 접목한 문화복지 서비스 공간으로 변화를 꾀하는 일이 이미 가시화되고 있다.

　박물관은 사람이 중심이 되는 사회적 역할을 지금보다 증대해야 한다. 박물관은 다양한 사람들이 언제든지 방문할 수 있는 문화공간이어야 한다. 유물 수집과 보존에는 과거 이야기가 담긴 유형의 유물뿐만 아니라 현재 우리들의 삶이 담긴 유무형 유물도 포함돼야 한다. 유의미한 사업개발과 효율적인 운영방안 모색에는 보다 많은 사람들의 의견을 수용해야 한다. 다각화와 다양화 과정은 포용화의 일환으로서 관람객, 교육생 개발 등 현실적으로 다수의 고객 유치와 맞닿아 있다.

아산 외암마을

천경석

아산 외암마을은 옛 온양의 상징적 산인 설화산 남서쪽 자락에 자리 잡고 있다. 흔히 외암민속마을이라고 부르는데 문화재로서의 공식 명칭은 '아산 외암마을'이다. 유서 깊은 자연마을이자 오늘날 우리나라의 대표적 민속마을 8곳 중 한 곳으로서 국가민속문화재 제236호다. 마을 안에 별도의 지정 문화재가 있으며, 2011년 3월 유네스코가 지정하는 '세계문화유산 잠정목록'에 등재되었다.

1. 외암마을의 형성

예안 이씨 외암마을 입향조인 이사종(?~1589)은 평택 진씨(참봉 진한평의 장녀)와 혼인하였는데, 475년 전인 1546년에 부친(이연)의 상을 당해 관직에서 물러난 뒤 처가가 있던 골말에 들어와 자리 잡았다. 이후 아들 대로 추정되는 시기부터 현재의 마을로 거주지를 확장하면서 외암마을은 점차 예안 이씨 세거지가 되었다. 골말은 마을 남쪽 400m 지점의 작은 골이며 진한평의 묘와 옛 집터로 추정되는 흔적이 남아 있다.

이사종이 골말에 살 때 '열승정'이라는 정자를 지었는데, 사위 최립이 지은 「열승정기」 내용이 적힌 후대의 현판이 건재고택에 전해진다. 열승정이 있었던 곳이어서 골말의 조선시대 행정지명을 '열승정리'라 했고 주민들은 골말을 흔히 '열승젱이'로 부른다. 진한평의 재산을 물려받고 외암리에 자리 잡게 된 예안 이씨 집안에서는 지금까지 외손봉사로 진한평의 제사를 지내고 있다.

지금의 외암마을 자리에는 이미 목(睦)씨와 강(姜)씨 등이 살고 있었다고 전해지는데 구체적인 내력은 확인되지 않는다. '외암'이라는 마을 이름은 인근 마을인 역촌리(역말)에 있었던 시흥역의 '말을 먹이던 곳'이어서 '외양골(오양골)'이라 불렀다고 전해진다. 이를 한자식으로 '외암리(巍巖里)'라 하게 되었다고 보며 이후 쉬운 한자로 바뀌어 '巍岩', 일제강점기 이후 '外岩'이 되었다.

이 마을 출신의 조선 후기 학자 이간(1677~1727)은 마을 이름 '외암(巍巖)'을 아호로 삼았다. 이는 입향조 이사종의 5대손인 이간 당시에 예안 이씨가 외암마을의 명실상부한 주인이 되었음을 표현한 것이기도 하다. 그 시기 즈음에 외암마을이 예안 이씨 종족마을이 되었다고 보고 있다.

2. 외암마을의 지형과 지리

외암마을의 지형과 관련해 풍수지리상으로는 '회룡고조(廻龍顧祖)형'
으로 설명하는 이야기와 '고사독서(高士讀書, 또는 선비독서)형'으로 설
명하는 이야기가 대표적이다. 전자는 광덕산에서 설화산으로 이어진
산줄기가 굽으며 조산인 광덕산을 돌아보는 위치에 마을이 자리 잡았
다는 내용이다. 후자는 외암마을의 배산인 설화산이 고사독서 형국이
고 그 기운을 받아 외암마을에 문방사우의 조형물이 갖추어지고 훌륭
한 선비들이 배출되었다는 설이다. 마을은 '필통형 명당'으로 문방사우
를 모두 갖추었기 때문에 이간과 같은 큰 학자가 나오게 된 것이라는
이야기도 전해진다.

마을에서 보아 왼쪽, 마을 동남쪽의 개울 건너 산줄기가 좌청룡이
되며 그 산줄기 끝의 작은 골이 골말이다. 설화산 자락인 마을 북동쪽
서라리에서 북서쪽으로 완만하게 흘러내린 구릉이 우백호가 된다. 마
을 북쪽에 동서 방향으로 길게 이어진 능선이다. 대부분 논으로 경작
되고 있어서 '서라릿들'이라 하며 능선 끄트머리쯤에 이간의 묘가 있
다. 이간 묘소 둘레를 서쪽이 트여 말발굽 형태가 되는 울창한 소나무
숲이 둘러싸고 있다. 좌청룡 산줄기에 비해 세가 약한 우백호 산줄기
를 보완하기 위해 비보 목적으로 솔숲을 무성하게 조성했다고 본다.

마을은 대략 동서 방향의 긴 타원형으로 형성되어 있다. 외암마을의
영역을 좁게 보면 마을 입구 반석거리에서 동쪽으로 약 600m 거리 안
에 해당한다. 설화산 남쪽에서 흘러내리는 개울, 옛날에 기린천이라
불렀을 것으로 추정되는 개울이 마을 남쪽을 동에서 서쪽으로 흘러 마
을 입구에서 외암천에 합류한다. 광덕산 강당골에서 내려온 외암천 물

길은 기린천 합수 이후 마을 앞(서쪽)을 대략 남동에서 북서 방향으로 지난 뒤 600여m를 더 흘러서 온양천에 합류한다. 마을 입구 주변의 외암천 구간은 '반석'이라 부르는 넓은 암반으로 이루어져 있어서 '반계'라 일컫기도 하며, 반계 일대를 '반석거리'라 부른다. 반계에 놓인 다리는 마을로 들어오는 주요 통로이며 '반석교'라 한다.

반석교를 건너서 마을 영역으로 들어서면 왼쪽에 '동산'이라 부르는 마을 숲 성격의 구릉이 있다. 오래된 소나무와 참나무가 숲을 이루며 마을 입구의 상징이기도 하고 외부 세계로부터 마을을 지키는 의미를 갖기도 한다. 이곳을 지나야만 마을로 접어들 수 있게 된다. 동산 자락에는 모정이 세워져 있고 동산은 예전부터 휴식과 놀이 공간으로 이용되기도 했다.

동산 앞을 지난 뒤 동쪽으로 길게 이어진 길이 예부터 있었던 외암마을의 중심도로다. 중심도로에서 계속 길이 갈라지며 마을 곳곳의 집들로 이어진다. 근래 새마을 운동으로 길을 넓히던 시기에 새로 길이 정비되면서 동산 옆에서 북동쪽으로 길이 새로 만들어졌고, 마을 남쪽의 개울 둑길도 새로 나면서 오늘날 외암마을의 주요 길은 크게 세 갈래로 인식되고 있다.

3. 외암마을의 물길과 돌담

마을 남쪽을 흐르는 개울의 상류에서 끌어온 물이 흐르도록 만든 작은 수로(물길)도 주요 가옥을 거치며 이어진다. 이 물길을 풍수지리와 관련해서 설명하기도 한다. 설화산은 형상이 불에 해당해 화기(火氣)를

지니고 있다고 본다. 그 화기를 누르고 마을의 안녕을 유지하기 위해
물길을 내고, 집에 따라서는 연못을 만들기도 했다. 물길과 연못은 보
기에도 아름다워서 정원수들과 어우러진 주요 경관 요소가 되며 방화
수나 생활용수로 사용할 수도 있다. 이 물길은 마을 서쪽에서 두 갈래
로 외암천(반계)에 흘러드는데, 동산 기슭을 지나는 북쪽 물길 끝에 물
레방아를 만들어 놓았다.

   마을 안 물길과 함께 긴 돌담도 외암마을의 특징이라 할 수 있다.
설화산은 돌이 많은 산이어서 그 기슭에 자리 잡은 외암마을은 집터와
논밭을 조성하면서 나온 돌들을 이용해 자연스럽게 두툼한 돌담을 쌓았
다. 가옥 대부분과 집터였다가 밭으로 경작되는 곳 중 일부에 돌담이
둘러 있으며, 현재 돌담의 총 길이가 약 6㎞에 이른다. 원래 돌담은
그 안쪽이 보일 듯 말 듯 하는 정도의 높이였으나 근래에 일부 가옥에서
외부 시선을 차단하기 위해 추가로 더 높여 쌓아서 내부가 전혀 보이지
않기도 한다. 건재고택 돌담 위에 기와를 얹은 것도 최근의 일이다.

   무너지지 않도록 돌담을 잘 쌓는 일은 쉽지 않고 기술이 필요해서
지붕 이엉을 엮는 기능과 돌담 쌓는 기능을 함께 가지고 있는 마을 주
민 11명을 2014년에 아산시 향토문화유산 중 '초가장 및 담장장'으로
지정했다.

4. 주요 가옥의 택호

   아산 외암마을에는 건재고택을 중심으로 현재 50여 호의 가옥이 있
다. 기와집들과 그에 부속되거나 별도의 독립 가옥인 초가 건물들이

적절히 조화를 이루며 아름답게 배치되어 있다. 예안 이씨 집안 주요 가옥에는 택호들이 있다. 주인의 관직명으로 정한 경우가 많고 아호나 근무지, 출신지 지명 등을 쓰기도 한다. 예컨대 영암군수를 지냈던 이상익이 지은 집이어서 영암댁 또는 영암군수댁이라 불러왔던 가옥은, 최근 별도의 중요민속문화재로 지정되면서 건물과 정원을 완성한 아들 이상욱의 호이자 당호인 건재당을 써서 건재고택으로 바뀌었다. 예안 이씨 종손이 거주하는 가옥은 종손댁이라 한다. 택호가 전해지는 주요 가옥은 다음과 같다.

건재고택(영암댁), 참판댁, 병사댁, 감찰댁, 교수댁,
참봉댁, 송화댁, 신창댁, 종손댁, 풍덕댁 등

---

5. 주요 인물 - 외암 이간

외암마을은 조선 후기의 '호락논쟁'을 주도한 대학자 외암 이간 선생을 비롯해 많은 학자와 문관을 배출했다. 과거 급제자도 많았는데 문과 급제자가 이성렬·이정렬 등 2명, 사마시(생원·진사과) 급제자는 11명에 이른다. 학행으로 관직에 천거된 인물(이사병, 이건주)도 있다.

외암 이간(李柬, 1677~1727)은 예안 이씨 온양 입향조 이사종의 5대손으로 외암마을 출신의 대표적, 핵심적 인물이다. 이간의 아산 관련 사항 일부를 살펴본다. 〈세부 사항은 '제2부 역사와 인물' 참조〉

이간은 건재고택 자리에서 태어났다고 전해졌으나 생가 위치는 확인되지 않는다. 기질이 올곧고 학문에 전념해 일찍부터 명성을 얻었

다. 31세 때(1707년) 수암 권상하에게 편지를 보내 문인이 될 것을 청하
였고, 본격적인 강학을 위해 사돈이자 벗인 윤혼과 함께 강당골 계곡
의 용추 위에 외암정사(巍巖精舍)를 지었다. 이듬해인 1708년(숙종 34)
에 외암정사가 완공되었으며, 이를 알게 된 권상하는 '관선재(觀善齋)'
라 이름을 지어주고 편액을 보내왔다. 이간은 바로 권상하를 찾아가
문인이 되었다. 한수재(寒水齋)라는 호도 썼던 권상하는 이간에게 추월
헌(秋月軒)이라는 호를 주어 학통에 들었음을 확인하였다. 이후 이간은
권상하의 제자 중 특히 뛰어난 사람들을 일컬었던 '강문8학사'의 한 사
람이 되었다.

이간은 1727년(영조 3) 51세로 세상을 떴다. 영조는 예관을 보내 치제
하고 장례 물품을 보내도록 했으며 그의 졸기가 조선왕조실록에 실려
있다. 이간의 부인은 파평 윤씨로 통덕랑 윤헌의 따님이며 3남 1녀를
두었고, 후부인 역시 파평 윤씨로 윤이징의 따님이며 1남 1녀를 두었
다. 네 아들은 관병, 이병, 사병, 정병이며 이후 이간의 후손이 외암마
을의 중심을 이루게 된다.

『조선왕조실록』에는 이간이 1811년(순조 11)에 문정(文正)이라는 시
호를 받았음이 기록되어 있다. 부조묘(불천지위)로 확정된 시기와 유곡
리 느릅실에 있던 묘를 신미년에 마을 북쪽 삼상당으로 옮긴 시기는
모두 1811년으로 본다. 외암정사(관선재)는 1816년경에 이간을 제향하
면서 서원 성격의 외암서사(巍巖書社)가 되었고, 외암서원(巍巖書院)이
라고도 했다. 외암서사는 흥선대원군의 서원 철폐를 피해 마곡사에서
승려들과 불상을 모셔 오고 강당사(講堂寺)로 개칭해 훼철을 피했으며
지금까지도 유교와 불교가 공존하는 공간으로 유지되고 있다.

관선재 아래 용추(용추) 옆 암벽에는 20세기 초에 후손들이 조성했을

것으로 추정되는 '산고무이(山高武夷)', '동심화양(洞深華陽)', '한수추월(寒水秋月)'이라는 석각이 있다. 이간이 주자, 송시열, 권상하의 학문을 계승했음을 자부하는 내용이다.

묘 앞에는 1924년에 후학 매산 홍직필이 짓고 판서 석촌 윤용구가 썼으며 후손 이정렬이 전한 신도비가 세워졌는데, 최근(2005년 4월)에 방문객들이 쉽게 신도비를 볼 수 있도록 마을 입구 반석교 앞으로 옮겼다.

외암 이간은 많은 글을 남겼으며 그의 둘째 아들 이이병이 이를 모아 1760년에 『외암집』 일명 『외암유고』를 목판본으로 간행했다. 최근 (2008년)에 이에 각주를 달고 국역한 『역주 외암 이간의 철학과 삶』이 출간되었다. 한편 그 목판(총 610판, 307매)도 관선재에 전해지는데, 최근 바로 뒤에 별도 장판각을 지어 보관하고 있다.

6. 문화재 지정

1945년 해방 이후 점차 변화가 시작돼 특히 1950년 농지개혁과 6·25 전쟁, 산업화 과정을 거치면서 외암마을 내부에는 큰 변화가 일어났다. 내부 갈등, 주민의 이주와 외지인의 유입으로 구성원도 많이 바뀌었다. 오늘날 외암마을 안의 주민 중 예안 이씨는 대략 1/3 정도가 된다. 외적인 변화도 지속되었으며, 1970년대의 새마을 운동을 추진하는 과정에서 마을의 모습도 달라지기 시작했다. 마을길도 넓어졌지만 초가지붕을 걷어내고 시멘트 기와나 슬레이트를 올리는 집들이 많아졌고 시멘트 벽돌 건물도 생겼다.

그런 변화가 한창인 가운데 충청남도가 전통문화 보존을 내세우며 1978년에 외암마을을 '민속보존마을'로 지정했다. 1982년 '민속관광마을'로 변경 지정을 거쳐 주민들의 요청에 의해 1988년에 국가 지정 '전통건조물 보존지구 제2호'가 되었다. 변형되었던 가옥은 확인되는 원형을 기준으로 다시 전통적 기와집 또는 초가집으로 복원되었다.

그 뒤 2000년에 마침내 문화재보호법에 의한 국가지정문화재(중요민속자료 제236호)로 승격됐다. 전통 마을로서 원형에 가깝게 보존되어 있고, 특히 지금까지 후손들이 계속 살고 있다는 사실이 매우 중요한 근거였다. 이후 2011년에 유네스코가 지정하는 '세계문화유산 잠정목록'에 등재돼 아산 외암마을의 역사적·문화적 가치를 확인하게 되었다. 중요민속자료는 2017년에 '국가민속문화재'로 명칭이 바뀌었다.

외암마을은 마을 자체가 문화재로 지정되었지만, 마을 안에 또 다른 문화재가 있다.

〈표 1〉 외암마을 관련 문화재

지정별	종별	지정 번호	명칭	지정일	소재지
국가 지정	국가 민속 문화재	195	아산 외암마을 참판댁	1984.12.24.	외암리 88
		233	아산 외암마을 건재고택	1998.1.5.	외암리 196
		236	아산 외암마을	2000.1.7.	외암리 일원
도 지정	무형문화재	11	아산 연엽주	1990.12.31.	외암리 88
	문화재자료	333	외암선생문집판각	1994.11.4.	강당리 320
아산시 지정	향토 문화유산		초가장 및 담장장 (신동주 등 11명)	2014.3.25.	외암리 일원
			아산 외암 이간 묘역 및 신도비	2021.9.5.	외암리 210 및 역촌리 506-69

주요 가옥 외에도 마을 서북쪽 '삼승댕이'(삼상당)의 외암 이간 선생 묘소와 마을 입구의 이간 선생 신도비, 종손댁 옆의 이간 선생 불천위 사당 등도 상징성이 큰 중요한 유적이다.

마을 남쪽에 있는 골말의 진한평 묘소와 열승정 터도 의미가 있다. 마을 한가운데에 있는 수령 600년 추정의 느티나무는 주민들이 당산나무(신목)로 위하고 있다. 마을 입구에서 주차장 옆으로 옮겨진 열녀 안동 권씨 정려, 마을 입구 반석거리와 석각 등도 각각 나름의 의미를 지니고 있다. 외암마을은 마을 전체가 전통 문화유산인 셈이다.

한편, 외암마을에서는 지난 2000년부터 전통 민속문화를 소재로 '외암민속마을 짚풀문화제'가 개최되고 있다. 여러 가지 제약으로 불편을 느끼는 주민들이 마을에 대한 자긍심을 느낄 수 있도록 하면서 시민들에게 외암마을의 가치를 널리 알리기 위해 주민과 시민이 주체가 되어 자발적으로 시작한 축제였다. 또한 원만한 마을 운영과 각종 행사 개최 등을 위해 '외암민속마을보존회'가 주요 역할을 맡고 있으며, 농촌 체험마을('팜스테이 마을')로도 잘 운영되고 있다.

제4부

종교와 문학

종교 생활

홍승균 · 황기식 · 박근수 · 최만정 · 천경석

1. 아산의 불교

1) 백제와 통일신라 시기 아산의 불교

불교가 한반도에 전래된 시기는 삼국시대이고 백제에서는 침류왕 1년 (384)이다. 웅진·사비 시대인 백제 후반에 이르러 불교가 주도적인 신앙으로 자리 잡았다. 지배층은 불교를 통치이념으로 활용하고, 민간에서는 고유의 토속신앙과 습합 과정을 거치며 자리 잡기 시작했다. 통일신라 말기에는 9산선문의 하나인 성주산문이 보령에서 창건되어 아산의 불교도 점차 선종의 영향을 받게 되었음을 유추할 수 있다.

고대의 아산지역 불교 관련 기록은 확인되지 않는다. 구전과 후대 자료에 아산의 고찰들이 백제 또는 통일신라시대에 창건되었다고 전하는데 신빙성이 적다. 다만, 아산 평촌리 석조약사여래입상(보물 제

536호) 주변에서 발굴된 작은 금동불이 신라 말기인 9세기 것으로 추정되어 그 시기에 불교가 일정 정도 활발했음을 알 수 있다.

2) 고려 시대 아산의 불교

고려는 불교를 국가의 이념으로 채택하고 숭불정책 펼쳤다. 교종과 선종의 융합 노력이 전개되었고, 점차 선종을 중심으로 한 체제가 융성하면서 우리나라 불교의 주류를 형성하게 된다. 거란과 몽골 등 외침에 대항해 호국불교 성격을 보여주기도 했다.

아산의 불교도 고려 초기부터 본격적으로 융성하기 시작해 다수의 사찰이 건립되었고, 현존하는 아산의 불교 문화유산 상당 부분이 이 시기에 조성되었다. 고려 후기 왕실 내의 정치적 역학관계에 따라 충렬왕의 장남 강양공(왕자)이 아산의 동심사에 4년간 피신해 있었음을 통해 고려 조정과의 연계성을 엿볼 수도 있다.

3) 조선 시대 이후 아산의 불교

조선왕조의 불교 억압 정책으로 아산의 사찰은 상당수 폐찰되었고 불교의 교세는 매우 약해졌다. 사찰은 생존을 위해 백성들 삶 속에 이어진 민간신앙과 결합하게 되었고 자연스레 기복적인 성향으로 변모하게 된다.

근대 시기에 충청지역에서 경허와 만공의 중흥 노력으로 선풍이 되살아났고 일제강점기 불교 수호운동이 전개되었다. 해방 이후 선종 계열의 대한불교 조계종을 필두로 하여 종지를 달리하는 여러 종단이 창립되었고, 아산의 사찰들도 이 영향 아래 다양성을 띠고 있다.

2021년 현재 아산지역에는 약 100여 사찰이 있는데, 대한불교 조계

종과 한국불교 태고종, 선학원 계열 사찰이 주류를 이루며 십여 군소
종단의 사찰이 자리하고 있다. 한편 반승반속의 수행자를 통해 창립한
사찰 개념의 무속신앙 공간이 다수 있는데 그 경계가 모호한 실정이다.

4) 아산의 전통 사찰

(1) 봉곡사(충청남도 전통사찰 제51호)

봉곡사는 송악면 유곡리에 있으며, 대한불교 조계종 제6교구 본사
인 마곡사의 말사다. 신라 진성여왕 원년에 도선국사가 창건했다고 전
하지만 신빙성은 낮다. 조선시대에는 석암사였고 18세기 말 봉곡사가
되었다. 정유재란 때 전소되고 인조 24년(1624)에 현재 위치에 중건되
었다. 1795년 정약용 등 학자들이 머물며 스승 이익의 유고를 정리하
였다. 1895년에는 근대 고승 만공이 득도를 해 이를 기념한 만공탑이
조성되어 있다.

대웅전과 고방(창고)은 충청남도 문화재자료 제323호이며, 대웅전에

는 목조석가여래좌상이 봉안되어 있다. 그 밖에도 다수의 문화재가 전해지고 있으며, 진입로는 아름다운 소나무 숲길로 잘 알려져 있다.

(2) 인취사(충청남도 전통사찰 제52호)

신창면 읍내리 학성산 동쪽 중턱에 있는 작은 사찰이며, 마곡사의 말사다. '신라 법흥왕' 때 창건되었다고 전하나 사실 오류가 있는 내용이다. 인취사 석탑(충청남도 문화재자료 제235호)으로 보아 고려시대에는 존속했던 사찰이다. 현재 극락전과 요사채, 두 기의 석탑 등이 전해진다. 극락전에 봉안된 석조 아미타삼존불상(충청남도 문화재자료 제395호)에는 금박을 입혔으며 학술자료로서의 가치가 크다.

(3) 세심사(충청남도 전통사찰 제61호)

염치읍 산양리, 영인산 남쪽 중턱에 소재하며 마곡사의 말사다. 백제 때 창건하였다고 전하나 확인되지 않으며, 석탑으로 보아 고려시대

에는 존속한 사찰로 본다. 조선시대에는 신심사(神心寺)였으나 1968년 세심사(洗心寺)로 변경했다.

고려시대에 청석으로 조성한 세심사 다층탑(충청남도 문화재자료 제231호), 조선 전기의 불설대보부모은중경(언해) 목판(보물 제1960호), 조선 후기 대웅전 안의 아산 세심사 소조여래좌상(충청남도 유형문화재 제240호), 아산 세심사 신중도(충청남도 유형문화재 제192호), 승탑(부도) 2기 등 다수의 문화재가 전해진다.

(4) 오봉사(충청남도 전통사찰 제76호)

아산시 장존동, 설화산 북쪽 중턱 위치한 작은 사찰로 마곡사의 말사다. 조선시대에 남산사라 하였다가 일제강점기에 설화산의 별칭인 오봉산을 따서 오봉사로 바뀌었다. 경내의 삼층석탑에서 명문이 발견되어 고려 성종 6년(987)에 호족 정홍렴 등이 조성했다는 등의 내용이 밝혀졌다. 조성 장인 등의 이름도 기록된 소중한 자료이며, 오봉사 삼층석탑은 아산시 향토문화유산으로 지정되었다.

(5) 용담사(충청남도 전통사찰 제82호)

송악면 평촌리 미륵골에 있는 한국불교 태고종 사찰이며 폐사지에 해방 후 중창되었다. 창건 시기는 알 수 없으며 불상으로 보아 늦어도 고려 전기부터 조선 중기까지는 존속했다고 본다. 아산에서 가장 크고 아름다운 석불인 아산 평촌리 석조약사여래입상(보물 제536호)이 서 있고 그 주변에서 출토된 높이 5.1㎝의 9세기 금동여래입상이 국립공주박물관에 소장돼 있다.   — 홍승균

2. 아산의 기독교 전래사

한국에 기독교가 들어오게 된 시기는 1885년 4월 15일이었다. 미국 북장로교 언더우드, 미국 감리교 아펜젤러가 부산을 경유해 인천항에 들어오면서 시작되었다. 이후 장로교 선교사 3,500명과 감리교 선교사 782명이 들어와서 본격적으로 기독교를 확산시켰고 한국 기독교의 두 기둥이 되었다. 그 후 침례교(1889년 12월), 성공회(1891년 10월), 남장로교(1892년 2월), 캐나다 장로교회(1893년 12월), 구세군(1908년), 성결교(1908년), 순복음교회(1953년)가 차례로 들어와서 전국 각지에 기독교를 확산시켰다.

1) 기독교가 충남과 아산시에 어떻게 전래되었을까?

충남은 원래 북장로교 선교지역이었고, 충북은 북감리교 선교지역이었다. 하나의 나라에 여러 교회 선교회가 진출해 선교함으로 야기될 수 있는 갈등과 마찰을 피하기 위해 선교회 간에 지역 분할이 추진되었

으니 이것이 '교계 예양'이라고 불리는 선교지역 분할 협정이었다.

감리교와 장로교의 예양 협정은 1차(1891년), 2차(1905년), 3차(1907년), 4차(1908년)로 이어졌다. 이어진 5차 협정(1909년)은 장로교회가 충북지역을 북감리교회에 넘겨주었고, 6차(1908년) 협정에서 충남은 북감리교회, 전남은 남장로교회로 선교구역이 협정되었다. 7차 협정(1913년)에서 충남은 북감리교 지역으로 하되 비인, 서천, 한산, 임천, 홍산, 남포 6개 군은 남장로교회 구역으로 분할되었다.

장로교와 감리교의 선교지역 분할로 다른 교파인 구세군(1908년 서울에서 시작), 성공회(1899년 인천 강화도에서 시작), 성결교(1907년 서울에서 시작) 등은 충남지역에서 선교 활동을 하지 못했다. 군소 교단이었기 때문이었고, 충남지역에는 교세가 거의 없었기 때문이다.

충남지역에서 장·감(장로교, 감리교) 두 교단이 예양 협정을 맺었으나 감리교회가 유리하게 맺어졌다. 장로교회가 크게 양보했기 때문이다. 감리교회가 예양 협정을 유리하게 맺은 뒤 충남지역과 아산시에 기독교 복음을 본격적으로 확산시켰다.

아산시 지역의 기독교 전래는 감리교회로부터 시작되었는데 첫 번째로 설립된 교회는 백암교회(1901.5.24), 두 번째는 둔포감리교회(1902.3.), 세 번째는 온양교회(1904.3.20), 네 번째는 신항감리교회(1920.3.20), 다섯 번째가 온양온천 중앙교회(1932.11.25)였다. 그 후 도고온천감리교회(1945.10.), 아산감리교회(1947.8.), 모산 감리교회(1948.4.2)가 세워졌으며 감리교회는 2021년 현재 101개 교회와 3개 지방회가 세워져서 교세가 크게 확산되었다.

성공회는 인천과 강화도가 주요 선교지역이었는데 인천에서 배를 타고 백석포에 들어와 교회를 세우게 되었다. 1905년 백석포 교회를 세우니 성공회가 최초로 아산 땅에 세워지게 되었다.

1945년 해방 후 교계 예양 협정이 지켜지지 않자 더욱 많은 교파가 아산에 들어왔다. 그렇게 아산시에 세 번째로 자리 잡은 큰 교파가 장로교회였으며 1945년 4월 15일 온양제일장로교회가 최초로 세워졌다. 온양제일교회는 아산 지역에 여러 교회를 확산시켰다. 금곡교회(1957년), 신리교회(1964년), 유곡교회(1965년), 풍기교회(1954년), 동화교회(1975년)를 세워서 장로교를 확산시켰다.

이 온양제일교회는 1959년 WCC 문제와 경기노회 총대 사건으로 장로교회가 분쟁이 있을 때 교인이 분열되었다. 이때 분립한 교인들이 세운 교회가 삼일교회이다. 온양제일교회(통합), 삼일교회(합동)로 나뉘어 장로교회를 확산시켰다. 2021년 기준으로 장로교회는 6개 교단이며 110개 교회가 세워졌다.

성결교회는 매곡 성결교회(1938.5.30)가 최초로 세워졌고 그 다음 든든한 교회가 세워졌다. 성결교회는 기성 2개 교회, 예성 4개 교회, 나성 12개 교회 등 41개 교회가 세워졌다. 침례교회는 10개 교회, 순복음교회는 21개 교회(기성 17, 예성4), 성공회는 3개 교회, 구세군은 5개 교회가 세워졌다.

2021년 추정으로 아산시에는 모두 383개의 기독교회가 세워져 있고 기독교인은 약 3만 명으로 추산된다. — 황기식

3. 아산지역 천주교 역사

아산 지역은 조선시대 행정구역으로 온양군, 아산현, 신창현 등 3개

군현이었다. 이 지역의 천주교 전래는 한국천주교회의 초창기(1784년)부터 이존창이 내포 지역에 천주교를 전파하면서 시작되었다. 주문모 신부는 1795년 충청도와 전라도 북부 지방 공동체를 순회할 때 온양을 방문했다. 신유박해(1801년)로 주문모 신부가 순교한 이후 1836년 모방 신부가 온양지역을 방문해 기록한 사목 보고서를 보면 그 당시 신자는 300~320명이었다.

기해박해(1839년)에 모방 신부가 순교한 후 1861년 충청도 홍주를 담당한 다블뤼 주교는 온양 방아삭골(현재 송악면 마곡1리)에 머물면서 활동(1863~1865년)했다. 1866년 병인박해가 시작되면서 다블뤼 주교도 순교했다. 병인박해기(1866~1873년)에 신창현 옥(신창초등학교 정문 인근)은 천안 소풀이에서 붙잡혀 온 홍 이냐시오가 순교(1867.11.21.)한 장소다.

병인박해 이후 신창지역 등 핵심적인 교우촌은 폐허가 됐지만, 1877년 조선에 입국한 두세 신부는 1880년부터 천주교 신자들이 모여 있는 교우촌을 방문해 신앙공동체를 복원하기 시작했다. 이때(1883~1884년) 방문한 아산지역 교우촌은 아산현 지역 당개(영인면 창용2리), 공세지(인주면 공세리), 뒷내(음봉면 동천1리) 등과 온양군 지역 갈산(탕정면 갈산1리), 햇고모루(탕정면 동산2리), 마릿골(송악면 강당리), 강정이(송악면 강장1리), 명지게미(송악면 수곡2리), 신창현 지역의 간양골(예산읍 간양리)이었다.

그 후 1890년에 신창 간양골에 성당이 설립되고 초대 파스키에 신부가 부임해 사목 활동을 했다. 간양골성당은 1895년에 도고산 골짜기에서 해안가인 공세리로 이전했다. 1894년 가을의 동학 농민혁명 2차 봉기로 내포 지역에서 싸움이 벌어졌을 때 간양골성당이 공격을 당했고 파스키에 신부도 병환이 생겼기 때문이었다. 후임으로 임명된 드비즈 신부는 간양골보다 교통 요충지인 공세리가 적절하다고 판단하여 공세리의 민가를 빌어 성당으로 만들었다. 이후 1897년에 공세곶창 터 일부를 매입해 한옥식으로 본당과 사제관을 지었으며, 1919년에는 고딕 첨탑식 벽돌 건물로 현재의 본당을 짓기 시작해 1922년 준공하여 지금까지 전해지고 있다.

100년 전 아산지역(1920년) 관할 성당은 공세리성당, 공주중동성당, 합덕성당이었다. 천주교 대전교구 설립(1948년)과 함께 아산지역 천주교는 온양성당(온천동, 소동, 갈산, 방현, 남방재, 군덕, 갈티 유동, 갈월, 모산, 깊은골), 공세리성당(밀두리, 대음리, 창용리, 마산, 관대리)으로 분리되었다. 온양성당 2대 피에르 를뢰 신부는 6·25 한국전쟁(1950년) 당시 공산군에 의해 대전에서 순교했다. 이후 아산지역은 도고성당(1974년), 둔포성당(1976년), 온양 용화동성당(1985년), 모산성당(1985년), 온양 신정동성당(2004년), 배방성당(2008년), 장재성당(2010년), 온양 모종동성당(2011년), 온양 풍기성당(2011년)으로 분리하였다. 아산지역은 순교 정신이 바탕이 된 신앙적 유산으로 성장하여 2020년 기준으로 11개 본당에 신자가 16,697명이다.

아산지역 천주교의 신앙적 유산은 공세리 성지(현 인주면 공세리)와 남방제 성지(현 신창 남성리)이다. 공세리 성지는 걸매리·밀두리(현, 아산시 인주면)와 아산(인주면·영인면·음봉면) 지역에서 순교한 32위를 현양하고 있다. 남방제 성지는 기해박해 후인 1840년에 수원에서 피신 온 조화서 성인과 조윤호 성인이 살았던 곳이다. 『병인치명사적』 기록에 의하면 신창지역 순교자는 60위, 온양지역 순교자는 6위로 전해지고 있다.

천주교에서 시복이 진행 중인 아산지역 순교자는 '하느님의 종' 온양 김사범, 신창 창말(선장면 대흥리) 권중심, 고선양 가족, 어촌 강요한, 간양골 박 안드레아, 남방제(걸매리에서 피신) 김 필립보, 박 마리아, 걸매리 박의서(사바), 박원서(마르코), 박익서, 온양성당 피에르 를뢰 신부이다. 현재 아산지역의 유서 깊은 공세리 성지는 순례자들뿐만 아니라 일반인들의 발길도 끊이지 않고 있다. 아산지역 천주교는 한국교회 초창기(1784년)부터 내려온 순교 신앙의 역사와 전통을 이어받으며 오늘에 이르렀다.

– 박근수

4. 아산의 천도교

1860년 최제우가 창도한 동학(東學)은 1905년 3세 교주 손병희가 천도교(天道敎)로 이름을 바꾸어 민족종교로서 지금까지 이어지고 있다. 천도교는 1906년부터 종헌을 제정하는 등 근대적 제도를 도입했으며 경전은 동학 당시 최제우가 직접 쓴 『동경대전』과 『용담유사』를 기본으로 한다.

최제우는 1824년 지금의 경상북도 경주시에서 태어났다. 성인이 된 후 세상을 구하는 도를 얻기 위해 10여 년 동안 조선팔도 인심을 두루 살피고, 고향에 돌아와 용맹정진 끝에 1860년 4월 5일 득도했다. 최제우는 하늘님(당시 쓴 표현)과 오심즉여심(내 마음이 곧 네 마음이다.) 상태에서 "하늘님이 '나의 영부를 받아 사람을 질병에서 건지고 나의 주문을 받아 사람을 가르쳐서' 포덕천하(덕을 천하에 펴다)하라고 했다"는 이야기를 전한다. 이 해를 '포덕 1년'으로 하며, 2021년은 포덕 162년이다.

주문은 '지기금지 원위대강 시천주 조화정 영세불망 만사지(至氣今至 願爲大降 侍天主造化定永世不忘萬事知)'이다. 천도교인은 늘 이 주문을 한자말로 외우며 심신을 수련하는데, 김용휘는 한글로 "하늘 기운에 이제

접하오니 원컨대 기화되게 하소서. 하늘님 모시니 내 마음 정해지고 언제나 잊지 않으니 만사가 형통합니다"라고 풀이했다. 그 뜻은 원문이 훼손되지 않는 범위에서 다양하게 해석되기도 한다.

최제우는 자신의 도를 '무극대도(無極大道)'라 천명했다. 또한 무왕불복지리(無往不復之理), 즉 '가고 돌아오지 아니함이 없는 이치'를 받았다며, '도의 이름은 천도(天道)이고 학은 동학(東學)'이라고 밝혔다. 동학은 '동(東)에서 나서 동에서 받았기' 때문이고, 동은 해동처럼 우리나라를 뜻한다. 최제우가 동학이라 한 까닭은 일반적으로 당시 유림과 관에서 서학(西學, 천주교)으로 몰아 탄압했기 때문에 그와 이치가 다름을 표명했을 것이라 해석하는 이들도 있다.

동학에서 제기한 누구나 하늘님을 모신다는 '시천주', '보국안민', '다시 개벽(후천개벽)' 사상은 조선 신분제 사회 가치체계와 충돌했고, 최제우는 1864년 3월 10일 좌도난정의 죄명을 쓰고 참형을 당했다. 2세 교조 해월 최시형(1827~1898)은 관의 추적을 피해 강원도, 경상도, 충청도 등에 포덕을 지속하며 여러 차례 경전을 간행했다.

최시형은 시천주 사상을 '사인여천(사람을 하늘처럼 섬겨라)' 등으로 확장했으며, 최시형 법설 또한 천도교 경전에 포함된다. 아산지역 동학 전래는 1883년 천안 목천에서 『동경대전』을 간행할 때 아산교인 안교선이 참여한 것으로 보아 그보다 이른 시기였다고 판단된다.

동학사상은 조선 말 봉건적 수탈로 고통받는 백성들에게 희망을 주었고, 1894년 봄 고부에서 전봉준 등이 1차 봉기한 동학농민혁명의 사상적 기반이 되었다. 그 해 6월 일본군이 경복궁을 점령해 고종을 포로로 잡고 친일내각을 세운 뒤 청일전쟁을 개시하자, 최시형은 9월 '보국안민, 척양척왜' 기치로 동학도들에게 총 기포령을 내린다. 동학농민혁명 2차 봉기다. 아산지역은 안교선, 정태영, 이신교, 곽완, 김경삼 등이 접주로서 동학도를 이끌고 내포지역 전투에 참여했는데 당시 희생된 분들이 많았다. 동학농민혁명이 실패로 돌아간 후 최시형은 1898년에 체포되어 교수형을 당하였다.

3세 교조 손병희는 1905년 12월 1일 동학을 천도교로 바꾼 이후 근대적 종교체계를 확립하였고 '시천주', '사인여천'에 이어 '인내천(人乃天, 사람이 곧 한울님이다.)'을 천도교의 종지로 삼았다. 1, 2세 교조 당시 하늘님은 1910년대에 인간과 자연과 신이 모두 한없이 크고 하나라는 뜻인 '한울님'이란 이름으로 정착되었다. 또한 오늘날까지 이어오는 천도교인의 다섯 가지 수행기준인 '오관'을 확립했다.

오관은 첫 번째가 '주문'인데 무시로 주문을 외우며 수련한다. 두 번째는 '청수'로 기도와 모든 의식에 앞서 깨끗한 물 한 그릇을 봉전한다. 세 번째는 매주 일요일 오전 11시 교인들의 종교 회합인 '시일'식이다. 넷째는 종단운영을 위해 매일 아침과 저녁 밥쌀을 낼 때 식구 한 사람에 한 숟가락씩 생쌀로 떠서 모아 헌납하는 '성미(誠米)'이며, 현재는 교인 1인마다 월 1만원으로 변화되었다. 다섯째는 매일 저녁 9시에 '기도'를 하며 특별기도를 하기도 한다.

손병희는 1919년 3.1만세운동 33인 중 대표였으며 천도교인들은 3.1운동에 앞장섰다. 아산지역에서 3월 14일 온양장터 만세운동은 천도교인 현창규와 서만수·권태원·김치삼 등이, 4월 4일 선장 만세운동은 천도교인 정규희(동학접주 정태영 아들)와 김천봉·서몽조·임천근·오상근 등이 주도했다. 이후 아산지역 천도교인들은 '일본놈을 없애자'는 멸왜기도운동을 하다가 1938년 일제에 발각되었다. 이규호, 정규희, 이보성, 강창주, 이창운, 이명구, 이종일, 이종선 등이 온양경찰서에 갇혀 극심한 고초를 겪었다. 아산지역 천도교인 교호수(敎戶數, 집)는 3,000여 호에 달했다고 전해지나 3·1운동 이후 일제강점기에는 300여 호 정도였다.

한국전쟁 이후 월남한 천도교인들이 아산교구에 합류했고, 아산교구는 1963년 4월 25일 온양읍 실옥리 4-15번지에 교당을 마련했다. 1985년 9월 14일 권곡리 443-146(현재 번영로115번길 21-8)에 교당을 새로 지어 이사한 뒤 현재까지 사용하고 있다. 2015년 교당을 고쳐짓고 1층에 아산시민연대 등 사회운동단체가 입주하였다. 현재 천도교 아산시교구는 '사회와 함께, 인권을 중시하는 아산교구'를 표방하며 새로운 도약을 위해 노력 중이다.   – 최만정

5. 아산의 민속신앙

민속신앙은 지역 주민들의 생활 속에 이어져 온 문화유산 중 한 분야다. 이 글에서는 좁은 의미의 민간신앙이라 할 수 있는 민속신앙, 즉 '아산시 지역의 민간에서 오랫동안 전승되어온 다양한 민속신앙'을 가신신앙과 마을신앙 중심으로 살펴보고자 한다.

현재까지 확인된 바로는 아산시 지역에만 특별히 존속하는 민속신앙은 없으며 여느 지역과 비슷한 내용과 특징을 보여주고 있다. 오늘날에도 행해지거나 흔적 또는 구전이 남아 있는 내용을 기준으로 간략하게 살펴본다.

1) 가신 신앙

'가정신앙', '집안신앙'이라고도 하며 주로 여성이 주체가 된다. 집의 곳곳에 신이 존재해 집안을 보살펴준다고 믿으며 간략한 의례를 행한다.

가신 중 가장 어른 신은 성주이며, 집 건물을 수호하는 남신이고 집 안의 남자 어른인 대주의 안녕과 밀접하게 관련되어 있다. 마루 한쪽 구석에 쌀을 담은 작은 단지를 성주단지로 모시거나 마루 대들보 아래 기둥에 한지를 접어 성주 신체로 붙이기도 한다. 집터의 토지신인 '터주'는 쌀을 담은 작은 단지를 짚 주저리로 덮은 터주가리를 장광(장독 대)에 만들어 모신다. 안방의 조상신과 산신(삼신), 부엌의 조왕신도 주 요 가신이었다.

출산신인 산신은 흔히 삼신이라 하는데 안방 아랫목에 존재하며 아 이의 임신은 물론 출산과 성장까지 돌봐주는 신이었다. 한지로 만든 작은 자루나 바가지 등에 쌀을 담아 벽에 걸거나 시렁 위에 모셨다. 널리 알려진 조왕신은 재물과 육아도 주관한다고 여기며, 깨끗한 물을 대접에 담아 부뚜막이나 선반 위에 올려놓고 정성을 들인다. 그 외에 재물신인 업(업왕, 업신), 출입문의 수문신, 변소(뒷간, 측간)의 측신, 우 물의 용왕신, 장독대 철륭신, 굴뚝의 굴대장군 등 여러 가신이 있다.

선장면 민가에서 업신을 모신 업왕가리가 최근까지 확인되기도 했 다. 지금도 일부 고령의 주민은 '태어난 곳'을 자연스럽게 '삼신땅'이라 말하기도 한다. 1970년대까지도 추수 감사 의미로 '가을떡'을 하면 떡 시루를 마루에 놓고 성주신에게 절을 한 뒤 떡을 조금씩 떼어서 집안 곳곳에 놓아 여러 가신에게 정성을 들이는 모습을 흔히 볼 수 있었다. 그러나 오늘날 실제적 가신 신앙은 거의 찾아보기 어려운 실정이다.

2) 마을 신앙

마을신앙의 구체적인 모습은 동제(洞祭), 즉 주민 공동의 마을 제사다. 마을의 안녕과 주민들의 무사 건강, 풍요와 소원 성취를 기원한다. 일반적으로 그 기원을 제천행사에서 찾는다. 자연마을이 형성되면서 동제가 생겼으며 특히 조선 후기부터 성행했다고 본다. 시기적 특징 때문에 민속신앙 요소에 유교적 제례 절차가 섞여 있는 경우가 많다. 유교적 의례 없이 굿의 형태로만 진행되는 동제는 아산에서 확인되지 않는다.

동제 장소가 여러 곳일 경우 위치와 신격에 따라 상당·중당·하당으로 구분하고, 주신과 보조신을 나누기도 하는데 아산 지역에서는 엄격히 구별되지는 않는다. 제의 순서를 통해 파악되기는 한다. 탕정면 갈산2리 여술 마을에서 산신제를 먼저 지낸 뒤에 샘 고사를 지내고 마지막으로 거리제를 지냈다.

가장 격이 높으며 사례가 많은 동제는 산신제다. 산제, 산제사, 당제, 당집제사라고도 한다. 대개 마을의 가장 높은 산 중턱 또는 꼭대기 근처 당집 안 또는 바위, 큰 나무 앞에서 제를 지낸다. 신창면 읍내리처럼 당집 안에 그림으로 산신을 모신 경우도 있다.

두 번째 주요 동제는 노신제(路神祭)다. 마을 어귀에서 나쁜 것이 마을로 들어오지 못하도록 지켜주는 수호신에 대한 제사다. 음이 변해 노성제, 노승제라고도 한다. 흔히 장승제라 하는 동제는 공식적으로는 노신제이며, 정자나무 서낭제도 상당수가 노신제다. 송악면 강장1리는 문인석('장군석')을 노신으로 여기고, 방축동 희안마을은 바위가 '신체'다.

노신제가 아닌 서낭제는 산신제에 버금가는 중심 동제이거나 몇몇 개인이 위하는 경우로 구분된다. 중심 동제일 경우 대개 한자어로 '성황제'라 한다. 고갯마루나 마을에서 먼 곳 서낭에서 이루어지는 치성은 동제가 아닌 경우가 많다. 특정 '신체'가 없이 갈림길이나 마을 주요 길에서 지내는 제사는 대개 거리제라 한다.

마을 입지와 사람의 생존에 필수 요소인 샘 또는 우물에 지내는 동제도 중요했다. 용왕제(음이 변해 유왕제, 유황제), 샘 고사, 샘 제사, 우물 고사, 정제사라 부른다. 탕정면 동산1리 구리미 마을은 '정제사'가 중심 동제다. 명칭은 달라도 우물 제사를 지냈던 마을은 상당히 많으며 마을에 따라 여러 우물에서 지내기도 한다.

염치읍 석정2리 소정리 마을은 곡교천을 용왕으로 제를 지내며, 인주면 걸매리 당집 제사는 해신제 성격이 강하다. 선장면 궁평리에서는 배고사를 지냈고, 음봉면 의식리는 한 쌍의 선돌에 미륵제를 지냈으며, 탕정면 호산1리는 괴석을 미륵이라 하고 수호신으로 여겼다.

동제는 대개 음력 정월 초부터 보름 사이에 날을 정해 밤에 지냈다. 음력 10월 말일에 지내는 둔포면 산전리처럼 몇 마을은 늦가을에 지내기도 한다. 날을 정할 때 생기복덕을 보아, 즉 생년월일에 따라 맞는 제주를 정한다. 제주를 흔히 주당 닿는 사람이라고 한다. 제주 또는 제관은 대부분 남자 어른인데, 일부 마을은 서낭제와 용왕제를 여성이 주관하기도 했다. 무당 또는 법사, 승려에게 맡긴 경우도 있고, 요즘은 대부분 이장 등 임원이 제주가 된다.

제주는 제일 전 짧게는 사흘, 길게는 보름 동안 각종 금기를 엄격히 지키고 목욕재계하며 몸과 마음을 가다듬는다. 황토와 왼새끼 금줄은 금기와 정화의 상징이다. 제물은 가장 좋은 것으로 장만한다. 떡(백설기, 흰무리), 삼색실과, 북어, 술 등은 공통적이다. 그 밖에 밥, 국, 쌀, 나물, 산적, 돼지머리, 소머리, 개머리, 소 다리, 통돼지, 생쇠고기 등을 올리는 마을도 있다. 용왕제에서 육류 등 비린 것 대신 미역을 올리기도 했다. 술은 그날 또는 사흘 전에 쌀과 누룩만으로 담근 조라를 썼으나 근래에는 대부분 약주를 사다 쓴다.

제의 절차는 대개 유교식으로 진행한다. 분향 강신 후 초헌, 독축, 아헌, 종헌 순이지만 단잔을 올리는 마을도 있었다. 제의 절차는 마을과 주민 개개인의 소원을 비는 소지 축원으로 마무리되며, 사실상 소지 축원이 주민들의 주요 관심 절차다. 소지 뒤 고수레를 하고 나머지 제물을 가지고 온다. 그날 또는 다음날 주민들이 남은 제물을 나누어 음복하거나 잔치를 벌이며 한해의 마을 일을 상의하고 결산을 하는 것으로 동제의 모든 과정이 끝나게 된다.

오늘날 동제는 마을신앙 성격보다는 마을의 정체성을 확인하면서 과정과 잔치를 통해 마을 공동체의 단합과 일체감을 강화하는 행사의 의미가 크다.   ─ 천경석

아산의 문학

유은정

1. 아산의 전설

　구비문학의 장르인 설화는 신화, 전설, 민담으로 분류한다. 이 중에서 전설은 증거물로 인해 실제 일어난 일처럼 신빙성이 더해져 오늘날까지 전승되고 있다. 전설 중에서는 전국적으로 널리 분포하고 있는 광포전설이 있다. 아산 지역에서도 '장자못 전설'을 비롯해 '오누이 힘겨루기 전설', '미혈 전설' 등이 전하고 있다. 특히 아산은 산성이 많은 지역적 특징으로 '학성산', '배방산성', '북한산', '꾀꼬리성' 등 '오누이 힘겨루기 전설'의 다양한 변이형이 보여진다.

　아산의 전설을 대상물별로 분류하면 암석 전설, 지명 전설, 인물 전설 등이 넓게 분포되어 있다. 아산에는 산과 암석에 관한 전설이 많은데, 크고 작은 산들이 많은 아산의 지형적인 특징과 연관성이 있어 보인다. 인물 전설에서는 역사서에서 다루지 않는 이야기를 담고 있어 지역민들이 맹사성, 이순신, 이지함, 홍가신 등의 역사 인물을 어떻게 바라보고 있는지를 살필 수 있다.

주제별로 아산의 전설을 정리하면 효 사상을 다루고 있는 효행 전설이 가장 많은 비중을 차지한다. 효행 전설은 많은 사람들에게 귀감이 되도록 널리 전파되어 있으며, 유사한 내용을 지닌 이야기가 여러 전설에서 확인되기도 한다. 그 밖에 충절, 인과응보, 정절, 보은 등의 주제를 담은 전설이 주를 이룬다.

전설은 지역민들의 생활상과 세계관을 엿볼 수 있어 그 지역을 이해하는 데 필요한 자료이다. 전설이 오랜 세월 동안 지역에서 생명력을 유지하는 것은 지역민들의 공감대를 얻고 있으며, 전설의 내용이 지역 정체성을 담고 있기 때문이다.

1) '장자못 전설'과 '아기업은바위 전설'

장자못 전설은 전국 곳곳에서 발견되는 광포전설 중 하나이다. 아산에서는 염치읍 송곡리와 서원리 일대에서 '장자못 전설'과 '아기업은바위 전설'이 함께 확인된다. 아산의 지명으로 장자못이라 일컫는 '장자지(長者池)'는 『세조실록』 32권(세조 10년)에 2회 기록되어 있다. 또한 『조선 지형도』에는 영인산 부근에 '부아암(負兒岩)'이 표기되어 있다. '장자지'의 기록과 '부아암' 표기를 통해 아산의 '장자못 전설'과 '아기업은바위 전설'은 아산 지역에서 오래도록 전하고 있는 대표적인 전설이라 할 수 있다.

옛날 욕심 많은 노인과 착한 며느리가 한 집에 살고 있었다. 어느 날 착한 며느리는 집에 찾아온 스님께 쌀 한 바가지를 시주했다. 이를 본 시아버지는 시주한 쌀을 빼앗고 스님의 바랑에 쇠똥을 가득 넣었다. 며느리는 스님께 사과하며 용서를 구했다. 스님은 며느리에게 이 집에 재난이 있을 거라고 알리면서 빨리 집을 떠나라고 하였다. 그리고 뒤에서 무슨 소리가 들리더라도 절대로 돌아보지 말 것을 당부했다. 며느리는 시아버지께 스님의 이야기를 전했지만 욕심 많은 노인은 오히려 화를 내며 떠나길 거절했다. 착한 며느리는 시아버지를 남겨둔 채 아기를 업고 집을 나와 산에 올랐다. 그때 갑자기 비바람이 몰아치고 천둥소리가 들려왔다. 며느리는 어떤 일이 있어도 돌아보지 않으려 했으나 시아버지에 대한 걱정으로 뒤를 돌아보고 말았다. 그 순간 으리으리한 집은 무너져 없어지고 아기를 업고 있던 며느리는 바위로 변해 버렸다. 이후 무너진 집터에는 큰 연못이 생겨 이를 장자못이라 하였고, 며느리가 변한 바위는 '아기업은바위'라 하였다.

현재 장자못의 흔적은 찾기 어렵다. 다만, 전설에서는 송곡 남서쪽인 금병산 끝자락에 큰 못이 있었다고 전한다. '아기업은바위'는 영인산에 있는 수암사 뒷산에 위치하고 있다. '장자못 전설'과 '아기업은바위 전설'은 한국 설화의 보편성을 확인해 주는 자료로 인간 존재에 대한 아산 지역민들의 인식을 살필 수 있는 전설이라 할 수 있다.

2) '효자바위 전설'

'효자정신비'(孝子鄭信碑)는 아산시 풍기동 청댕이고개 북쪽 길가에 있다. 큰 바위에는 '천감기성(天感其誠)', '벽암사은(霹巖賜銀)'이라 새겨져 있는데, 이는 "하늘이 그의 효성에 감동해 벼락이 바위에 떨어져 은을 내주었다"는 내용이다. 바위 왼쪽에는 '이도영구 기미 시월십일 자각갱서(以圖永久己未十月十日字刻更書)'라 하여, 기미년 10월 10일에 다시 새겼음을 표시하고 있다. 이 바위에 얽힌 이야기는 풍기동 일대에서 전하고 있다.

옛날 가난한 집에 늙으신 어머니를 모시는 아들이 있었다. 가뭄이 극심했던 어느 해, 착한 아들은 병약해지신 어머니의 끼니를 구하지 못해 근심이 많았다. 그러던 어느 날, 개 한 마리가 뜰에 똥을 누고 갔는데, 그 안에 생보리쌀이 그대로 있었다. 이를 본 아들은 그동안 보지 못하던 보리쌀이 반가워 보리쌀을 골라 담아 깨끗이 씻어 죽을 끓였다. 그런데 어머니께 막상 죽을 드리려 하니 마음이 불편했다. 좋은 음식을 드리지 못하는 상황이라 송구스러운 마음이 가득했다. 고민 끝에 아들은 어머니께 죽을 드렸다. 어머니께서는 음식을 드신 지 오래되어 다행히 죽을 잘 드시고, 기력도 회복했다. 아들은 죄를 지은 마음에 열심히 일을 했다.

얼마 후 아들은 스님 덕에 집짓는 일에 참여했다. 많은 사람들과 땅을 파고 나무를 자르는 등 일을 하는데, 갑자기 비바람이 몰아치며 천둥소리가 들렸다. 금방이라도 벼락이 떨어질 것만 같았다. 그때 한 일꾼이 "벼락은 죄지은 사람을 벌하는 것이니, 죄를 지은 이는 물러서시오."라 하였다. 이에 아들은 자신의 죄가 생각나 사람들이 있는 곳으로부터 멀리 달아났다.

한참을 달려 커다란 돌이 있는 곳에 아들이 도착했을 때 벼락이 떨어졌다. 놀란 아들은 정신을 잃고 쓰러졌다. 잠시 후 정신이 든 아들은 벼락이 자신에게 떨어진 것이 아니라 바위 위에 떨어졌다는 사실을 깨닫고 벼락을 맞아 갈라진 바위를 보았는데, 그 안에 금덩이가 있었다. 금을 얻은 아들은 더욱더 어머니를 극진히 봉양하였다. 이후 그 바위를 '벼락바위' 또는 '효자바위'라 부르게 되었다.

증거물과 함께 전해오는 효자바위 전설은 지극한 효성은 하늘이 감복하여 복을 받게 한다는 이치를 보여주고 있다. '효자정신비'(孝子鄭信碑) 또는 '효자바위'(벼락바위)는 아산 지역민들이 우리 민족의 전통사상인 효를 중시하고 효 사상을 널리 알리기 위해 노력하였음을 확인하게 하는 전설로 그 의미가 크다.

3) '빛을 잃은 환혼석'

유몽인의 『어우야담』 권사(券四) 사회편, 치부(致富)에는 '빛을 잃은 환혼석'에 대한 이야기가 기록되어 있는데, 이 전설은 영인면 아산리 일대에서 전해지고 있다. 아산현 지도에는 소나무숲에 학이 많아서 붙여졌다는 '학교산(鶴橋山)'의 명칭이 표시되어 있다. 학교산이 이 전설의 증거물이라 할 수 있다.

아산현 큰 나무에 둥지를 튼 어미학은 알을 품고 있었다. 그런데 마을에 사는 아이 하나가 둥지에서 알을 꺼내 장난을 치다가 알을 깨뜨렸다. 깨진 알에서 나온 새끼는 이미 죽어 있었다. 마을 노인이 이를 보고 아이를 꾸짖었다. 아이는 깨진 알과 죽은 새끼를 둥지에 올려놓았다. 암컷 학과 수컷 학은 죽은 새끼 학을 보고 매우 슬피 울었다. 그 중 한 마리 학은 멀리 날아가서 사일 만에 돌아왔다. 며칠 후에 죽은 새끼 학이 살아나 힘차게 울고 있었다.

이를 기이하게 여긴 노인은 둥지를 살펴보았다. 둥지 안에는 밝게 빛나는 푸른색 돌이 있었다. 노인은 그 돌을 가져다 상자 안에 보관했다. 무사인 노인의 아들이 종사관으로 연경에 가게 되었다. 아들은 연경의 시장에서 푸른색 돌을 자랑했고, 그곳의 상인이 돌을 기이해하며 천금에 팔라고 했다. 상인은 곧 금을 가져 오겠다며 푸른색 돌을 잘 보관해 줄 것을 당부했다. 신이 난 아들은 푸른색 돌이 지저분한 것 같아서 돌을 물로 깨끗이 씻고, 새의 눈처럼 생긴 자국을 도석으로 문질러 표면을 말끔하게 했다.

금을 준비해 온 상인은 아들이 보여 준 돌에 실망했다. 상인은 이 돌은 서해 유사 지역에 있는 희귀한 돌로 죽은 생명의 영혼을 소생시키는 환혼석인데, 돌로 문질러 그 눈을 제거해 신비한 힘이 없어졌다고 했다. 대신 노리개로 쓰겠다며 십금을 주고 돌을 가져갔다. 아들은 천금을 잃고 슬퍼하며 고향으로 돌아왔다.

『어우야담』의 내용과 달리 아산리 지역 전설에서는 허씨 총각이 학의 둥지에서 환혼석을 얻어 병에 걸린 박진사의 딸을 고쳤다는 이야기로 변이되었다. 허씨 총각은 진사의 딸과 결혼하여 행복하게 살았다. 이후 마을의 욕심쟁이가 환혼석을 훔쳐서 중국으로 가다가 강물에 돌을 씻어 쓸모없게 만들었다는 내용으로 끝이 난다. 변이형은 다른 이의 것을 욕심내지 말라는 교훈을 담고 있다.

2. 조선시대 아산의 문학

조선시대에 아산의 문학은 시조, 한시, 산문 형식으로 나타난다. 많은 부분을 차지하는 작품의 형태는 한시로 아산을 방문한 다양한 사람들의 관점에서 당대 아산의 자연환경과 지역민들의 생활상을 표현하고 있다.

아산에 유배를 온 기준은 「아산적거영회(牙山謫居詠懷)」에서 아산 지역을 소외의 공간으로 나타내고 있으며, 임진왜란 중에 온양을 지나던 이항복은 「계사동 배동궁온양도중작(癸巳冬陪東宮溫陽道中作)」에서 전쟁의 피해를 입은 온양 땅을 바라보며 안타까워하고 있다. 반면, 심의의 「차온양시판운(次溫陽詩板韻)」에서는 신령스런 샘이 솟아나는 온양을 특별한 공간으로 인식하고 있고, 이정의 「온양송정(溫陽松亭)」은 고요하고 풍요로운 온양의 모습을 묘사하고 있다. 그 밖에도 아산 지역과 관련된 작품은 행궁, 공세곶창, 어촌, 객사 등을 소재로 해 아산의 역사를 짐작케 하는 내용을 담고 있다.

조선시대 아산은 문인 집단인 사대부들에 의해 세거지, 경유지, 유배지 등의 성격으로 창작의 대상이 되었다. 작품에 따라서는 아산의 피상적인 모습만을 담고 있기도 하지만, 오랜 기간 아산에 머물렀던 문인들은 아산 지역민의 삶의 모습을 깊이 있게 다루기도 했다.

한시뿐만 아니라 시조, 산문 작품들도 아산의 지역성을 이해하는 데 도움이 될 만한 귀중한 자료들이다.

1) 「강호사시가(江湖四時歌)」

아산의 대표 인물인 맹사성(1360~1438)은 신창 맹씨이며, 재상의 자리에서도 청렴한 생활을 하여 청백리의 표상으로 유명하다. 그가 지은 「강호사시가」는 사계절을 노래한 우리나라 최초의 연시조로 국문학사에서 의미 있는 작품이다.

춘사(春詞)에서는 봄이 와서 흥이 넘치는 가운데 한가로운 삶을 지내고 있음을 노래하며, 하사(夏詞)에서는 더운 여름에도 강바람으로 인해 초당에서 시원하게 지내고 있음을 표현한다. 추사(秋詞)는 소일의 즐거움을, 동사(冬詞)는 추운 겨울에도 안분지족하는 모습을 그리고 있다. 이 작품은 각 연마다 '역군은(亦君恩)이샷다'로 마무리하며 임금의 은혜에 감사한

마음을 담고 있다. 「강호사시가」는 맹사성이 말년에 고향에 내려와 지은
작품으로 조선시대 아산의 자연환경을 연상할 수 있게 한다.

2) 「온양팔영」

『신증동국여지승람』 19권 충청도편, 「온양군」에 온양의 팔경을 노
래한 「온양팔영」 16수가 기록되어 전한다. 조선시대의 문신인 이숙함
(1429~?)은 손비장(孫比長)의 요청으로 「온양팔영」 8수를 지었고, 그에
화답하여 임원준(1423~1500)이 8수를 지었다고 적혀 있다. 두 사람은
1464년 세조를 호종해 온양행궁에 머물렀으며, 정희왕후와 함께 다시
온양을 찾게 되었다. 「온양팔영」은 정희왕후와 온행을 한 1483년에 창
작된 것으로 보인다.

제1수에서는 상서로운 구름이 뒤덮여 있는 온양행궁의 모습을 그리
고 있고, 제2수에서는 난치병을 고치는 온천의 효험에 대해 표현하고
있다. 제3수에서는 행궁 내 수라간의 음식을 소개하고 신하들에게 음
식을 하사하는 임금의 은혜에 대해 감사하고 있으며, 제4수에서는 온
양행궁에 신정비를 세운 배경을 소개한다. 제5수에서는 아지랑이가 피
어오르는 광덕산의 아름다운 아침 풍경을 전하고 있고, 제6수에서는
조운배가 늘어선 공곶의 봄바다 풍경을 그리며 서주와 같은 태평성대
와 성덕을 노래하고 있다. 제7수에서는 온정 주변에 있는 소나무 숲의
푸른 물결을 묘사하고 있으며, 제8수에서는 보리밭 두둑의 이삭 물결
을 보며 풍년에 대한 기원을 담고 있다.

「온양팔영」은 조선시대 온양행궁 주변의 풍광과 아산의 자연환경,
신정비에 얽힌 이야기 등을 담고 있어 당시 아산을 이해하는 데 도움이
된다.

3) 「아성록(牙城錄)」

『동주집』권8~11에 수록된 「아성록(牙城錄)」은 이민구(李敏求, 1589~ 1670)가 아산에(1643~1647)서의 유배기간 동안 지은 작품집으로 시 291수가 실려 있다.

병자호란 때 강도검찰부사가 된 이민구는 왕을 강화에 모시는 소임을 완수하지 못한 죄로1637년 평안도 영변에 유배되었다가 1643년 아산으로 이배되었고, 1647년 4월 유배지에서 풀려났다. 이후 도승지·예조참판 등을 지냈다.

이민구는 「아성록」에서 영인산, 이순신의 묘, 동림사 등 아산의 명승지를 둘러본 감회와 공진, 백석촌 등 아산 지역민들의 생활현장에 대한 개인적인 소회를 표현하고 있다.

「아성록」의 '백석 어촌에서'는 당시 어촌의 생활모습과 아이들의 건강한 모습을 생생하게 그리고 있으며, '공세곶'에서는 공세곶 주변의 평온한 어촌 풍경을 노래하며, 아산의 환경이 영변보다 좋음을 읊고 있다.

이민구의 「아성록」은 조선시대 아산의 지리, 기후, 풍토, 생업 등을 작품에 반영해 표현하고 있어 당시 아산의 생활환경과 지역민의 생활상을 살필 수 있는 귀중한 자료이다.

4) 「요로원야화기(要路院夜話記)」

박두세(朴斗世, 1650~1733)의 「요로원야화기(要路院夜話記)」는 아산시 음봉면 신정리 요로원을 배경으로 한 단편 산문이다. 박두세의 본관은 울산(蔚山)이며 조선 후기 문신으로 고향은 충청도 대흥(예산군 대흥면)이다. 박두세는 1682년(숙종 8) 증광문과에 급제해 홍문관직, 진주목사, 지중추부사 등을 역임했다.

「요로원야화기」는 1종의 국문본(서울대 가람문고 소장)과 한문본이 10여 종이 있는데, 한문본은 국문본과 내용면에서 차이를 보인다.

충청도 선비인 '나'는 1678년 4월 3일 요로원 주막에서 서울 양반과 우연히 한 방을 쓰게 된다. 서울 양반이 '나'의 초라한 행색을 보고 냉대하며 방에 못 들어오게 하자 '나'는 재치 있게 그를 놀리며 밤새 문답을 한다. 두 사람은 양반이야기, 육담풍월(肉談風月), 과거제도 등의 내용으로 대화를 이어 간다. 서울 양반은 시골 양반과 대화를 하며 자신의 교만함을 부끄럽게 여긴다. 두 사람은 다음 날 서로의 성명도 묻지 않고 길을 떠난다.

이 작품은 두 인물의 대화를 통해 조선시대 사회의 부패와 양반의 횡포를 풍자하고 있으며, 배경인 요로원이 위치한 아산은 서울과 지방의 경계를 의미하는 장소로서의 역할을 수행하고 있다.

참고문헌

『아산시지』, 아산시지편찬위원회, 2016.
『아산을 기록하다』, 순천향대학교 아산학연구소, 2020.
안장리, 「문학 자료에 투영된 아산의 특징」, 『열상고전연구』 19, 열상고전연구회, 2004.
전성운, 「아산의 문학 자료와 지역성」, 『아산 관련 문학 자료집』, 보고사, 2016.

제5부

생활정치와 행정

지방자치와 지방의회

윤권종

1. 지방자치

1) 개념

지방자치를 실시하는 목적은 지방자치가 보유하고 있는 다양한 효과 때문이다. 우리나라의 경우에는 지방자치법 제1조에 "지방자치행정을 민주적이고 능률적으로 수행하고, 지방을 균형 있게 발전시키며, 대한민국을 민주적으로 발전시키는 것"을 목적으로 제시하고 있다.

지방자치는 지방과 자치라는 두 가지 개념으로 지방이 스스로 다스린다는 의미를 내포하고 있다. 각각의 나라마다 역사와 공간적 특성이 다르고, 정부의 필요성에 해당하는 공공부문이 다르고, 지방의 조직화 과정, 규모 및 자치의 정도가 다르다. 일정한 지역을 중심으로 지역주민이 직접 또는 지방정부를 구성해 법률의 범위 안에서 지역의 문제를 자기 책임하에 처리한다. 이와 같이 지방자치는 일정한 지역의 주민들이 자치단체를 구성해 그들의 공공사무를 자기들의 재원에 의해서 스스로 또는 대표를 선출해 처리해 나간다.

2) 유형 및 특징

지방자치의 유형으로는 탄생과 발전에 따라서 영국과 미국을 중심으로 발전된 주민자치 유형과, 독일과 프랑스를 중심으로 발전된 단체자치 유형으로 구분한다. 주민자치는 각 지방에서 주민이 참여하는 주민총회를 중심으로 자연적이고 천부적인 권리로 인식한다. 또한 단체자치는 주민들의 생활문제와 관련된 해결을 국가로부터 독립적인 인격을 부여받은 지방정부가 수행하는 것을 말한다. 우리나라의 지방자치는 주민자치와 단체자치의 특성들이 혼합되어 적용되고 있다.

지방자치는 일정한 지역을 대상으로, 지역주민의 직접적 결정 또는 지방정부를 통해, 국가의 통치영역이 미치는 범위 안에서 국가 또는 중앙정부와의 관계 속에서 이루어진다. 이와 같은 지방자치는 자치구역, 주민, 지방자치단체(법인격), 자치권을 핵심적 구성요소로 하고 있다.

2. 지방자치의 역사

1) 고대의 지방자치

삼국시대는 중앙집권적 전제왕권체제로 지방의 부족들은 점차 왕권으로 편입되어 귀족이 되었으며, 지방의 행정구역을 통치하는 지방관은 지방의 행정권뿐만 아니라 군사권, 조세권, 재판권까지 가진다.

고려시대는 지방 토호세력이 어느 정도 자율성을 갖고 있었으나 점차 왕권이 확립되고 제도가 정비되었다. 지방자치의 유사제도로 사심관제도와 향직단체가 있다. 사심관제도는 전국 공신에게 그 지방통치를 맡겨 어느 정도의 자율적 통치를 하는 지방분권제도이다. 향직단체는 목·군·현에서 소규모의 조직을 갖고 지방 세력가를 중심으로 지방 행정을 담당하게 하는 일종의 자치기관이다.

조선시대는 왕의 대리인으로서 지방에 지방관(외관)을 파견해 그 관할구역 안에서 행정·사법·군사상의 권력을 장악하는 등 엄격한 집권적 통제를 하도록 했다. 조선시대 주민자치로는 향회를 중심으로 한 군·현의 주민자치와 촌회를 중심으로 한 면리(面里)의 주민자치가 있다.

2) 근대의 지방자치

갑오경장기에 들어 근대적 지방자치제도가 형식적으로나마 도입되었다. 1914년에는 부제(府制)를 비롯하여 면제·읍제·도제 등 지방자치단체에서 법인격을 부여하는 법제를 마련했다. 또한, 현재의 지방의회 격인 향회제도가 갑오경장 후 나타났으며, 일제강점기에는 도회·부회·읍회·면협의회가 도입됐다.

미군정시대에는 지방제도의 변화가 생겼으나 기본적으로 일제강점기의 제도를 답습했다. 미군정당국은 지방자치제의 수립·육성을 표방하고 개혁을 시도했다. 그러나 한국에 대한 철저한 준비가 없었던 미군정당국이 과도기적 혼란을 겪으면서 새로운 지방자치제도를 정착시키지는 못했다.

3) 현대의 지방자치

제헌헌법은 제8장 제96조, 제97조에 지방자치에 관한 내용을 규정했다. '제97조 지방자치단체의 조직과 운영에 관한 사항은 법률로 정한다.' 따라서 1948년 11월 17일에 지방행정에 관한 임시조치법을 제정하여 공포했다. 지방자치법이 1949년 3월 9일 국회를 통과해 법안에 따라 시·읍·면장은 각기 지방주민이 직접 선거한다고 규정되어 있으나 결국 법안은 폐기됐다. 그러나 전쟁 중인 1952년 2월 6일 이승만 대통령이 지방선거의 실시를 발표했다. 이에 따라 당시 미수복 지역과 계엄령 하에 있던 서울특별시, 경기도, 강원도 일부 지역, 전라북도 일부 지역은 시행하지 못했다.

1948년부터 현재까지의 지방자치 과정을 도입기, 중단기, 부활·발전기로 구분할 수 있다. 도입기는 1948년 제헌헌법에 지방자치 관련 조항의 신설과 1949년 지방자치법의 제정에 따라, 1952년 제1차 지방선거를 통해서 기초 및 광역의회의 의원을 선출함으로써 시작되어 1960년 제3차 지방선거까지이다. 중단기는 1961년 지방자치에 관한 임시조치법이 시행됨으로써 지방의회가 해산되고, 자치단체장이 임명제로 전환되면서 1991년 지방자치가 부활할 때까지이다. 부활·발전기는 1988년 지방자치법의 전문개정을 통해서 1991년 기초 및 광역의회 의원이 선출되고, 1995년 자치단체장을 주민이 직접 선출함으로써 본격화되어 현재에 이르고 있다.

4) 아산의 지방자치

아산군은 1952년 4월 25일에 읍·면의회 의원 선거를 실시해 제1차 지방의회를 구성하였다. 1956년 8월 8일 제2차 지방선거를 통해 지방의회 의원과 간선제였던 아산군 읍장과 각 면장을 직접선거로 선출했다. 그러나 1958년 12월 24일 4차 지방자치법 개정으로 읍장과 각 면장은 다시 임명제로 회귀했다. 1960년 11월 1일 지방자치법 개정으로 모든 지방자치단체장을 주민의 직접선거로 선출했다. 제3차 지방선거는 동년 12월 26일에 실시되어 아산군의 읍장과 각 면장을 선출했다.

1961년 5월 16일 군사쿠데타가 일어난 후 군사혁명위원회 포고 제4호에 의해 지방의회가 해산되었다. 또한, 1961년 9월 1일 지방자치에 관한 임시조치법을 통해 지방자치가 중단됐다.

1961년 지방의회가 해산된 이래 중앙집권체제 하에서 관치지방행정 중심의 형식적인 지방자치 명맥만을 유지해 오다가 1987년 6월 민주화운동에 따른 지방자치법 개정안이 1988년 3월 8일 국회를 통과해 4월 6일 공포되었다. 1990년 12월 말에 지방자치법이 개정됨으로써 30년간 중단되어 온 지방자치제가 부활하게 되었다.

이에 따라 법률에 정한 지방의회의 구성과 지방자치단체장 선거가 몇 차례 연기돼 오다가 1991년 비로소 초대 아산군과 온양시 지방의회가 구성되었다. 그러나 지방자치단체장의 직접선거는 1995년에 실시되었다. 아산군과 온양시는 1995년 1월 1일 통합되어 제1대 아산시의회를 구성했으며, 1995년 6월 27일 제1회 전국동시지방선거를 실시해 제2대 통합 아산시의회와 초대 민선 아산시장을 선출했다.

3. 지방의회

1) 개념

지방의회는 주민으로부터 선출된 의원으로 구성되어, 지방자치단체의 의사를 결정하고 집행기관을 감시하는 합의체 의결기관이다. 지방자치에 있어서 법적으로 평등한 주민의 총의에 의해 자치단체의 의사가 결정되고 지방자치가 운용되는 직접민주제가 이상적이지만 오늘날 주민총의를 대신할 수 있는 주민대표기관으로서의 의회가 보편화되고 있다. 또한 지방의회는 매우 다양한 기능을 수행한다. 특히 정치발전을 통한 민주화가 성숙될 경우 지방의회는 생활정치를 제도화하는 데 결정적인 역할을 수행하게 된다. 지방의회는 국회와 같은 체제유지기능, 대표기능, 정책결정기능을 가진다.

지방정부의 대의기관으로서 지방의회의 역할은 그 성격이나 구조가 복잡해 국가마다 다르고 그 유형도 지방자치의 역사와 전통에 따라 다양한 형태로 운영되고 있다. 지방의회는 일반적으로 지방자치단체 의사를 결정하는 의결기관이므로 의사결정기능과 집행기능의 형태에 따라서 달라진다. 이와 같은 기준에서 기관단일형 의회(기관통합형-의회형), 기관분립형 의회(기관대립형-수장형) 및 절충형(참사회형) 의회로 분류할 수 있다.

2) 구성

지방의회는 주민의 정치적 이해를 집적하고, 갈등을 해결하는 장이기 때문에 지방의회의 규모는 주민과 지역의 다양성을 고려하고 의사운영의 효과성을 도모할 수 있는 크기로 결정되어야 한다.

우리나라는 주민 직선에 의한 지역구 의원과 정당별 득표수에 비례한 비례대표 의원으로 구성된다. 광역자치단체와 기초자치단체는 각각 시·도의회 의원과 시·군·구의 지역선거구 구역표(공직선거법 별표2, 3)에 의한 지역구 의원과 이의 10%에 해당하는 비례대표 의원으로 구성된다. 지방의회 최소 구성 인원은 광역자치단체의 경우 지역구 16인이며, 비례대표는 이의 10%에 해당하는 인원수이지만 3인 미만일 때는 3인으로 한다. 기초자치단체는 지역구 최소 정원 7인이며, 이의 10%에 해당하는 인원수가 비례대표이다. 비례대표의 경우 단수는 1인으로 간주하도록 규정하고 있다(공직선거법 제22~23조).

지방의회는 의장과 부의장을 두며 시·군·구의회에는 의장 1인과 부의장 1인을 두고, 시·도의회에는 의장 1인과 부의장 2인을 두도록 하고 있으며, 조례가 정하는 바에 의해 위원회를 둘 수 있다. 또한, 의회의 기능을 보다 효율적으로 수행하는 데 필요한 사무 처리를 위해 의회에 사무처 등의 사무기구를 두고 있다.

3) 지위

우리나라는 1949년 최초로 지방자치법이 제정되면서 명예직을 채택했었다. 그러나 2003년 7월 18일 지방자치법을 개정해 지방의회 의원의 명예직 규정을 삭제하고, 2005년 8월 4일 지방자치법 개정안과 2006년 2월 8일 동법 시행령이 개정되어 지방의회 의원 유급직을 도입 시행하였다. 따라서 지방의회 의원은 유급직 신분을 가지면서 주민의 대표자, 지방의회의 구성원, 공무원으로서의 지위를 가진다. 지방의회 의원은 주민의 보통·평등·직접·비밀선거에 의해 선출됨으로써 자격이 발생한다. 선출된 이후 4년간 의원으로서의 신분을 보유한다.

또한, 지방의회는 헌법기관으로서 지위, 주민대표기관으로서 지위, 입법기관으로서 지위, 감시 및 통제기관으로서 지위를 가진다.

4. 아산시의회

1) 구성

아산시의회 의원은 보통·평등·직접·비밀선거로 선출하며 임기는 4년으로 한다. 선출된 의원은 의안발안권, 동의발안권, 발언권, 표결권, 선거 및 피선거권, 청원소개권, 각종 요구권의 권리를 가진다. 의무로서는 공공이익 우선의 의무, 청렴 및 품위유지의 의무, 회의출석 및 직무전념의 의무, 일정한 직의 겸직 및 거래 등의 금지(지방자치법 제35조), 회의 질서유지의 의무(지방자치법 제82조 및 제83조, 제84조)를 부여한다.

아산시의회는 의장과 부의장으로 의장단을 구성한다. 위원회는 의회운영위원회, 기획행정위원회, 복지환경위원회, 건설도시위원회의 4개의 상임위원회와 특별위원회는 본회의 의결로 설치한다. 의회사무국은 의회의 사무를 처리하기 위해 사무국장을 비롯한 의정팀, 의사팀, 의정홍보팀으로 구성되며, 전문위원을 두고 있다.

2) 운영 및 역할

아산시의회는 조례 제·개정, 예산 심의·의결, 행정 조사·감시, 청원·진정서 수리의 기능을 가진다. 의회운영은 본회의, 상임위원회, 특별위원회 활동으로 운영된다. 정례회는 50일로 1차는 매년 6월 10일(25일 이내), 2차는 매년 11월 25일(25일 이내)에 개최한다. 임시회는 50일(매회기 15일 이내)로 시장 또는 의원 1/3 이상의 요구로 15일 이내 소집해 예산안 심의의결, 기타 부의안건을 처리한다.

의회는 집행기능이 없으며, 지방의회가 결정한 사항을 집행기관이 집행 실현하도록 하는 제도적 장치로 집행기관과 긴밀한 협조 관계로 역할을 분담한다. 또한, 지방의회는 주민의 대표기관인 동시에 지방자치단체의 의결기관으로써 행정수요 수렴과 주민 이익을 대변하는 대변자와 집행기관의 설명자, 집행기관에 대한 합리적인 행정지도 감독, 주민과 행정간 조정해결자, 국가의 성장발전에 협력하면서 지방의 특성과 이익을 수호하는 역할을 한다.

5. 지방선거

1) 제1차 아산군의회

1949년 7월 4일 제정되고 동년 12월 15일에 1차 개정을 거친 지방자치법에 근거하여 제1기 지방선거가 1952년 4월 25일에 아산군의 읍·면지역에서 실시되었다. 시·읍·면장은 간선제로 선출하고 시·읍·면의회 의원은 직접 선거에 의해 선출했다. 의회 의원의 임기는 4년으로 개원했다.

2) 제2차 아산군의회

1956년 2월 13일과 7월 8일 두 차례의 개정을 거친 지방자치법에 근거하여 제2기 지방선거가 1956년 8월 8일에 아산군의 읍·면지역에서 실시됐다. 시·읍·면장과 시·읍·면의회 의원 모두를 직접 선거에 의하여 선출했다. 의회 의원의 임기는 3년으로 개원했으며 제2차 지방자치법 개정에서 다시 임기가 4년으로 환원되어 1960년 8월까지 연장됐다.

3) 제3차 아산군의회

1960년 '4 · 19 혁명'으로 헌법이 개정되고, 1960년 11월 1일 개정된 지방자치법에 근거하여 제3기 지방선거가 1960년 12월 19일에 실시되었다. 아산군의 시 · 읍 · 면의회 의원과 아산군의 시 · 읍 · 면장을 직접선거에 의하여 선출하였다. 의회 의원의 임기는 4년으로 개원했으나 5.16 군사쿠데타로 중단되었다.

3) 제1대 아산군의회, 제1대 온양시의회(1991. 4. 1 ~ 1995. 5. 9)

1991년 3월 26일 지방의회 의원 선거법 제14조와 동법시행령 제2조 및 제3조의 규정에 의해 초대의회 의원 선거를 실시했다.

아산군의회는 11개 선거구에서 총 11명을 선출하여 제1대 아산군의회를 구성했다. 의원의 임기는 4년으로 동년 4월 15일에 개원하였다. 안건 처리현황으로는 조례안(115), 예산 · 결산안(29), 동의 · 승인안(28), 건의 · 결의안(6), 청원(1), 기타(149)의 총 328건의 안건을 처리했다.

온양시의회는 7개 선거구에서 총 7명을 선출하여 제1대 온양시의회를 구성했다. 의원의 임기는 4년으로 동년 4월 15일에 개원하였다. 안건처리현황으로는 조례안(107), 예산 · 결산안(19), 동의 · 승인안(34), 건의 · 결의안(11), 청원(1), 기타(150)의 총 323건의 안건을 처리했다.

4) 제1대 아산시의회(1995. 1. 1 ~ 1995. 6. 30)

아산군과 온양시의 자치단체를 통합한 아산시는 아산군의회 11명과 온양시의회 7명의 총 18명에서, 구)아산군의회 의원 1명 궐위로 17명으로 아산시의회를 구성했다. 의원의 임기는 6개월로 1995년 1월 3일 개원했다. 안건처리현황으로는 조례안(177), 예산·결산안(1), 동의·승인안(2), 건의·결의안(1), 청원(0), 기타(12)의 총 177건의 안건을 처리했다.

5) 제2대 아산시의회(1995. 7. 1 ~ 1998. 6. 30)

1995년 6월 27일에 제1회 전국동시지방선거가 실시됐으며, 17개 선거구에서 총 17명을 선출하여 제2대 아산시의회를 구성했다. 의원의 임기는 3년으로 동년 7월 1일 개원하였다. 안건처리현황으로는 조례안(136), 예산·결산안(20), 동의·승인안(24), 건의·결의안(5), 청원(0), 기타(134)의 총 319건의 안건을 처리했다.

6) 제3대 아산시의회(1998. 7. 1 ~ 2002. 6. 30)

1998년 6월 24에 제2회 전국동시지방선거를 실시했으며, 17개 선거구에서 총 17명을 선출하여 제3대 아산시의회를 구성했다. 의원의 임기는 4년으로 동년 7월 1일 개원했다. 안건처리현황으로는 조례안(263), 예산·결산안(28), 동의·승인안(57), 건의·결의안(5), 청원(1), 기타(158)의 총 512건의 안건을 처리했다.

7) 제4대 아산시의회(2002. 7. 1 ~ 2006. 6. 30)

2002년 6월 13일에 제3회 전국동시지방선거를 실시했으며, 17개 선거구에서 총 17명을 선출하여 제4대 아산시의회를 구성했다. 의원의 임기는 4년으로 동년 7월 8일 개원했다. 안건처리현황으로는 조례안(185), 예산·결산안(25), 동의·승인안(10), 건의·결의안(3), 청원(0), 기타(285)의 총 508건의 안건을 처리했다.

8) 제5대 아산시의회(2006. 7. 1 ~ 2010. 6. 30)

2006년 5월 31일에 제4회 전국동시지방선거를 실시했으며, 12개 선거구에서 12명의 지역구 의원과 2명의 비례대표를 포함한 총 14명을 선출하여 제5대 아산시의회를 구성했다. 의원의 임기는 4년으로 동년 7월 4일 개원했다. 안건처리현황으로는 조례안(275), 예산·결산안(55), 동의·승인안(24), 건의·결의안(19), 청원(1), 기타(174)의 총 548건의 안건을 처리했다.

9) 제6대 아산시의회(2010. 7. 1 ~ 2014. 6. 30)

2010년 6월 2일에 제5회 전국동시지방선거를 실시했으며, 4개 선거구에서 지역구 의원 12명과 비례대표 2명으로 총 14명을 선출하여 제6대 아산시의회를 구성했다. 의원의 임기는 4년으로 동년 7월 7일 개원했다. 안건처리현황으로는 조례안(318), 예산·결산안(58), 동의·승인안(51), 건의·결의안(12), 청원(0), 기타(226)의 총 665건의 안건을 처리했다.

10) 제7대 아산시의회(2014. 7. 1 ~ 2018. 6. 30)

2014년 6월 4일에 제6회 전국동시지방선거를 실시했으며, 4개 선거구에서 지역구 의원 13명과 비례대표 2명으로 총 15명을 선출하여 제7대 아산시의회를 구성했다. 의원의 임기는 4년으로 동년 7월 4일 개원했다. 안건처리현황으로는 조례안(539), 예산·결산안(25), 동의·승인안(78), 건의·결의안(15), 청원(22), 기타(201)의 총 922건의 안건을 처리했다.

11) 제8대 아산시의회(2018. 7. 1 ~ 2022. 6. 30)

2018년 6월 13일에 제7회 전국동시지방선거를 실시했으며, 4개 선거구에서 지역구 의원 14명과 비례대표 2명으로 총 16명을 선출하여 제7대 아산시의회를 구성했다. 의원의 임기는 4년으로 동년 7월 2일 개원했다.

시민 중심의 생활행정

맹주완

1. 인간과 도시환경

1) 본능과 기술의 가속

세계에서 가장 대중적인 보드게임 중의 하나는 체스이고, AI와 인간의 대결 같은 핫한 뉴스 말고도 체스 판과 관련된 이야기들도 전해진다. 나라에 큰 공을 세운 신하에게 왕이 치하를 하고자 하였다. 이에 신하는 "체스 판의 칸 수 만큼 쌀알을 주십시오. 단 칸을 채울 때마다 앞 칸의 2배를 채워 주십시오." 64칸에 쌓인 쌀의 양은 그 나라가 수천 년을 농사져야 채울 수 있는 분량이었다.

종이접기와 관련된 이야기도 있다. A4용지의 두께는 0.1mm이다. 23번 접으면 두께가 1km이고, 42번 접으면 지구에서 달까지의 거리가 되고, 51번을 접으면 그 두께가 지구에서 태양까지의 거리가 된다고 한다. 반도체칩의 용량도 50년 전과 비교해보면 270억 배나 증가했고, 현재 우리가 들고 있는 스마트 폰이 아폴로 13호에 탑재됐던 컴퓨터보다 훨씬 뛰어난 성능을 보인다고 한다.

우리의 생활과 관련된 통계결과를 그래프로 옮겨보면 모든 것이 우상향 직선형 함수 그래프가 되는 것은 아니다. S자 형태, 미끄럼틀 형태, 낙타 혹 모양의 곡선이 될 수 도 있다. 오늘날의 삶에서 경험적 직관은 늘 믿을만한 사유수단이 못되며 무언가가 계속 2배로 늘어나면 우리가 예상한 것보다 그 수는 훨씬 커진다는 사실과 지구환경, 과학기술 분야 등 모든 분야에 '수확가속의 법칙'이 적용될 수 있다. 우리는 모든 상황들이 직선으로 전개되겠지 생각하는 직선 본능을 억제하고 세상에는 여러 형태의 곡선이 있다는 것을 기억해야 한다.

2) 걷기는 인간의 사유수단

인류 유전자의 본능이 수렵생활에서 기원하듯이 원시 인류는 사냥감이 지쳐서 쓰러질 때까지 뛰거나 걸어서 쫓아가도록 진화했다. 인간은 끝없이 이동해왔고, 그런 본능이 우리 몸에 새겨져 있다. 인간은 끝도 없이 걸었고 길을 나서는 것은 생활이고, 사색의 출발점이었다. 인간은 이성을 갖추면서 본능으로부터 자유로워졌고, 바나나는 먹는 것만이 아니라 정물화의 모티브가 된다는 사실도 깨닫게 되었다. 인간들은 관리 받는 편안함에 젖어 GPS 기술에게 낯선 길을 찾는 즐거움을 빼앗겼지만 도시에는 GPS 도움 없이 보행자에게 더 다양한 선택의 경험을 제공할 길들이 존재해야 한다.

도시 건축물들의 사이사이를 가로지르는 지름길들은 그저 목표지점에 도달하려는 단순히 공간의 빠른 연결을 위한 직선의 길을 의미해서는 안 된다. 이러한 길들은 소통의 장, 축제가 벌어지는 곳, 나무 아래에서 쉬고, 여행자에게 친절을 베푸는 장소가 돼야 한다. 도시공간이 빈부나 신분의 차이를 만들어내는 자동차를 위한 공간으로 변질돼서는 안 된다. 한 사람이 움직이는데 몇 톤의 쇳덩어리가 따라붙는 세상을 당장 어찌지는 못하겠지만 도시의 길은 '머무르고 싶은 공간'이 돼야 한다. 횡단보도는 확률적으로만 안전한 장소가 돼서는 안 되고, 시민중심으로 산책이 가능하도록 설계되어야 한다. 느림이 필요한 시대이고, 망각에 대한 기억이 필요한 시대이다. 도심에 직선으로 뻗은 길을 걷는 일은 끔찍하고 지루하다.

3) 클라우드와 도시 미래

'파리 증후군'도 있다. 유독 파리에서 호흡곤란이나 현기증 같은 증상을 겪는 여행객들에게 일어나는 현상이다. 파리에 대한 환상으로 여행을 떠난 일부 여행객들이 파리가 자신들이 상상했던 것과 매우 다르다는 데 심한 충격을 받은 데서 온 장애이다. 약간의 비호감적인 컨디션이 연출되면 부정적인 변화는 가속도가 붙어서 더욱 급속하게 나빠진다는 '깨진 유리창'의 법칙대로라면 미래에 파리라는 도시도 안전하지 못하다.

이제는 도시에도 수직적인 위계구조가 아니라 병렬적인 클라우드 발상을 도입해야 한다. 도시의 미래상과 관련해 창조성을 발휘할 수 있는 요소들이 있는가에 도시의 부침과 직결되는 시대이기 때문이다. 도시 미래의 창조적인 힘은 도시 공간구조의 변화나 지적자본의 축적이 좌우할 것이다. 그리고 철근과 콘크리트에 의해서가 아니고 절박함과 몸부림으로 길러낸 시민들의 디자인에 대한 감각으로 도시 공간구조의 변혁을 이뤄내야 할 것이다.

IT혁명이 가져온 통신 인프라는 플랫폼의 개혁을 가져왔고 지적자본 영역에도 혁신을 가져왔다. 지식보급과 관련된 그동안의 교육관련 비즈니스 모델도 새롭게 설정해야 한다. 미래는 더욱 지식 자체가 인류의 경제적 기반이 될 것임으로 학교, 도서관, 서점, 관공서는 지식의 보고가 돼야 한다. 도시는 지적자본들이 곳곳에 병렬되어 클라우드 시스템을 갖춘 거점이 돼야 한다.

4) 도시 공간과 이벤트

갈래 길이 생겨날 때마다 시민들은 가야할 곳을 결정해야 하고 선택의 경우의 수가 많을수록 그 도시는 우연성과 이벤트로 넘쳐나게 된다. 환경파괴의 심각성을 우려하는 사람들은 탄소 제로사회를 위한 삶의 방식 중 가장 큰 변화로 도시 공간의 보행을 꼽는다. 아버지의 연장으로 아버지의 집을 부술 수 없듯이 도시 공간도 우리가 변화시켜야 한다. 먼저 걷는 사람이 많은 도시공간을 만들어낼 노력이 필요한데, 이벤트의 밀도를 높일 방안들이 모색돼야 한다.

우선 공간의 주도권이 상점이나 주인이 아니라 배려 차원에서 보행자에게 주어져야 한다. 보행자의 선택권이 존중될 수 있도록 하이퍼링크(hyperlink) 방식처럼 다양한 요소들로 연결되고 채워질 수 있도록 해야 한다. 또한 변화의 리듬감을 주어 보행자에게 우연한 만남의 가치를 제공할 수 있어야 한다. 인간의 감각 능력들 중에서 가장 강력한 행동의 촉매가 시각이라는 사실을 염두에 둔다면 시각적인 매력이 있는 이벤트, 쇼윈도, 간판들이 보행자들을 유인할 핵심 요소임을 알 수 있다.

전염병만 문제가 안 된다면 인간은 짝짓기를 하는 동물이기에 좋은 상대를 만날 확률을 높이기 위해 많은 사람이 모이는 공간을 선호한다는 진화심리학자들의 주장에 일면 공감이 간다. 콘텐츠도 인간의 본능적 욕구를 만족시키는 쪽으로 개발되고 있듯이 도심공간도 사람이 많이 올 수 있고 시간을 지연시킬 수 있는 이벤트, 건물, 식당, 카페 등 장소성을 구축해야 한다.

5) 미래를 여는 힘

엘빈 토플러는 『내일을 위한 공부』에서 남아메리카 호수유역 원시부족의 예화를 전한다. "부족은 젊은이에게 카누를 만들고 고기 잡는 법을 전수하였다. 얼마 후 강의 상류에 거대한 수력발전소가 건립되었고, 호수는 말라버렸다. 이제 그 부족의 생계기술은 무용지물이 되었다." 역시 미래에도 기술이 인류 진보의 동력이 되겠지만 일반적으로 인간은 생존과 희열을 위해 돈, 사랑, 권력, 명예, 영생 등 인간의 보편적 욕망을 발산하며 살아왔다. 하지만 미래의 삶은 관심과 주의를 은밀한 내면세계인 눈에 보이지 않는 것까지도 상상할 수 있는 능력을 갖추어야 한다. 시적 상상력은 이성과 감성을 지닌 우리들에게 세계를 새롭게 창조하고 고유한 삶의 영역과 가치를 만들어주며, 보이는 것들을 움직이게 하는 특별하고 신비로운 힘이 될 수 있다.

'너 자신을 알라'는 소크라테스의 명언으로 알려져 있다. 학업성적 상위 0.1% 학생들의 비밀을 파헤쳤는데, 일반 학생들과의 차이는 무엇을 모르는지 자신의 실력을 정확히 알고 있는 메타인지(metacognition) 능력을 갖추고 있었다고 한다. 급변하는 현대사회에서 메타인지 능력을 갖추기 위해서는 과거의 경험과 습관에서 벗어나 자신을 객관화하여 바라볼 수 있어야 한다. 전문가와 아마추어의 차이는 유전, 행운, 재능

등도 완전히 배제할 수는 없지만 어느 시점에 이르러 매일같이 하는 연습에서 오는 지루함을 견디는 것이 관건이라고 한다.

100년 동안 파도는 1m의 갯벌을 만들어낸다고 한다. 작은 변화가 쌓여 극적인 티핑 포인트의 순간을 맞게 되듯이 미래에 자유롭고 행복한 삶을 원한다면 끊임없이 스스로를 단련해야 한다. 낭중지추(囊中之錐, 주머니 속의 송곳)라는 말이 있다. 재능이 뛰어난 사람은 감춰지더라도 언젠가는 두각을 나타낸다는 의미로도 읽을 수 있다. 코로나19로 모두가 힘든 때이다. 이 격변의 시대에 우리는 존재와 미래를 위해 무엇을 성찰해야 할 것인가.

2. 도시인의 권리

1) 인류의 기원과 생존

고고학자들은 호모 사피엔스로 추정되는 30만년 된 화석을 북아프리카 모르코에서 발견했다. 또한 우리는 무덤, 동굴, 만년설 등에서 발견된 미라를 통해 옛 조상들의 수많은 전쟁, 멸족의 흔적들을 엿볼 수 있고 인류기원에 대한 궁금증을 해소하고 있다. 인간은 목숨을 걸고 싸운 참혹한 전쟁으로 목숨을 부지해왔다. 낚시에서 몸부림치는 고기의 처절한 발버둥에서 느껴지는 손맛의 짜릿함은 우리 종 안에 있는 전쟁 DNA 때문일지도 모른다. 인류사에서 우리 인간의 주요한 행동방식은 사냥과 전쟁이었고, 직립보행과 불의 사용은 자연이 인류에게 내린 특별한 축복의 선물이었다.

인류는 인지혁명(7만 년 전), 농업혁명(1만 2천 년 전), 과학혁명(500년

전)을 겪었고, 세 단계의 혁명과정을 통해 인간과 주변 생명체들은 생존을 위해 치열한 경쟁과 수많은 시행착오를 겪었다. 자연계의 동물들에게 종 간의 질서와 목적이 있듯이 인간의 삶도 생존과 직결되는 냉혹한 질서에 순응하며 살아야 할 목적이 있었다. 그 목적을 위해 우리는 신화적 이상을 품고 불멸을 꿈꾸며 생노병사(生老病死)의 과정을 겪어왔으며 디지털 혁명기를 보내고 있다.

현재는 '삶의 질'로의 패러다임이 이동하고 있고 비전과 서사, 편리함이 더욱 중요시되고 있으며 개인의 권리는 침해받을 수 없다. 개인의 안전과 관련된 생명권, 양질의 일자리와 관련된 생존권, 주거, 교통, 복지, 문화와 관련된 생활권은 우리가 보장받아야 할 천부의 권리이다.

2) 행정서비스와 생명권

현재에도 피부색, 언어, 종교의 차이만으로도 다른 집단을 위협하는 일이 세계 곳곳에서 벌어지고 있다. 원시인류의 성공비결은 언어의 사용, 즉 소통의 능력이었고 미래라는 이상을 품었기 때문이다. 다니엘 밀로는『미래 중독자』에서 원시인류를 "오늘을 버리고 내일만 사는 별종"이라고 묘사했지만, '내일 할 게'나 '내일 보자'라는 개념은 우리 삶의 연속성과 관련되고 희망을 품은 메시지임에 틀림없었다.

인류의 시작점은 아프리카였는데, 어떻게 하여 그들은 안락한 아프리카를 떠났던 것일까. 그들에게 내일이라는 미래개념과 현재보다 더 나은 곳을 향한 목적의식과 희망이 있었기 때문이다. 하지만 그들의 삶이 순조롭고 희망적인 것만은 아니었다. 혹독한 추위와 굶주림, 그리고 생명을 위협하는 요소들이 인간을 위협했다. 그리고 수많은 전쟁과 위험 속에서도 우리 조상들은 기적적으로 살아남아 고귀한 유전자를 후세에게 남겼다.

문명화된 도시에서 살아가는 우리는 다른 측면에서 생명을 위협받고 있고, 아산시도 시민의 생명과 안전을 위해 많은 행정서비스를 제공하고 있다. 첫째, 우리의 생명과 직결되는 안전문화를 확산하고 재난능력을 배양하는 등 재난 및 안전사고 예방으로 인명피해 최소화를 위해 노력하고 있다. 둘째, 호우 피해 등에 대한 대응노력으로 상습침수구역 재산피해 및 인명사고 예방을 위해 자연재해 위험개선지구를 지정해 재해예방 정비사업을 시행하고 있다.

셋째, 안전사각지대와 학교에 CCTV를 설치하고 24시간 관제시스템을 운영해 각종 범죄 및 학교폭력, 안전사고에 신속하게 대응하고 있다. 넷째, 도농복합도시적 특성과 고령자들을 배려해 구형 아날로그 마을 무선방송장비를 디지털 무선방송 시스템으로 교체하여 주민 간 소통체계 구축 및 재난 발생 시 신속하게 정보전달이 가능한 시스템을 갖추고 있다. 다섯째, 배려대상자를 위한 다양한 행정 서비스를 시행하고 있으며 아동이나 여성들을 위한 '안심귀가 서비스'와 공중 화장실에 '안심 벨'을 설치 운영하고 있다. 여섯째, 코로나19 감염증 조기 발견 및 신속대응을 위해 곳곳에 선별진료소를 운영해 지역사회 감염확산을 차단하고 있으며, 코로나19 예방접종을 추진하는 등 집단면역을 위해 노력하고 있다.

3) 행정서비스와 생존권

시민의 생존권을 지키는 일은 양질의 일자리를 창출하는 것이다. 청년 취업준비생 셋 중에서 한 명은 '공시족'이라는 통계가 있다. 하지만 공무원을 준비하는 공시생들의 합격률은 2%에 못 미친다고 한다. 나머지 98%는 다른 일자리를 찾던지 다음 해 공무원 시험 준비에 들어가게 된다. 이러한 상황은 사회적 낭비일까 평생의 안전을 위해서 감수해야 되는 일인가. 연봉이 높은 대기업을 그만두고 9급 공무원으로 새로운 삶을 시작한 사람들이 합세하여 경쟁은 더욱 치열하다. 최근 대학의 동아리활동도 취업에 도움이 되는 '학술동아리', '공모전 동아리', '창업 동아리' 쪽으로 쏠림 현상이 나타나고 있다고 한다. 도서관에도 국가직 공무원 관련 서적을 공부하는 학생들이 대부분이다.

아산시도 청년일자리 정책과 지역산업 맞춤형 일자리 창출 지원사업으로 '아산형 디지털 뉴딜 인력 양성사업'을 벌이고 있다. 첫째, 아산 지역 기반산업인 반도체, 디스플레이 관련 기업들에게 청년인력 채용에 따른 인건비와 IoT, 웨어러블 등 디지털 핵심분야 전문인력 양성을 위한 직무훈련비를 지원하고 있다. 둘째, 산업 패러다임의 변화에 따라 위기에 처한 현대자동차 산하 자동차부품생산업체 및 노동자에게 고용안정을 위해 기업지원, 직업훈련, 창업지원, 고용장려금, 지역고용 거버넌스 구성 등 선제 대응을 하고 있다. 셋째, 산업단지에 보조금 지원 및 삼성과 현대자동차의 협력을 얻어 지속적인 기업유치로 양질의 일자리를 창출하여 인구 50만의 자족도시 기반을 마련하고 있다.

4) 행정서비스와 생활권

아산시는 온천동 일원을 중심으로 한 중심기능 재생권, 신창·선장·도고·송악을 중심으로 한 역사문화 재생권, 배방·탕정을 중심으로 한 신도심권, 염치·음봉을 중심으로 한 전원생활 재생권, 둔포를 중심으로 한 정주휴양 재생권 등 5개 권역에서 도시재생 추진방향이 설정되고 추진되며 입체도시를 꿈꾸고 있다. 첫째, 원도심 활성화를 위한 도시 재생 기반을 구축하기 위해 '도시재생 지원센터'를 열고 자족기능을 갖춘 도시재생 사업을 추진하고 있다. 둘째, 배방원도심 도시재생마중물 사업을 통해 구 장항선 철도 역사였던 모산역 문화플랫폼 및 문화어울림 공간 조성사업을 마쳐 문화, 복지 인프라 확충으로 살기 좋은 도시 구현을 위해 노력하고 있다. 셋째, '미세먼지 대기질 개선 및 탄소중립도시 선도' 사업을 추진하면서 나무심기로 도시 숲 조성, 친환경자동차 보급, 노후 차량 관리 강화, 도심 공간을 보행과 자전거, 대중교통 중심으로 재편해야 한다는 시각에서 도시계획을 추진하고 있다.

아산시는 소외계층을 위한 맞춤형 돌봄 복지정책을 펼치고 있다. 첫째, 코로나19 장기화로 인한 취약계층의 정신건강 약화 방지 및 사회관계망 형성을 회복시키기 위해 '노인 장애인 비대면 스마트 여가복지 서비스'를 제공하고 있다. 둘째, 만 65세 이상의 국민기초생활수급자, 차상위계층, 기초연금수급자들을 대상으로 '독거노인 스마트 돌봄 서비스 지원' 사업을 하고 있다. 셋째, 만65세 이상 어르신들을 대상으로 목욕권 및 이·미용권을 지원하고 있으며, 경로당별로 '더 큰 사랑 孝드림' 선물세트를 지원하면서 건강하고 행복한 노후생활을 지원하고 있다.

아산시는 눈에 띄는 청년정책을 펼치며 청년들과 소통하고 있다. 첫째, 원도심에 '청년아지트 나와유' 1호점을 개관해 청년들의 구직활동 지원, 청년들이 재충전 및 자기 탐색의 기회를 갖도록 '아산 한 달 살이 온앤오프', '청년창업 자금 지원사업', '청년 동아리 지원', '독서모임' 등 청년들의 활동을 지원하고 있다. 둘째, 청년정책 1호점의 정책성과를 아산시 전역으로 확대하고자 청년인구의 밀집지역인 배방읍에 청년센터 2호점을 개관하였다. 2호점에는 베이커리공방, 심리상담실, 스터디

카페, 홈플릭스(미니영화관), 공유오피스, 청년클래스룸이 설치, 운영되고 있다.

3. 도시와 시민의 생활기록

1) 인간의 근원적 속성

앤디 모칸의 '불타는 갑판' 이야기는 우리를 오싹하게 한다. 폭발사고로 북해의 바다 한 가운데 석유시추선에 화재가 발생했고 갑판 아래에는 50미터의 차가운 바다가 있다. 앤디는 갑판에서 죽음을 기다리는 대신 살 수도 있는 아주 작은 가능성을 믿고 어두운 바다로 뛰어내렸고 살아남았다. 그의 결행은 한 번도 경험하지 못한 상황에서 익숙한 것(갑판)과 결별하고 변화와 도전을 두려워하지 않은 결연한 의지의 표상이 되었다. 이와 같은 극복과 변화의 과정을 우리 선조들은 수없이 겪으며 생존해왔다. 소멸보다는 생존을 선택하는 인간의 근원적 속성은 무엇 때문일까.

2) 정보의 양과 기억의 한계

인간은 오랜 진화과정을 거쳐 현생인류의 모습을 갖추게 되었으며, DNA를 통해 자손에게 수많은 정보를 전달했다. 또한 무리를 지어 살았던 원시생활에서 필요한 정보는 경험의 공유와 인지혁명을 통한 새로운 사고방식과 의사소통으로 수집했다. 차츰 인구가 증가하고 사회가 복잡해지면서 머리로는 늘어나는 정보의 양을 더 이상 감당할 수 없게 되었다. 특히 큰 도시를 지탱하기 위해서는 생산량, 세금, 급여,

전쟁물자 등의 데이터가 필요했을 것이고, 그러한 데이터는 점토판, 파피루스, 죽간 등에 기록으로 남아 있다.

다만 초기의 메시지가 '시, 성찰, 전설, 영웅의 승리가 아니라, 세금과 빚의 액수, 부동산의 소유권을 기록한 경제문서였음'에 다소 실망감은 있다. 이후 문자체계가 보완되어 성문화되기 이전까지 교리들과 도시 질서를 위한 법칙들은 모두 구전으로 전달되었다. 점토판이나 파피루스에 숫자와 상형문자가 기록된 이래, 수천 년간 문자체계가 추상화되고, 그 뜻은 더욱 심오해지면서 앞을 못 본 호메로스는 『일리아스』와 『오디세이아』를 암송하여 생계를 이었고, 헤로도토스는 『역사』를 통해 전쟁을 실감나게 묘사했으며, 프톨레마이오스는 알렉산드리아에 대규모 도서관을 지어 지식을 보급하였다.

3) 디지털 환경에서 기억

가시적인 고귀한 건축물, 비문, 유물 등은 모든 것이 몇 세대로 이어지는 기억의 연장선에 있겠지만, 이제는 클라우드에 저장되고 키워드로 분류되지 않으면 그 또한 소멸될 운명이다. 베갯머리 서책 또한 펼쳐보지 않는다면 한갓 종이뭉치일 뿐이듯이. 지동설이 빛을 본 것은 규칙성을 갖는 우아한 천체에 관한 고문서를 읽은 코페르니쿠스가 갈릴레이에게 영향을 주었기 때문이다. 지혜를 구하고 진리를 쫓는 인간이 만들어가는 여정의 기록은 베르길리우스의 『아이네이스』에서처럼 한 역사가의 기록이 로마 시작의 역사가 될 수 있음을 입증하였다.

그렇지만 이제는 첨단기술로 무장한 수많은 베르길리우스들이 새로운 디지털 세상을 열어가고 있다. 이제는 『인공지능에게 대체되지 않는 나를 만드는 법』과 같은 대중도서를 읽지 않으면 기계에게 뒤쳐질지

모른다고 불안해하고 있다. 창조적 상상력과 공감능력을 겸비한 사람만
이 디지털환경에서 우위에 설 수 있다고 압박한다. 인간의 정교한 손길
과 감정이 요구되는 직종 말고는 10년 앞을 내다볼 수 없다는 예측은
우리를 불안하게 하지만, 인공지능은 알고리즘 방식을 통해 인간의 패
턴을 읽어주고 오랜 기억으로 저장돼있던 경험들을 연결시켜 기억력의
한계에 선 인간들에게 도움을 줄 것이라는 희망적인 이야기도 있다.
디지털 환경에서는 모든 기억을 기록으로 보존할 수 있기 때문이다.

4) 소통을 위한 다양한 플랫폼

인간에겐 망각의 시스템이 제대로 작동되지 않아 발병하는 병증들
도 있고, 망각의 지혜도 필요하지만, 인간은 평범성의 위험을 경계해
야 한다. 우리는 수시로 고상한 음악도 듣고, 명화도 감상할 여유를
가져야 한다. 도시인의 삶의 영역에서도 위대한 흔적들과 자주 만나야
되고, 선인들의 삶에서 영감을 얻어낼 수 있다면 우리의 삶은 더욱 고
귀하고 특별한 의미를 갖게 될 것이다.

하여 유한한 인간의 삶을 영원에 가깝게 붙잡아둘 수 있고, 시대를
초월해 도시의 역사를 후세에 전할 수단들을 찾아야 한다. 1945년 토
머스 왓슨이 최초의 전기기계식 컴퓨터를 만들었을 때 그 위용은 대단
했다. 7만 5천개의 부품, 15미터 길이에 무게가 5톤에 육박했다. 현재
의 디지털환경에서 그 기계장치의 크기는 훨씬 작아졌고, 성능은 향상
되어 클라우드 방식을 통해 혁신적인 정보의 검색 및 공유 등이 이루어
지고, 소통을 위한 다양한 플랫폼들이 등장하는 시대로 변화했다. 베
르길리우스의 『아이네이스』를 읽은 마크 저커버그는 로마제국의 이상
을 페이스북에 접목해 세계인들을 열광시키며, 인문고전을 경영의 지

혜를 구하는 매개로 이용했다. 양피지에 기록된 인문고전이 2천 년 간 지속적으로 영향을 미치고 있는 것이다.

5) 기도서 한 장의 가치

한 경매장에서 양피지로 된 중세 기도서 한 장이 고가에 낙찰된 바 있다. 그것은 팰림프세스트(Palimpsest: 지우고 재생해서 사용하는 양피지)였고, 판독해보니 아르키메데스가 수학문제를 푼 문서였다. 2천 200여 년 전 양피지에 남아있던 낙서가 수학을 넘어 인류역사의 신비를 풀어낼 실마리를 제공한 셈이다. 아르키메데스는 원주율(원의둘레=지름×3.14)의 발견 말고도 뉴턴에 많은 영향을 미친 철학자였음은 주지된 사실이다. 우리 각자의 삶도 나무처럼 고유한 나이테가 있기 마련이다.

"온 곳을 모르면 갈 곳도 알지 못하는 법이니, 과거를 알아 두어라." 미국 개척민들이 체르키족 원주민 강제 이주정책을 감행하자 많은 원주민들이 목숨을 잃었음에도 조상의 땅과 그곳에 깃든 영혼을 지켜내기 위해 분투했던 일을 할머니가 어린 손자에게 들려준 이야기다. 한 인간의 삶의 주기를 80년으로 가정할 때 우리 주체들은 일상적으로 보여 지는 풍경뿐만 아니라, 과거 우리가 공유했던 가치와 현재의 가치들을 유기적으로 연결시켜 재창조의 과정을 소홀히 해서는 안 된다.

인생은 아름답지만 언제나 제일 좋은 사람들이 먼저 가 버리기에 아쉽기도 하다. "한 도시를 아는 편리한 방법은 거기서 사람들이 어떻게 일하고 어떻게 사랑하며 어떻게 죽는가를 알아보는 것이다." 『페스트』에서 카뮈의 견해이지만, 찬찬히 성찰해보면 우리의 삶은 '경멸해야 할 것보다는 찬양해야 할 것'이 더 많기 때문에 우리는 삶에 행복감을 느끼고 기록으로 남기고 싶은 충동을 느끼는가 싶다.

6) 공적자산인 기록

인간의 두뇌 능력은 스스로 억제하지 않으면 무한히 커진다고 한다. 과거 런던에서 택시기사 면허증을 취득하려면 수만 개의 도로 정보를 외웠다는데, 그것은 인간 누구에게나 잠재된 포토그래픽 메모리 능력 때문이었다. 그 능력을 갖추면 아주 복잡한 도로망도 이미지로 기억해 낼 수 있다고 한다. 요즘엔 내비게이션 때문에 그럴 필요가 없어졌다. 이제 택시기사들도 클라우드(데이터 저장소)를 통해 모든 정보를 제공받는다. 저장 방식의 진화가 가져온 결과다.

도시가 더욱 첨단화되면서 생활의 편의는 제공하겠지만 진정 살고 싶은 이상적인 도시로 가기 위해서는 우리 삶의 공간에 새겨진 무늬, 옛것에 대한 향수, 도시의 경험적 DNA와 문화적 자산이 온·오프라인 상에서 기록되고 잘 보존되어져야 한다. 지방분권이 강조되는 시대에 지방의 기록관리는 여전히 국가기록의 변두리에 위치해 있는 현실이다. 이제 기록은 미래 세대에게 이어줄 공적자산이며, 도시의 운명은 온전한 기록과 저장이 좌우할 것이다.

공공기관과 단체

강지은

1. 공공기관

아산 지역에는 아산시민의 사적 이익이 아닌 공공의 이익을 위해 봉사하는 기구와 조직이 여럿 있다. 아산 지역 사회가 하나의 독립적 행정 단위로 자리 잡아가면서, 주민들의 삶과 편의를 위한 공공 서비스의 필요성이 늘어나게 되고 공공기관의 역할이 커지게 되었다.

1) 아산경찰서

아산시 온양6동에 있는 아산경찰서는 충청남도 아산시 관내 치안 유지 및 시민의 생명과 재산을 보호하고 사회의 안녕과 질서 유지를 목적으로 설립되었다. 1945년 10월 21일 대한민국 국립경찰이 발족되면서 온양 지역에도 온양경찰서가 개소되었다. 1995년 1월 27일 온양경찰서는 아산경찰서로 명칭이 변경되었고, 2007년 7월 28일 아산시 풍기동에 청사를 신축하고 이전하여 현재에 이르게 되었다. 아산경찰서는 충청남도 아산시 관내 시민의 생명·신체 및 재산의 보호, 범죄의 예방·진압 및 수사·경비·요인 경호, 치안 정보의 작성 및 배포, 각종 범죄신고 접수 및 조사 업무, 경찰 비리, 예산 낭비, 인권 침해 등에 대한 제보 접수 및 조사 업무, 경찰 관련 민원 서식, 수사 민원 정보, 각종 인허가 정보, 고소·고발·진정 사건의 처리 경과 조회 등 각종 민원·조회 관련 업무, 전국 고속도로와 주요 도시 교통 정보, 교통 위반 단속, 운전 면허 관련 조회 등 교통 관련 업무 등을 수행하고 있다.

2) 아산소방서

충청남도 아산시 모종로에 있는 아산소방서는 아산 지역 내 화재를 예방·경계·진압하고, 화재·재난·재해 그 밖의 위급한 상황에서의 구조·구급 활동 등을 통해 국민의 생명·신체 및 재산을 보호함으로써 공공의 안녕을 유지할 목적으로 설립되었다. 1948년 7월 17일 내무부 치안국 소방과가 설치되기 이전인 1945년 9월 주민들의 자체 조직인 온양의용소방대가 아산 지역에 발족하였다. 이후 아산군 내 12개 읍·면에 각각 의용소방대가 설치되었으며, 도시 형태를 갖춘 온양읍, 둔포면, 도고면에 소수의 소방직 공무원이 배치되었다. 각 읍·면별 의용소방대에는 대장과 부대장 밑에 정비부, 총무부, 훈련부 등을 두었다. 1983년 9월 30일 천안소방서 온양파출소가 개소되었고, 1989년 1월 31일 온양소방서로 분리되었으며, 1995년 3월 15일 온양소방서를 아산소방서로 명칭을 변경하였다. 1996년 11월 12일에는 소방서 내 119구조대가 발족되었다. 이후 아산시의 확장으로 기존 소방서 건물이 협소하여

2018년 5월 21일 청사를 아산시 모종로로 신축·이전했다.

3) 아산세무서

충청남도 아산시 배방로에 있는 대전지방국세청 산하 국세 관할기관인 아산세무서는 아산시의 국가 재원의 조달 역할을 수행하며, 기초자치단체 세무과에서 징수하는 지방세와 관세청 소속 세관에서 징수하는 관세 이외의 내국세를 징수한다. 아산세무서는 산업 도시화로 급격히 성장함에 따라 천안세무서에서 분리되어 신설된 세무서이다. 2014년 5월 국세청 조직개편안에 아산시의 세무서 신설이 검토되어 2014년 8월 안전행정부 정원 및 조직안에 반영되었다. 이 안에 대해 2012년 10월 기획재정부와 국회의 예산심의 통과가 확정되면서 2015년 1월 아산세무서 개청준비단이 발족되었다. 2015년 2월 직제 개정령이 공포되어 2015년 4월 아산세무서를 설립, 오늘에 이르게 되었다.

4) 아산시법원

충청남도 아산시 용화동에 있는 대전지방법원 아산시법원은 대전지방법원 천안지원 소속의 법원으로 아산시의 민사 및 형사 재판을 담당하는 법원이다. 아산시법원은 아산시민들이 헌법을 수호하고 사법 정의를 실현하기 위해 재판을 받을 때 대전지방법원 천안지원으로 가야 하는 불편을 해소하고 거주 지역에서 신속하게 재판에 임하게 하기 위한 목적으로 설치되었다. 대전지방법원 아산시법원은 1948년 6월 1일 군정 법령 제192호에 의하여 대전지방법원 천안지원 소속으로 개원되어 현재까지 운영되고 있다.

대전지방법원 천안지원은 1909년 11월 1일 공주지방재판소 천안재판소로 개칭하였다. 이후 1910년 10월 1일에 총령 제9호에 의하여 공주지방재판소 천안 구 재판소로 개칭되었고, 1912년 4월 1일에 제령 제4호에 의거 공주지방법원 천안지청으로 명칭이 변경되었다. 1924년 12월 15일 총령 제74호에 의하여 공주지방법원 천안출장소로 명칭이 바뀌었고, 1938년 7월 1일 총령 제132호와 133호에 의거 대전지방법원 천안출장소로 명칭이 다시 변경되었다. 1945년 11월 19일에 군정 임명 사령 제36호에 의해 대전지방법원 천안지원으로 변경되었다가 1947년 1월 1일 군정청 사법부 명령(1946.12.16.)에 따라 대전지방심리원 천안지원으로 개칭되었다. 대전지방법원 아산시법원은 천안지원 소속으로 아산시의 민사소송 사건, 형사소송 사건, 제소 전 화해 사건, 독촉 사건, 강제집행 사건, 임의경매 사건, 등기·서무·공탁·등기계 업무, 호적계 업무 그리고 가사 소송 및 가사 비송 등과 관련된 업무, 그리고 소액심판 사건, 즉결심판 사건, 협의이혼 사건, 가압류 사건(피보전채권액이 3,000만 원 이하인 경우만 해당), 가압류 이의, 가압류 취소 사건, 기타 시·군법원의 재판에 부수되는 신청사건 등의 업무를 수행한다.

5) 한국수자원공사 아산권지사

충청남도 아산시 영인면에 있는 한국수자원공사 아산권지사는 경기도 평택시, 충청남도 아산시·당진시·서산시·예산군 지역에 용수 공급 및 수도 시설을 운영하며 관리하고 있다. 한국수자원공사 아산권지사는 법률 제3997호에 의거하여 아산시의 수자원을 종합적으로 개발하고 관리함은 물론 생활용수와 공업용수 등의 수질을 개선하고, 공급을 원활히 함으로써 지역주민 생활의 공공복리 증진에 기여하고자 설립되었다. 1994년 9월 한국수자원공사 아산수도건설단의 명칭으로 아산 지역에 처음 개소했다. 2018년 1월 한국수자원공사 아산관리단에서 한국수자원공사 아산권지사로 개칭되었다.

1999년에 아산 공업용수 공급시설 1단계를 완공했으며, 2003년에는 아산 공업용수 공급시설 2단계를 완공했다. 2009년에는 송산 공업용수 공급시설 1차 사업을 완공했으며, 2011년에는 송산 공업용수 공급시설 2차 사업을 마무리했다. 2015년에는 송산 공업용수 공급시설 3차를 완공해 현재 평택시, 아산시, 당진시, 서산시 등에 생활용수 및 공업용수를 공급한다. 한국수자원공사 아산권지사는 2009년부터 당진 산업용수센터, 2016년부터 아산신도시물환경센터, 2017년부터 예산·당진 공업용수 공급관로를 각각 수탁받아 운영하고 있다.

6) 한국농어촌공사 아산지사

한국농어촌공사 아산지사는 농어촌의 경제 사회 발전에 이바지하기 위해 농어촌 지역 활성화 촉진, 농어업 생산성 증진을 주도하는 기관이다. 농어촌의 효율적 관리와 농어업인의 소득 향상을 통한 경제적·사회적 발전에 기여하고자 설립되었던 한국농어촌공사 아산지사는 농어촌 정비사업 공사 감리 및 사업 관리, 용수 관리 및 이용 수리 시설물의 점검 및 개보수 등 정비 사업, 관리 지역의 편입과 제외 등 관리, 농지 자료 관리, 농업용수 이용자 명부 작성, 농지은행·영농 규모화·직접 지불 사업 시행 및 사후관리, 채권 관리 업무 등을 수행한다. 한국농어촌공사 아산지사에서 관리하는 면적은 8,037ha이고, 물 관리 및 시설물 개보수 사업의 관할구역은 충청남도 아산시, 예산군, 천안시, 경기도 평택시 지역이고, 아산시의 공사 시행 사업 및 시·군 수탁 사업을 맡고 있다. 한국농어촌공사 아산지사에서 관리하는 저수지는 냉정저수지,

도고저수지 등 18개 저수지가 있다. 양·배수장은 59개, 삽교천방조제 1개, 취입보(取入洑, 하천의 수위가 낮을 때 수위를 높여 물을 쉽게 퍼 올릴 수 있도록 하천을 가로질러 설치한 보) 24개 등의 물 관련 시설을 관리한다. 또한 2018년 9월 농어촌 취약계층의 주거환경 개선 활동에 참여했으며, 특히 관내 농업인 중 장애로 거동이 불편한 가구를 선정해 농어촌 집 고쳐 주기 활동을 펼치기도 했다.

7) 국민연금공단 및 국민건강보험공단 아산지사

국민연금공단 대전지역본부 아산지사는 국민들의 안정적인 노후를 위한 복지 정책의 일환으로 연금제도가 점차로 확대 개선됨에 따라, 아산 지역 시민들의 연금 업무를 원활히 수행하기 위하여 설치한 공공기관이다. 국민연금공단은 연금과 복지 서비스로 국민의 행복한 삶에 공헌하기 위해 설립되었으며, 특히 국민의 질병·부상·노령으로 인한 장애 또는 사망 등으로 소득의 상실 및 중단 시에 연금 급여를 실시함으로써 국민의 생활 안정과 복지 증진에 기여하는 것을 목표로 하고 있다.

국민연금공단 대전지역본부 아산지사는 국민연금 가입자에 대한 기록 관리, 사회보험료 지원 사업, 유족연금 관련 사업, 실버론·노령연금 관리, 장애인 서비스 등을 담당한다. 또한 가입자나 수급권자를 위해 자금을 대여하거나 복지시설을 설치·운영하며, 기금 증식을 위한 자금 대여 사업도 실시한다. 국민연금공단 대전지역본부 아산지사는 가입지원부와 연금지급부, 장애인지원센터 등 2부와 1센터로 조직되어 있다. 가입지원부는 사업자와 지역 가입자의 관리를 담당하며, 연금지급부는 노령연금, 유족연금, 장애연금, 반환일시금, 기초연금, 노후 준비 서비스 등의 상담과 지급을 담당한다. 장애인지원센터는 장애인과 기초수급자 관련 사무와 장애 심사 상담 및 접수의 업무를 처리한다.

국민건강보험공단 아산지사는 국민건강보험공단 대전지역본부 소속의 지사로 아산 지역 주민의 평생건강을 보장해 줌으로써 주민들이 행복한 세상으로 나아가게 하는 활동을 펼치고 있다. 1963년에 제정된 「의료보험법」에 근거해 1988년 1월 1일 농어촌 의료보험이 시작되면서 아산시의료보험조합이 설립되었다. 2000년 7월 1일 「국민건강보험법」에 따라 국민의료보험관리공단과 직장조합을 통합해 국민건강보험공단이 출범하면서 명칭도 국민건강보험공단 아산지사가 되었다. 2003년에는 지역의료보험과 직장의료보험의 재정을 통합해 지금에 이르게 되었다.

국민건강보험공단 아산지사는 보험료 및 각종 징수금 부과, 가입자 및 피부양자의 자격 관리, 보험 급여의 관리, 건강보험에 관한 교육 및 홍보, 「국민건강보험법」 또는 다른 법령에 의하여 위탁 받은 업무, 기타 건강보험과 관련하여 보건복지부장관이 필요하다고 인정한 업무 등을 수행한다. 또한 2008년 7월 1일부터 노인장기요양보험과 관련해 수급자에게 배설, 목욕, 식사, 취사, 조리, 세탁, 청소, 간호, 진료의 보조 또는 요양상의 상담과 관련된 업무도 수행하며, 가입자 및 피부양자의 건강 유지 및 증진을 위하여 필요한 예방 사업도 실시하고 있다.

8) 아산우체국

아산 시민들에게 신속·정확·안전하게 우편과 금융 서비스를 제공하기 위해 설립된 아산우체국은 1905년 6월 온천리우편취급소가 개국하여 1909년 11월 온양우편전신취급소로 명칭이 바뀐 뒤 1941년 12월 온양우편국으로 다시 개칭되었다. 1949년 1월 전신전화 업무가 전신전화국으로 이관되었으며, 1995년 3월 온양시와 아산군이 통합됨에 따라 아산우체국으로 이름을 바꿨다.

2001년 5월 직제가 2과 1실로 개편되었고, 2001년 7월 아산좌부동우편취급국을 개국했다. 2007년 11월에 서기관급 우체국으로 승격되었다. 2010년 1월 3과 1실로 직제가 개편되었으며, 2011년 12월에는 아산장재우체국을 개국하였다. 2015년 1월 순천향대학교우편취급국과 호서대학교우편취급국이 개국되었으며, 2015년 10월 아산좌부동우편취급국이 이용자 감소로 폐국되기도 했다. 2016년 8월 4과 1실로 직제가 개편되었다.

9) 아산시선거관리위원회

아산시선거관리위원회는 중앙선거관리위원회 산하 충청남도선거관리위원회의 16개 구·시·군 선거관리위원회 중 하나이다. 국민선거와 국민투표의 공정한 관리와 정당 및 정치자금에 관한 사무를 처리하기 위해 설치된 국가기관으로 국회·정부·법원·헌법재판소와 같은 지위를 갖는 독립된 합의제 헌법기관이다. 아산시선거관리위원회는 깨끗한 선거 문화 정착과 민주정치 발전을 위한 선거, 국민투표의 공정한 관리 및 정당 등에 관한 사무를 관장하기 위해 설립되었다. 선거관리 업무로는 공직선거 관리, 선거비용 관리, 국민투표 관리, 위탁선거 관리, 주민투표 관리, 주민소환 투표 관리, 정당의 당내경선 사무관리 등이 있다. 정당 사무관리는 정당 등록에 관한 사무, 정책 추진에 대한 실적 공개 및 정책토론회 개최, 정책 정당으로의 발전과 지원에 관한 사무 등이 있다. 정치자금 사무관리는 후원회 등록에 관한 사무, 후원금 모금 및 기부 상황 감독, 국고보조금 지급 및 지출 상황 감독, 기탁금의 수탁 및 배분, 정당 및 후원회 등의 회계보고 접수 및 확인, 조사 정치자금 모금 지원 및 정치자금 사무처리 지원 등이 있다. 또한 아산시선거관리위원회에서는 민주시민 정치 교육과 선거, 정치제도 연구 등을 하고 있다.

10) 아산등기소

충청남도 아산 지역을 관할하면서 부동산 등기, 법인 등기(상법·민법 법인), 동산·채권 담보 등기, 기타 등기의 업무를 처리하는 기관인 아산등기소는 재산 및 권리에 대한 등기 업무를 볼 때 인접 지역인 천안지원 등기소로 가야 하는 불편을 해소하기 위하여 설립되었다. 아산등기소는 토지·건물에 대한 각종 등기는 「부동산등기법」 규정에 따라 등기하고, 법인 또는 부부 재산 계약의 등기를 비롯해 상호 등기, 각종 회사 등기에 관해서는 「비송사건절차법」 규정에 따른다.

그리고 선박 등기, 공장재단 등기, 입목 등기(立木登記, 토지·건물과는 별개의 부동산인 입목에 대한 권리를 증거하기 위한 등기) 등은 각 특별법에 따른다. 아산등기소에서는 등기부, 공동인 명부, 색출장(索出帳), 신청서 편철부(申請書編綴簿), 접수장 등을 비치해 놓고 있다. 주로 등기부의 기재·관리·보존 업무 외에 등기부의 등본 또는 초본의 교부, 등기부 또는 부속서류의 열람 업무 등을 처리한다. 부동산 등기, 법인 등기(상법·민법 법인), 동산·채권 담보 등기, 기타 등기 업무 또한 수행하고 있다.

11) 아산시산림조합

아산시산림조합은 조합원이 필요로 하는 기술, 자금 및 정보 등을 원활히 제공해 지속 가능한 산림 경영을 촉진하고, 산림의 생산력을

증진시키며, 조합원이 생산한 임산물의 판로 확대 및 유통의 원활화를
추구한다. 또한 조합원의 경제적·사회적·문화적 지위 향상을 도모하
기 위해 설립되었다. 아산시산림조합의 효시는 조선시대 향약의 일종
인 송계(松契)이며, 송계는 일제강점기를 거치며 산림계로 바뀌었다.

현대적인 산림조합은 1949년 사단법인 중앙산림조합연합회, 도산림
조합연합회 및 시·군 산림조합 조직이 결성됨으로써 시작되었다. 아
산시산림조합은 경제 사업으로 조합원의 소득 증대 사업, 임산물을 이
용한 사료 및 비료의 생산·판매·알선, 산림용 종묘 등 임산물의 채취·
보관·육성·판매·알선 등의 업무 외에도 산림 경영 사업, 조합원을 위
한 신용 사업, 임업 자금 등의 관리 운용과 자체 자금 및 운영 등의
사업을 전개한다. 교육·지원 사업으로는 임업인 상담 및 교육, 훈련,
정보 수집 및 제공, 임업인 육성 및 지도 등이 있다.

12) 아산시수도사업소

아산시수도사업소는 아산 시민들이 안심하고 사용할 수 있는 생활용
수 공급과 일상생활에서 배출되는 생활하수를 안전하게 처리하며, 지하
수를 개발해 지역주민들의 쾌적한 생활을 지원할 목적으로 설립되었다.
아산시수도사업소는 안심하고 마실 수 있는 물 공급 서비스와 신속한
상수도 민원 서비스를 제공할 뿐만 아니라 수도 사용량 검침 및 요금
부과의 업무를 담당한다. 또한 광역 상수도, 마을 상수도, 지하수, 먹는
물 관리와 하수종말처리장, 마을 하수도, 하수관거(下水管渠, 오수와 우수
를 모아 하수처리장과 방류 지역까지 운반하기 위한 배수관로) 등 생활하수
처리에 관련된 각종 자료와 정보 및 서비스 체계를 갖추고 있다.

13) 아산시시설관리공단

아산시시설관리공단은 아산 시민들의 삶과 밀접한 관련이 있는 환경·교통·문화 시설들을 안전하고 효율적으로 관리·운영함으로써 맑고 깨끗한 도시환경을 조성하고, 시민의 편익과 복리 증진 등 시민들이 행복한 삶을 영위할 수 있도록 하기 위해 설립되었다. 아산시시설관리공단에서는 공설봉안당, 생활자원처리장[소각장], 건강문화센터, 생태곤충원, 공영주차장 등을 관리·운영하며, 종량제 봉투 및 배출 스티커 판매, 국가 또는 지방자치단체가 위탁하는 사업으로 시장의 승인을 얻은 사업과 그밖에 시장이 위탁하는 사업 등의 업무를 담당한다. 또한 아산 시민의 일상생활에 밀접한 영인산자연휴양림, 생활자원처리장을 비롯한 8개의 도시 기반 시설물을 관리·운영한다. 아산 지역의 주요 공공 시설물을 시민이 안전하고 편리하게 이용할 수 있도록 하며 시민들의 요구에 부합하는 시설물 관리를 위해 노력하고 있다.

14) 아산시농업기술센터

아산시 농업기술센터는 아산 지역 농업의 경쟁력 강화와 농가 소득 증대를 위해 아산시 염치읍 염성리에 설립된 농업인 기술지도 전문기관이다. 농업인 교육, 전문 인력 육성, 지역 소득 작목 육성, 친환경농업의 확대, 농업 기계화, 농산물 수입 개방 및 기후 변화에 따른 변화에 대응하기 위해 설립된 아산시 농업기술센터는 첨단과학 영농의 실현과 농산물 가공 및 유통, 농촌 체험관광 등 농업의 6차 산업화를 통해 지역 농업의 경쟁력 강화와 농가 소득 증대를 목표로 하고 있다.

15) 한국전력공사 아산지사

한국전력공사 아산지사는 한국전력공사 대전세종충남본부의 산하기관으로 아산 지역의 송전·변전·배전 및 전기시설 관리, 전기와 관련된 사업을 담당하고 있는 공공기관이다. 아산 지역의 송전·변전·배전과 이와 관련되는 영업 등을 수행하여 전력 수급 안정화와 지역경제 발전에 기여하는 것을 목적으로 설립된 한국전력공사 아산지사는 1930년 3월 온양전기에서 비롯되었고, 1961년 7월 한국전력 온양출장소, 1991년 5월 충남지사 온양지점, 그리고 2012년 2월 한국전력공사 대전세종충남본부 소속의 한국전력공사 아산지사로 각각 개칭되었다.

2. 교육기관

우리나라는 1945년 광복 이후 국민 사이의 뜨거운 교육열과 더불어 정부 차원의 교육정책이 전국적으로 획일하게 전개됨에 따라, 아산 지역의 교육은 획기적인 발전을 거듭하였다. 특히 1970년대 이후에는 인구 증가와 함께 사회·경제·문화의 급속한 변화와 생활의 질이 크게 향상됨에 따라 아산 지역의 교육도 눈에 띄게 발달되고 교육기관도 증가하였다. 2021년 현재 아산시의 교육기관은 유치원, 초등학교, 중학교, 고등학교, 대학교 등 모두 144개에 달하고 있다. 오늘날 급속히 대두되고 강조되고 있는 평생교육도 「평생교육법」의 시행과 함께 본격적으로 확산되기 시작하여 아산 지역 공공시설 내에 아산시 평생학습관과 평생교육원을 두고 있다.

조선시대 교육기관으로는 온양향교(溫陽鄕校), 아산향교(牙山鄕校), 신창향교(新昌鄉校)와 정퇴서원(靜退書院), 인산서원(仁山書院), 도산서원 (道山書院) 등이 있었다. 온양향교는 현재 아산시 읍내동, 아산향교는 영인면 아산리, 신창향교는 신창면 읍내리에 있다. 인산서원은 염치읍 서원리, 정퇴서원은 배방읍 중리, 도산서원은 도고면 도산리에 각각 창건되었으나 현재는 남아 있지 않다. 개항기에는 근대 학교 설립, 신학 문·신교육의 도입과 발달, 반외세 저항운동과 구국운동이 전개되어 최 초로 온양공립보통학교가 1908년에 설립되었다.

1910년 일제가 을사늑약을 공포하면서 일제강점기에 접어들게 되었 고, 1911년 초기 식민 교육의 틀을 마련한 「조선교육령」이 반포되었다. 이때 한국인과 일본인에 대한 교육을 분리하였으며, 학제에서도 일본 인 학교와 현저한 차등을 두었다. 한국인 부모들은 자녀들을 일본인화 하려는 학교에 보내고 싶어 하지 않았다.

아산 지역에는 1910년 신창공립보통학교, 1911년 아산공립보통학교 가 설립되었다. 1917년 둔포보통학교, 1923년 선장보통학교, 1924년 송남보통학교, 1927년 음봉보통학교, 1930년 온양신정보통학교, 인주 보통학교, 도고보통학교 등이 연이어 설립된 결과, 초등교육의 성장에 비해 중등교육 기관의 설치는 부족하였다. 일제강점기 말기에는 여학생 수가 급증하였고, 3개의 보통학교 부설 간이학교가 설치되었다. 일본인 이 세운 학교에 보내지 않으려는 민족적 반항심이 자녀 교육을 서당에 의지하게 하는 원인이 되었고, 충청남도에는 249개의 서당이 있었다.

정규 실업학교로 1927년 신창공립농업보습학교가 설립되었으며, 신 창공립농업보습학교는 1944년 신창공립여자농업전수학교로 개편되었 다. 광복 후 미군정은 조선교육위원회와 조선교육심의회 등의 자문기 구를 통해 교육 정책을 추진했으며, 「교육에 관한 조치」(미군정 법령 제

6호)를 통해 교육제도를 개편하는 일방적 정책을 제시했다. 이때부터 6-3-3-4학년의 단선형 학제로 바뀌었고, 3학기제에서 2학기제로 바뀌었다.

1948년 정부 수립이 되면서 1949년 「교육법」이 공포되어 교육의 방향과 진로가 확립되었다. 이 시기에 아산 지역에는 국민학교 11개교, 중학교 2개교, 고등학교 1개교가 설립되었다. 6·25전쟁은 교육의 환경을 더욱 어렵게 하였다. 6·25전쟁 이후 1954년 시간 배당 기준령이 공포되었고, 1955년 초등학교 및 중·고등학교 교과 과정이 문교부령으로 공포, 교과 중심 교육과정이 이루어졌는데 이를 제1차 교육과정이라 하였다. 이 시기에 아산 지역의 많은 간이학교와 분교장이 국민학교로 승격되었고 많은 중학교가 설립되었다. 1970년대에는 각급 학교에서 현충사를 주기적으로 참배하거나 충무교육원을 적극 활용해 충무 정신 교육을 활발히 진행하였다. '충무공 5대 정신'을 생활 속에서 실천하게 하였으며, 아산 출신 맹사성의 사상과 업적을 재조명하고 청백리 정신의 계승을 위해 국민의식 개혁 운동을 전개하였다. 고등학교는 교련 교육을 실시하였고, 학교 새마을 운동 실천 및 각급 학교 향토관을 설치·운영했다.

1980년대에는 과학교육 활성화 및 학문 중심 교육을 강조했다. 온양온천초등학교에 학생 수영부를 조직했고, 충청남도 지역에서 유일한 국제 규격의 온양실내체육관을 이용해 선수를 집중 훈련시킨 결과 전국 소년체육대회에서 금메달을 획득하는 등 우수한 실적을 거두었다. 1990년대에는 아산사랑 애향 교육 실천, ICT 활용으로 정보교육 기반 조성, 이웃 사랑 운동 실천 및 인성교육 강조, 효 실천 교육, 내 고장 학교 다니기 운동 등이 전개되었고 농어촌 거점학교가 운영되고 있다. 2000

년대에는 아산장영실과학관이 개관하면서 '장영실 교실'을 운영했다.

아산 지역 교육기관의 현황을 보면 2021년 3월 기준, 아산 지역의 유아 교육기관으로는 60개원이 있다. 초등학교로는 온양초등학교, 온양온천초등학교, 온양동신초등학교, 온양초사초등학교, 온양천도초등학교, 신리초등학교, 신광초등학교, 온양중앙초등학교, 용화초등학교, 온양권곡초등학교, 온양신정초등학교, 온양풍기초등학교, 충무초등학교, 아산초등학교, 송남초등학교, 거산초등학교, 배방초등학교, 금곡초등학교, 동방초등학교, 모산초등학교, 아산북수초등학교, 연화초등학교, 아산용연초등학교, 탕정초등학교, 동덕초등학교, 탕정미래초등학교, 염티초등학교, 송곡초등학교, 음봉초등학교, 월랑초등학교, 쌍룡초등학교, 둔포초등학교, 염작초등학교, 남창초등학교, 관대초등학교, 영인초등학교, 신화초등학교, 인주초등학교, 금성초등학교, 선장초등학교, 도고초등학교, 도고온천초등학교, 신창초등학교, 오목초등학교, 아산남성초등학교 등 총 46개의 공립 초등학교가 있다.

중학교로는 온양중학교, 온양용화중학교, 온양여자중학교, 온양신정중학교, 아산배방중학교, 설화중학교, 영인중학교, 선도중학교, 신창중학교, 음봉중학교, 인주중학교, 송남중학교, 도고중학교, 탕정중학교, 아산테크노중학교, 모산중학교, 아산중학교, 온양한올중학교, 둔포중학교 등 총 19개가 있다.

고등학교로는 아산고등학교, 온양한올고등학교, 충남삼성고등학교 등 3개 사립교와 배방고등학교, 설화고등학교, 아산전자기계고등학교, 온양고등학교, 온양여자고등학교, 온양용화고등학교, 충남외국어고등학교 등 7개 공립학교를 포함 총 10개교가 있다. 특수 및 기타 학교로는 공립 3개교가 있다. 대학교로는 국립 경찰대학과 사립 4년제

대학 선문대학교, 순천향대학교, 유원대학교, 호서대학교, 기능대학인 한국폴리텍IV대학 총 6개교가 있다.

3. 주요단체

1) 아산시민사회단체협의회

아산시민사회단체협의회는 아산 지역에서 활동하는 시민사회단체의 연대 조직으로, 아산시민연대, 아산YMCA 등 아산 지역에 있는 14개 시민단체들이 참여하고 있다. 아산 지역에서 발생하는 제반 문제에 대해 아산 지역 시민사회단체들이 공동으로 대응하기 위해 설립된 아산시민사회단체협의회는 1993년 아산YMCA, 1998년 아산시민모임(현 아산시민연대), 2001년 아산외국인노동자지원센터(현 아산이주노동자센터) 등에서 시작되었다.

이 단체들은 각각 청소년과 시민사회, 권력 감시와 지방자치, 이주민 지원과 인권 보호 등의 영역에서 활동하며, 민선 1기 지방자치단체장 후보 정책 토론회, 외암리 군부대 이전 반대, 학교 무상급식 및 고교 평준화 추진 등 시민사회 및 지역 현안 문제에 대해 전국농민회 및 전국민주노동조합총연맹, 전국교직원노동조합 등 지역사회의 단체들과 협력하며 일해 왔다. 2000년대 중반 이후 다양한 풀뿌리 자치조직이 생겨나면서 지역 현안 문제에 대한 보다 효율적인 대응과 시민사회 활성화를 위해 연대 조직의 필요성이 제기되었지만 논의가 본격화되지 못하였다.

그러다 2012년부터 연대 조직의 필요성이 강하게 제기되면서 5차례 준비위원회 모임을 거쳐 준비를 해오다 마침내 2015년 5월 18일 아산

시민사회단체협의회의 창립총회를 갖고 정식으로 출범했다. 아산시민
사회단체협의회는 지역사회의 민주적 발전을 위해 필요한 사회 개혁
추진, 지역사회의 주요 현안에 대한 과제별·부문별 연대 네트워크 구
성 지원, 지역사회에서 시민사회단체 간 연대와 협력을 통해 상호 발
전 도모 등을 위해 지속적인 활동을 펼치고 있다.

아산시민사회단체협의회의 2015년 창립 당시에는 전국민주노동조
합총연맹 세종충남본부 아산시위원회, 아산YMCA, 아산YMCA 아이쿱
소비자생활협동조합, 아산시민연대, 아산외국인노동자지원센터, 어린
이책시민연대 아산지회, 전국교직원노동조합 세종충남지부 아산지회,
전국노점상연합 충청지역, 전국농민회 충남도연맹 아산농민회, 천안
아산환경운동연합, 평등교육 실현을 위한 아산학부모회, 민족문제연
구소 아산지회, 아산제터먹이사회적협동조합, 동학농민혁명 아산시기
념사업회 등 14개 단체가 함께하고 있다.

2) 아산기독교청년회(YMCA)

아산YMCA는 '꿈꾸는 젊은이, 함께하는 지역사회'를 가치로 청소년
과 청년, 지역 시민사회 활성화와 삶의 질 향상을 위한 다양한 사업을
전개하고 있다. 아산YMCA는 기독교 정신에 기초해 설립되었지만 종
교에 구애됨 없이 정의롭고 평화로운 세상과 지역사회를 이루는 일에
동의하는 사람이라면 누구나 자유롭게 참여할 수 있는 청소년 및 시민
단체이다. 우리말 이름은 '아산기독교청년회'이다.

3) 아산시민연대

아산시민연대는 시의회가 열릴 때마다 꾸준히 방청 운동을 하였고,

정기적으로 시정과 의정에 대한 성명과 논평도 발표했다. 시의회에 대해서는 철저한 행정 감사와 시정 견제를 촉구하였을 뿐 아니라, 구속 의원 의정비 지급 중단, 시의원 입법 예고 기간, 시의원 해외연수 문제 시정과 보고서 공개 등 여러 제안을 해 반영되도록 했다. 또한 시정에 대한 정보 공개 청구와 언론보도를 점검해 시정 전반에 대해 상식적인 시민의 눈에서 적절한 비판과 제안을 이어갔다. 아산시민연대에서는 비리 공무원, 공무원 국외 출장, 조례에 따른 각종 위원회 평가와 정비 제안, 공무원 퇴직 시 산하기관 취업 비판, 대중교통 버스 지원 투명성 확보 촉구, 신정호 배변 봉투 비치, 장애인을 위한 교통 편의, 미래장학회 선발 기준 개편 등 회원과 시민들 의견을 반영한 제안을 제출하였고 아산시민사회단체협의회를 결성하여 아산시 고교평준화 서명운동, 아산시 국회의원 선거구 증설 대책위원회, 평화의 소녀상 건립추진위원회 등 지역과 전국 사업에 적극 대응했으며, 동학농민혁명 아산시기념사업회의 창립에도 기여했다.

4) 아산시체육회

충청남도 아산시 풍기동에 위치한 대한체육회 산하 체육단체인 아산시체육회는 운동을 범시민화하여 학교체육 및 생활체육의 진흥과 시민의 체력향상 및 건전하고 명랑한 기풍을 진작시키는 한편, 가맹 경기단체와 체육단체의 통합 지도로 우수한 경기자를 양성해 스포츠를 통한 시민위상 제고와 시민 문화 발전에 기여하기 위해 설립했다. 아산시체육회는 주로 회원 종목 단체 및 읍면동 체육회의 사업과 활동에 대한 지도와 지원, 종합 체육대회 및 종목별 체육대회의 개최 및 국제 교류, 지역 선수·지도자 및 직장 운동 경기부의 육성과 경기 기술의 연구 촉진, 범시민 생활체육 운동 전개, 생애 주기 생활체육 프로그램 보급, 스포츠클럽 및 체육 동호인 조직의 활동 지원, 학교체육·전문체육·생활체육의 연계를 위한 사업, 체육회의 사업 수행에 필요한 재원 조달 사업을 시행하고 있다.

5) 한국예술문화단체총연합회 아산지회

한국예술문화단체총연합회 산하 문화예술 단체인 한국예술문화단체총연합회 아산지회는 한국문인협회 아산지회, 한국국악협회 아산지회, 한국무용협회 아산지회, 한국연예협회 아산지회, 한국연극협회 아산지회, 한국음악협회 아산지회, 한국사진작가협회 아산지회, 한국미술협회 아산지회, 한국영화인협회 아산지회 등의 9개 회원 단체로 구성되어 있으며 아산 지역 문화예술인들 간의 친목을 도모하고, 향토 예술의 창달로 아산지역 문화 예술 발전에 기여할 목적으로 설립되었다.

제6부

미래형 자족도시

경제와 자족도시

임윤혁

<hr/>

1. 더 큰 아산, 성장의 밑그림을 그리다!

한 도시가 규모면에서 커지기 위해서는 엄청난 시간과 비용적인 투자와 개개인의 노력이 뒤따라야 한다. 기본적으로 도로·교통 등 물류 인프라가 잘 갖춰져야 하고, 산업단지 조성 등을 통한 기업 유치 등 투자가 늘어나야 한다. 그렇게 됨으로써 지역경제도 살아나고 일자리가 생겨나며, 저절로 인구유입이 증가하면서 이들을 품을 도시개발 사업도 활발해지는 것이다. 이러한 연쇄작용은 증가와 성장이라는 선순환을 이루어 마침내는 자족도시로서의 규모와 시스템을 갖추게 되는 것이다.

이러한 양적 성장의 기반 위에 시민들의 삶의 질 향상을 위한 질적 성장이 더해져야 함은 물론이다. 문화예술 인프라 확충, 생활체육 활성화, 시민 여가공간 조성, 맞춤형 복지 서비스 제공, 육아 및 교육의 질적 향상, 안전 및 건강의 생활화, 주민자치 활성화, 미세먼지 및 환경 만족도 제고, 반려동물 복지 등이 뒤따라야 한다.

여기에 그 도시만이 가지고 있는 특질들이 반영되면 금상첨화다. 아산시의 경우 도농복합도시로서 농업과 먹거리 자족의 문제라든지, 바다를 끼고 있는 연안지역으로서의 지형적 특성을 어떻게 살릴 것인지, 축적된 첨단과학기술 인프라를 어떻게 활용해 미래 먹거리를 만들 것인지, 충남 최고로 인정받는 사회적경제 인프라는 어떻게 활용할 것인지 등이 그런 것들이다.

1) 기업이 탐내는 도시, 아산

우선적으로 아산시는 지속가능한 성장 기반을 만들기 위한 산업 육성에 매진했다. 민선 7기에 조성을 완료했거나 조성 중인 산업단지는 총 14개, 면적을 합치면 여의도의 3.5배 크기에 달한다. 잘 정비된 맞춤형 계획입지는 좋은 기업을 유치할 수 있었고, 많은 양질의 일자리 창출이 이루어졌다. 그 결과 자타가 인정하는 '기업이 탐내는 도시'로 거듭날 수 있었다.

아산시는 민선 7기에 사상 최대 규모 투자를 유치했다. 삼성디스플레이의 13조 1천억 원의 신규 투자와 함께 이와 관련된 기업들의 후속 투자가 본격적으로 이어지면서 총 59개 기업, 1조 5,000억 원이 넘는 신규 투자로 1만 4,000여 명의 새 일자리를 창출하는 등 좋은 실적을 거두었다. 이러한 결과로 아산시는 대한민국 대표브랜드 대상 투자유치부문 2년 연속 '대상'을 수상하기도 했다.

최근에는 친환경 자동차 분야 투자가 활발하다. 자동차 산업 트렌드가 기존 내연기관에서 전기차나 수소차 같은 미래자동차로 빠르게 이동하면서 기업들이 새로운 투자처로 아산을 찾고 있는 것. 특히 현대자동차가 전기차 '아이오닉6'를 아산 인주공장에서 생산하기로 하면서 현대모비스의 400억원 투자를 유치했고, 성우하이텍이라는 중견기업도 720억원 규모 투자를 결정했다. 모두 친환경 자동차 부품과 관련한 신규 투자이다.

또한 최근에는 국내 유일의 자동차 연구소인 한국자동차연구원의 차량용 반도체와 관련한 연구캠퍼스를 유치했다. KTX 천안아산역 인근에 500억원을 투자해 국내 최초로, 유일하게 차량용 반도체와 자율주행차 기술을 연구할 예정이다.

이와 함께 아산시는 기업하기 좋은 환경을 만들고, 기업들의 투자를 유치를 위한 원스톱 행정서비스를 제공. 기업이 투자를 결정하면 전담팀이 사전컨설팅을 해주고, 공장 설립부터 인허가까지 맞춤형 지원을 펼치고 있다. 또한 기업 운영에 애로가 생기면 기업경영 애로지원단이 최우선·최단기간으로 행정을 처리하는 등의 노력으로 기울이고 있다.

2) 일자리가 곧 미래성장동력

자치단체 입장에서 일자리 정책은 아무리 강조해도 지나치지 않을 정도로 중요하며 큰 비중을 차지하는 분야다. 일자리가 있어야 사람이 오고, 사람이 와야 산업이 형성되며, 그렇게 됨으로써 지역경제가 활성화되고 나아가 지역의 새로운 미래 성장동력으로까지 이어지는 것이다.

그러나 이전까지는 일자리 정책에서 지자체의 역할은 미미했던 게 사실이다. 큰 틀에서 중앙정부와 광역자치단체 주도로 정책이 수립되고, 기초자치단체는 단순 집행하는 역할에 머물렀다. 하지만 일자리는 지역 여건과 밀접한 관련을 갖는다. 때문에 아산은 아산의 산업환경과 기업분포 등에 대한 명확한 분석 하에 실효성 있는 정책을 수립·추진해야 제대로 된 효과를 거둘 수 있는 것이다.

이런 인식 하에 아산시는 지역 여건에 대한 분석을 완료하고 연차별 세부계획을 수립, 시민들이 체감할 수 있는 실제적인 양질의 일자리 발굴 노력을 기울여왔다.

그 첫 번째가 기업유치를 통한 일자리 창출이다. 산업단지 조성, 우량기업 유치, 기업들의 대규모 투자유치를 유도해 일자리 기반을 공고히 해나갔다. 또한 단순히 기다리기만 하는 것이 아니라 아산시 종합일자리지원센터 내 기업전담 상담팀을 운영해 우수 인재를 적극 추천하는 등 기업의 성공적 안착을 위해 선제적인 노력을 기울였다.

그런가하면, 2020년에는 코로나19 확산에 따른 면접기회 감소로 어려움을 겪는 구직자들을 위해 ICT를 융합한 '보이는 자기소개서'를 전국 최초로 도입했다. 성장과정이나 사회경험, 핵심역량 등을 스토리텔링한 영상 제작을 지원해 취업률 75%라는 성과를 거뒀다. 2021년에는 이를 확대해 구인이 필요한 제조기업의 사업장 및 생산공정 등 실제 근무환경을 영상으로 제작해 구직자에게 전달함으로써 일자리 매칭을 촉진하는 창의적 고용혁신 서비스로 평가받았다.

3) 민선7기 일자리 5만개 창출 공약 달성

한편 공공분야 일자리 창출을 통한 지역사회 기여에도 힘을 쏟았다. 공공분야 일자리 사업은 주로 일자리 취약계층인 어르신, 장애인, 청년 등을 위한 다양한 사업을 추진하고 있다. 공공근로, 희망근로, 자활근로, 방역일자리 사업 등 저소득층의 생계 지원을 위한 일자리 사업으로 매년 1천 5백 명 이상 고용하고 있으며, 어르신을 위한 일자리로 신중년일자리, 노인일자리 등 매년 2천 5백여 명 고용해 운영중이다. 장애인을 위해서는 활동지원, 재활서비스 지원 사업으로 1천여 명을, 아이들 지원을 위한 일자리 사업으로는 보육도우미 지원, 찾아가는 음악선생님 등 매년 5백여 명의 일자리를 창출하고 있다.

청년 일자리에도 다양한 정책을 추진 중이다. 청년아지트 '나와유'라는 청년전용 공간을 온양, 배방에 각각 개소해 운영 중에 있으며, 이곳에서는 청년의 일자리 정책을 발굴하고 시행 등 다양한 사업과 프로그램을 운영하고 있다. 대표적인 프로그램으로는 청년 취업컨설팅 스파르타, 청년 면접정장 지원사업, 청년 내일카드 등이 있으며, 각종 전국평가에서 수차례 입상하는 등 청년일자리 정책에서 아산시는 전국을 선도하고 있다.

그런가하면, 정부의 역점 추진정책 중 하나인 지역균형뉴딜사업에 아산시는 '로컬 달인 라이브 커머스 청년장사꾼 프로젝트'가 당당히 선정(2021년 7월)되어 앞으로 많은 청년 일자리가 증가할 것으로 예상된다. 이러한 노력으로 아산시는 2019년과 2020년 2년 연속 일자리 공시제에서 우수상을 수상하는 성과를 거두었다.

이밖에도 아산시는 더 나은 일자리 창출을 위해 다양한 시도를 하고 있다. 친환경 전장형 자동차부품 벨트 조성 노사민정 상생형 일자리 모델 마련이나, 지역 내 기업 근로자가 아산시에 정착할 수 있도록 하는 일자리 연계형 지원주택 추진 구상 등이 그런 노력들이다. 이런 정책들이 구체화 되면 아산시가 꿈꾸는 50만 자족도시는 머지않아 완성될 수 있을 것으로 기대된다.

4) 곧 실현될 50만 자족도시 완성의 꿈

이러한 노력의 결과 아산시는 예산규모가 2021년 본예산만 1조 9백억 원에 달하며, 재정자립도 37.5%(충남 1위, 2021년 기준), 도시개발 14개 지구 추진(인천광역시 제외 전국 최다 규모), 산업단지 14개 지구(여의도 면적 3.5배), 지역 내 총생산 30.2조원(충남 1위)·1인당 지역 내 총생산 9,420 만원(2018년 기준), 수출 590억불(전국 11.5%, 충남 74% 차지)·무역수지 566억불(2020년 기준)로 전국 시군구 1위를 차지했다. 이처럼 경제규모가 커지고 성장을 구가하면서 인구도 꾸준히 증가해 2021년 10월 기준 350,685명으로 35만 명을 넘어섰다.

이러한 성장세에 글로벌 비즈니스가 가능한 사통팔달의 교통여건, 풍부한 인적자원, 쾌적한 주거환경, 평균연령 39.5세에 청년인구가 28.6%를 차지하는 젊은 도시, 면면히 이어져온 역사와 문화의 전통 및 위기에 강한 성숙한 시민의식 등, 아산이 가지고 있는 무한한 성장가능성에 주목한 세계적인 컨설팅 전문그룹 '맥킨지'사는 보고서를 통해 "아산시가 오는 2025년이면 세계 5대 부자도시"가 될 것이라고 전망하기도 했다.

이렇듯 아산시는 젊은 세대의 유입과 출산으로 인구는 늘고 있고, 수출과 무역수지 흑자규모도 전국 최고를 자랑한다. 하지만 자동차와 디스플레이에 편중된 제조업 중심의 산업구조, 지방도시라는 타이틀, 저출산·고령화, 지역 양극화·불평등 등 지속적인 성장을 방해하는 요소들이 산재해 있는 것도 사실이다. 이러한 한계를 극복하기 위해 꼭 필요한 것이 중장기적이고 미래지향적인 발전전략이었다.

우선 미래 신성장 사업들의 연구부터 생산까지, 관련된 인력과 기관을 유치할 수 있는 공간을 만들기 위해 '강소연구개발특구' 지정에 전력을 기울였다. 국회 토론회에 참가해 당위성을 설명하고 지역 국회의원과 공조활동을 전개하는 등 노력 끝에 마침내 '강소연구개발특구'에 선정됐다.

이후 관련기관 유치를 위해 정부 공모사업에 도전해 ICT 융합생태계 조성사업인 SW융합클러스터 2.0 사업, 힐링스파 기반 재활헬스케어 다각화사업, 수면산업 실증기반 구축 및 기술고도화 사업, 차량용반도체 자율주행 R&D캠퍼스 조성사업 등에 선정되자 타 지자체 및 연구기관에서는 불과 1년 만에 아산시가 미래산업 부문 Start-up에서 Leading Company로 성장했다고 평가했다.

5) 지속가능한 산업생태계 구축

2021년부터는 관련 연구기관이나 대학 등에서 사업 참여 러브콜이 쏟아졌고, 재생·재건산업기술 실증 및 제품 인허가 실증체계 구축, 지능형 의지보조 및 의료용 자동이동기기 트랙터코드 구축, 자율주행 셔틀 인포테인먼트 기술개발 및 서비스 실증사업, 사용자 중심 재활헬스케어기기 플랫폼 구축 및 고도화 사업 등 'AI, 빅데이터, 자율모빌리티, 헬스케어' 분야 중심과제 선정에 아산시가 두각을 나타냈다.

한편, 아산시는 지속적인 사업 발굴과 지역 연계를 위해 전문연구기관 유치에도 적극 나섰다. 그 결과 아산 R&D 집적지구 내 수면산업실증센터, 한국산업기술시험원(KTL) 바이오·의료 종합지원센터, 차량용 반도체·자율주행 R&D센터, 헬스케어 스파산업 지원센터, 자율셔틀 모빌리티 주행실증 순환도로 등을 유치했다. 앞으로도 아산시는 휴먼 마이크로바이옴, AI종합인증, 5G기반 관련 스마트 산업 거점 유치를 위해 노력해나갈 계획이다.

세상은 그야말로 정신 못 차리게 진화 중이다. 자칫 머뭇거리다가는 어느새 따라잡을 수 없을 정도로 뒤처지는 상황에서 지방도시의 한계를 극복하고 더 큰 성장을 하기 위해 어떻게 해야 할까? 그동안 우리는 지속가능한 50만 자족도시 조성을 위한 미래 먹거리 창출에 힘써왔다. 산업단지 하나, 연구단지 하나도 지역 산업과 연관시켜 4차 산업혁명의 핵심으로 키워나가고자 하는 것이다.

온천에 과학화·표준화로 새 옷을 입혀 스마트헬스케어 산업으로 키워가고 있으며, 관내 400여 자동차기업과 320여 디스플레이기업들은 자율형 모빌리티·AI 인증·차세대 디스플레이 스마트센터 구축·5G기반 혁신사업 등 미래 신성장산업 기반 구축을 통해 패러다임의 변화에도 끄떡없는, 지속가능한 산업생태계를 구축해가고 있다.

2. 시장경제의 한계, 사회적경제에서 답을 찾다!

아산시가 아무리 1인당 GRDP가 높고 수출규모가 크다 하더라도 아직까진 제조업 중심의, 수도권 배후도시라는 사실을 부인할 수는 없다. 통계청의 6대 산업별 일자리 분포를 살펴보면 아산시의 제조업 일자리는 동종 규모 14개 자치단체 평균보다 24% 많고 도심형 일자리는 18% 적다. 배후도시의 전형적인 유형을 보여주는 예이다.

그렇기에 아산시는 수도권 대도시나, 혹은 인근 천안시와 같은 시장경제 방식만으로는 그 한계에서 완전히 벗어나기 힘든 게 현실이다. 때문에 아산시는 일찍이 다른 방식으로의 접근을 모색해왔고, 가장 유력한 방법으로 사회적경제를 선택했다.

사회적경제는 '사회'와 '경제'가 결합된 용어로, 사회 구성원들이 자발적으로 참여해 이익을 함께 추구하고 힘을 합쳐 어려운 일들을 해결하는 경제활동을 의미한다. 그 과정에서 일어나는 협동·신뢰·연대·혁신은 매우 중요한 가치가 된다. 결론적으로, 자본이 다소 부족하더라도 행복하게 살 수 있는 도시를 만드는 데 가장 효과적인 경제도구가 사회적경제인 것이다.

1) 거버넌스와 네트워크로 사회적경제를 꽃피우다

최근 아산의 사회적경제는 양적·질적으로 크게 성장해 고용노동부 사회적기업 육성 평가 최우수 자치단체로 선정됐고, 충남 최고라는 평가를 받고 있다. 그런 평가의 배경은 무엇일까?

첫째, 실질적 민·관 거버넌스와 민·민 네트워크의 구축이 사회적경제 성장의 밑거름으로 작용했다. '아사달인'(아산의 사회적경제를 달라지게 하는 사람들) 같은 열린 대화의 장을 지속적으로 마련했고, 민·관 거버넌스형 사회적경제위원회, 마을공동체위원회, 청년기업협의회 등을 만들어 운영했다.

둘째, 사회적 경제활동이 활발히 이루어질 수 있도록 뒷받침하는 인프라를 하나하나 만들어 나갔다. 성매매 우려지역이었던 장미마을의 세븐모텔을 매입·리모델링해 '어울림경제센터'를 개관했고, 고용노동부 지원 사회적기업 성장지원센터 '소셜캠퍼스 온'과 행정안전부 지원 '사회적경제유통지원센터'를 개소시켰다.

셋째, 사회적경제가 지역에서 보다 활성화될 수 있도록 지원하는 아산만의 특별한 정책들을 지속적으로 개발·시행했다. 전국 최초로 신설한 '사회적경제 공동협력사업'을 통해 2개 이상의 사회적기업 또는 협동조합들이 컨소시엄 형태로 신규 비즈니스모델 발굴, 사회서비스 제공, 지역사회에 공헌할 수 있는 기회의 장을 열었다.

2) '혼자서 빨리'가 아니라 '함께 멀리'

2020년 개발한 '아사달인 꿈이룸 경쟁력 강화사업' 또한 전국 최초의 정책으로, 사회적경제 조직들이 정부와 민간의 공모사업과 입찰에서 선정될 수 있도록 사업계획서 작성부터 프레젠테이션까지 컨설팅을 제공해 성과를 거뒀다. 또한 2021년 호서대학교와 함께 추진한 '아사달인 꿈이룸 디자인사업'은 사회적기업들에게 BI와 CI, 제품 포장재 제작까지 지원하는 패키지 디자인 사업도 추진했다. 미래 인재를 양성하는 '소셜벤처경진대회'는 전국 유일의 사회적경제 산·학·관 협력사업으로 인정받고 있다.

넷째, 사회적경제의 성장에만 국한하지 않고 사회적 가치 실현이라는 궁극적인 목적에 부합하는 지역 사회문제 해결에도 앞장섰다. 영리기업에 의존하던 노인돌봄 문제를 마을공동체 중심으로 전환한 '마을 통합돌봄 커뮤니티케어' 모델을 만들었고, 제도권 사회보장의 사각지대에 놓여있는 요양병원 간병인 문제를 사회적 일자리모델을 통해 해결해나감으로써 50대 이상 중장년 일자리도 창출하는 시범사업도 진행하고 있다.

다섯째, 민선7기 탄탄히 다져온 기반을 발판으로 중앙정부의 많은 공모사업에 선정되었고 지방자치단체를 대상으로 하는 사회적경제 정책평가에서도 다수 수상함으로써 아산시의 탁월한 행정역량을 선양하고 탄탄한 민관 거버넌스의 힘을 대외적으로 인정받는 쾌거를 이루었다. 주요 공모사업을 살펴보면, 행정안전부의 지역주도형 청년일자리사업

(4년간 30억원)·지역균형뉴딜 우수사업 경진대회(10억원)·주민주도형 균형뉴딜 우수사업(3억원)·소득기반형 마을공방육성(1억원)·마을기업 육성(1억원)·커뮤니티 임팩트 사업(0.6억원)·사회적경제 협업체계 구축 사업(0.5억원), 고용노동부의 사회적기업 일자리창출(4년간 20억원), 중소벤처기업부의 메이커스페이스 조성(3개 60억원)사업 등에 선정됐다.

이러한 성과를 인정받아 2019년 제1회 사회적경제 정책평가 우수상(사회적경제 전국네트워크), 2020년 사회적기업 육성 우수자치단체 평가 최우수상(고용노동부)을 수상하는 영예도 안았다.

아산은 사회적경제라는 협동과 연대의 힘으로 개인의 취향을 존중하는 도시, 차별받지 않는 공정사회, 다양한 사회적 가치가 공존하는 문화, 민주적 의사결정과 발전적 협동이 활발한 도시로 나아가고자 한다. 아산은 자본이 다소 부족하더라도 행복하게 살 수 있는, '혼자서 빨리'가 아니라 '함께 멀리' 가는 도시를 만들기 위해 오늘도 고군분투 중이다.

3) 플랫폼 중심의 공유경제

이와 함께 아산시는 플랫폼 중심의 공유경제 활성화에도 힘을 쏟고 있다. 공유의 사전적 의미는 "자신이 소유한 것을 타인과 함께 나누어 사용한다"는 뜻이다. 공유경제는 물건을 '소유'하는 개념이 아닌 서로 '빌려 쓰는' 경제활동으로써 협력적 소비를 통해 새로운 가치를 창출한다는 장점이 있다. 공유가 가능한 영역들로는 카페, 오피스, 창고, 플랫폼, 가전, 도서, 가공식품, 여성의류, 잡화, 미용, 레저, 게임, 반려동물용품 등 아주 다양하다.

물품만이 아니라 인터넷을 통한 연결 플랫폼 중심의 경제시스템으로 확장되면서 재능공유, 공유기업 소개, 일자리공유 등 서비스 공유

도 가능해졌다. 숙박공유 서비스인 에어비엔비(Airbnb)는 공유경제의
대표적인 성공사례로 꼽힌다. 에어비엔비는 190개국 34,000개 도시에
서 150만 개 이상의 숙소 목록을 가지고 있으며, 전 세계에서 백만 명
이상의 여행자와 숙소 운영자가 에어비앤비를 통해 공간을 임대하거
나 숙소를 예약하고 있다.

공유경제 활성화는 그동안 누적된 경제적 불균형, 과잉생산, 과잉소비
등에 따른 사회 양극화 현상의 문제 해결에 도움이 되는 대안정책이기에
지방정부는 적극적으로 이에 대한 행정지원을 해야 할 필요가 있다.

특히 공유경제는 지역 단위 커뮤니티를 활성화하며 주민들이 지방
자치의 주체로서 적극적인 활동을 할 수 있도록 기회를 제공한다. 또
한 이전까지의 형식적이며 수동적인 지방자치가 아닌, 주민이 능동적
주체로서 참여하는 실질적 지방자치를 촉진시킬 수 있기에, 지방정부
는 시민들에 의한 진정한 지방자치 실현의 도구로서 공유경제를 살펴
볼 필요가 있는 것이다.

4) 지차분권 실현으로 완성되는 지역경제 활성화

사회적경제나 공유경제 활성화는 곧 50만 자족도시의 뿌리가 될 것
이고, 활성화의 주체는 결국 지역주민일 수밖에 없다. 자치분권 실현
을 통한 주민자치가 곧 지역경제 활성화의 관건인 셈이다.

아산시는 새로운 패러다임에 발맞춰 실질적인 자치분권 실현을 위
해 다양한 정책을 준비해왔다. 이미 2019년 1월 자치행정과 내 자치분
권팀을 신설하고, 행정안전부에 주민자치형 공공서비스 구축사업 담
당 인력을 요청해 17개 전 읍면동에 주민자치 인력을 배치한 바 있다.
또한 주민들이 직접 참여할 수 있는 실무 위주의 주민자치아카데미,

찾아가는 읍면동 주민자치 컨설팅 등 다양한 정책을 추진함으로써 참여민주주의 활성화를 도모했다.

2021년에는 실질적인 주민주도형 주민자치 구현을 위해 주민 스스로 지역문제를 찾고 해결방안까지 자율적으로 결정하는 읍면동 주민총회를 전 읍면동에서 시행했다. 이를 통해 주민 스스로 마을 필요사업을 발굴하고 주민투표를 거쳐 선정된 사업은 주민참여예산제와 연계·시행함으로써. 예산편성 과정에도 주민참여를 보장하는 등 진정한 주민주도형 주민자치를 이루고자 했다.

이러한 노력들은 다양한 주민자치 특화사업으로 구체화됐는데, 송악면은 반딧불이 서식지 보존 위한 늦은 밤 이동작업, 궁평저수지 쓰레기 수거 및 생태교란 식물 제거 등 환경정화활동을 대대적으로 전개했다. 온양3동은 오래된 아파트 담장을 개보수해 갤러리로 조성함으로써 코로나19로 지친 주민들을 위한 문화공간으로 거듭났다.

온양4동의 경우 어르신들의 인생이야기를 기록으로 남기는 '어르신 자서전 사업', 가정돌봄 사각지대 해소와 저출산 위기 극복을 위한 '소담행복마을 운영사업'을 실시해 충남 3대 위기극복사례대회 우수상을 받기도 했다.

5) 주민 중심 진정한 자치분권 실현

이밖에도 아산시는 예산편성 과정에 주민참여를 보장하고 예산운영의 투명성 증대를 위한 주민참여예산제 확대 운영, 주민참여예산학교와 청소년 참여예산학교 분리 운영을 통한 참여 민주주의 활성화를 도모하고 있다. 또한 주민이 공감할 수 있는 자치분권 실현을 위해 자치분권 토론회를 개최하고 자치분권대학 운영을 통해 주민들의 자치역량 강화 및 지역사회 자치분권 공감대 형성에 기여했다.

한편 아산시는 자치분권 과제발굴 콘테스트 추진을 통해 실질적으로 지방 이양이 가능한 총 27건의 사무를 발굴했으며, 충청남도 사무위임 조례 일부개정을 통해 기초단체 중심의 사무권한 이양을 실현했다.

2022년에는 주민 누구나, 어디서나, 언제나, 쉽게 참여할 수 있는 소통창구 마련을 위해 '주민참여 온라인 플랫폼을 구축할 계획이며, '아산시 특례지정 추진'을 통해 인구 50만 이상의 시가 직접 처리할 수 있는 도의 사무 중 '도시개발 및 산업단지 조성 등에 관한 사무'의 권한 이양으로 50만 자족도시 건설을 가속화 하고자 한다.

풀뿌리 민주주의 확립과 지방자치의 실현은 시민의 삶의 질을 향상 시키고 국민의 행복과 복지 향상의 지름길이며, 지방자치단체가 튼튼 해지고 우리 대한민국이 건강해지는 지름길이다. 아산시는 자치분권 2.0시대의 새로운 패러다임에 발맞춰 주민 중심의 진정한 자치분권 실현으로 '자족도시 아산'을 향해 더욱 전진해 나아갈 것이다.

복지와 교육

박동성

1. 아산의 사회복지

아산시가 내걸고 있는 '더 큰 아산 행복한 시민'이라는 슬로건에서 알 수 있듯이 시정의 가장 중요한 축은 시민이 행복하게 살 수 있는 복지사회를 만드는 것이다.

사회복지는 사회 구성원의 기본적인 욕구를 충족시키고 나아가 삶의 질을 개선하기 위한 제도와 노력을 말한다.

과거에는 가난한 것은 개인의 책임이라고 보고 국가는 극빈층을 구제하는 정도의 개입을 했다. 그러나 빈부격차의 심화, 실업자의 증가, 열악한 노동환경 등 자본주의의 폐해가 사회적 문제로 지적되면서 국가가 개입해 사회적 약자에게 최소한의 인간다운 생활을 보장해야 한다는 사회복지의 이념이 등장하게 되었다.

현대의 사회복지는 최소한의 복지에서 더 나아가서 복지의 대상을 사회적 약자뿐 아니라 구성원 전체의 삶의 질을 향상시키는 것으로 확대되고 있다. 행복한 삶을 누리는 사회복지는 국민의 정당한 권리라고 인식되고 있다.

이렇게 보면 사회복지는 국가가 그 구성원인 국민에게 사회보장 제도를 통해 혜택을 부여하는 것이다. 그런데 사회복지 서비스를 제공하는 것도 혜택을 받는 것도 우리가 살아가는 지역사회에서 이루어진다.

그래서 우리는 지역사회 복지에 대해서 파악하고 시민이 누려야 할 권리와 시민으로서 해야 할 의무에 대해서 생각해 보아야 한다.

1) 아산의 지역사회복지

지역사회복지는 지역사회 구성원들의 문제와 욕구를 해결하거나 예방하기 위한 제도와 사회복지사들의 전문적인 활동을 말한다. 아동, 청소년, 노인, 취약계층 등 사회적 약자를 포함한 서비스 대상자의 생활을 보호하고 이용시설에서 각종 사회복지서비스를 제공하는 것이 좁은 의미의 지역사회복지이다.

넓은 의미로 보면 '안전하고 행복한 지역사회'를 만들어 나가는 지역사회 수준에서의 모든 노력을 말한다. 개인에 대한 서비스보다 제도나 정책 차원에서 지역사회라는 공간에 있는 사회적 문제를 해결하고 좋은 상태를 유지시키는 구조를 형성시키는 것이다. 과거 출산, 육아, 교육, 노후보장 등 가족과 지역공동체에 의해 이루어지던 복지적 기능이 약화되면서 이를 보완하는 서비스가 사회적으로 필요해졌다. 이러한 문제를 지역사회복지 차원에서 대응해 나가야 한다.

지역사회복지는 갈등이 없이 함께 잘 살아가도록 지역사회를 통합하는 것에 목적을 두고 있다. 이는 지역주민들이 서로 돕고 함께 노력하는 의식의 변화와 자발적인 인간관계와 자조력을 강화함으로써 가능해진다. 이를 통해 주민들 간의 협력, 문제해결을 위한 합의 촉진, 경제발전 추진이 이루어질 수 있으며, 나아가 사회정의와 민주주의 원칙의 실현이 가능해질 것이다.

사회통합은 계층 간 격차를 줄이고, 지역 간에 발생하는 갈등 가능성을 줄이며, 지역의 사회적 약자들에 대한 삶의 질 제고를 의미한다. 사회적 약자들이 지역사회와 가정에서 인생주기에 따른 단계, 인간관계, 사회적 교류 등이 정상적으로 이루어질 수 있는 기반을 만드는 것이 사회통합의 이념이다.

아산시에서는 '소외 없는 복지, 걱정 없는 사회'를 시정전략으로 하여 '더불어 성장하는 행복도시 아산'을 슬로건으로 하고 시민중심, 나눔성장, 주민참여, 포용적 복지, 안전망, 행복한 아산, 자족도시와 같은 키워드를 내세우고 있다.

주요 정책과제로 '시민의 행복지수를 높이기 위한 맞춤형 복지 확대'를 위하여 아이 키우기 좋은 환경 조성, 장애인 사회참여 확대 및 생활안정 지원, 다문화가족의 안정적 정착 지원, 건강하고 안전한 노후생활 지원, 따뜻하고 촘촘한 아산형 복지체계 구축을 전략으로 하고 있다.

눈에 띄는 정책으로 몇 가지를 들 수 있다. 첫째, 행복키움 지역보호체계 강화를 위해 긴급복지지원사업(정부긴급지원, 아산형 긴급지원, 읍면동 행복키움긴급복지 지원) 확대, 명예사회복지공무원 및 빅데이터 활용을 통한 사례관리대상 확대 발굴 정책을 전개하고 있다. 둘째, 찾아가는 복지서비스를 거동불편 및 위기가구 위주로 진행하지 않고 노인, 출산, 양육, 고위험가구로 확대해 복지와 건강서비스를 제공하고 있

다. 셋째, 공공서비스 연계 및 주민주도형 복지체계 구축을 통해 복지
사각지대를 제로로 만드는 노력을 경주하고 있다. 넷째, 동물복지 지
원센터 설립(2022년 예정)으로 복지의 대상을 인간에서 동물의 영역까
지 확대하고 있다.

2) 아동·청소년복지

아동은 아동복지법에 의하면 "18세 미만의 자," "보호를 필요로 하는
아동"이라고 규정하고 있다. 청소년은 청소년기본법에 의하면 9세부
터 24세까지의 연령을 포함한다. 법적으로 아동과 청소년은 중복되어
있어서 융통성 있게 적용을 하고 있다.

아동·청소년 복지는 좁은 의미로는 특수한 문제를 가진 아동·청소
년을 대상으로 전문적인 서비스를 하는 것을 말하지만 점차 모든 이들
의 원활한 사회 적응과 행복을 위해 지원하는 다양한 방법을 말하게
되었다.

아동·청소년은 지역사회의 잠재적 인재이며 아산시는 아동·청소년
복지를 통하여 모든 아동·청소년이 지역사회의 일원으로 건강하게 성
장할 수 있도록 임신·출산 지원, 보육 지원, 아동보호, 청소년복지 지
원 등 다양한 지원 정책을 전개하고 있다.

첫째, 임신·출산 지원에서는 첫 출생아부터 출산장려금을 지원하도
록 했으며(첫째 30만원, 둘째 50만원, 셋째 100만원, 넷째 이상 200만원 지
원), 다자녀가정 상수도 요금 감면, 신혼부부 주택자금 대출이자 지원,
난임부부 시술비 및 엽산제 지원, 원스톱 임신지원시스템 구축, 임산
부 친환경농산물 지원 등 정책을 시행하고 있다.

둘째, 보육지원에서는 육아종합지원센터를 통해 양질의 양육서비스

아산시 육아종합지원센터

청소년교육문화센터

를 지원하고 있으며, 국공립 어린이집을 지속적으로 확충하고 있다.

셋째, 아동보호를 위하여 아동학대예방 인식개선 및 가족기능 강화를 위한 교육을 연 4회 실시하고 있으며, 우리마을 아동지킴이를 지정하여 운용, 학대피해 아동에 대한 심리치료 지원, 쉼터 운용 등이 이루어지고 있다.

넷째, 청소년재단은 청소년 시설(청소년교육문화센터와 청소년문화의 집)과 프로그램을 통합관리하고 있다. 청소년재단은 지역사회 및 시와 협력해 '현재가 행복한, 미래가 희망찬' 청소년 육성을 목표로, '스스로 앞가림하고 더불어 살아갈 힘을 길러주는 정책'을 추진하고 있다. 청소년 시설은 청소년 중심, 청소년 자치, 청소년 주도를 원칙으로 하여 배움, 문화, 놀이, 만남의 터전이 되는 공간과 프로그램을 제공하여 청소년의 올곧은 성장과 핵심역량 개발을 지원한다.

3) 노인복지

한국사회의 65세 이상 고령인구 비율은 2020년 기준으로 15.7%이며 2030년에는 25.0%로 증가할 것이 예상되어 급속하게 고령화사회로 진행되고 있다는 것을 알 수 있다. 아산시의 65세 이상 인구비율은 2020년 기준 12.7%를 차지하고 있어서 평균보다는 낮은 비율이지만 고령화가 빠른 속도로 진행되고 있다.

산업화와 도시화로 핵가족이 늘어나고 노인세대와 노인 단독세대도 빠르게 증가하고 있다. 확대가족 내에서도 노인은 가장으로서의 지위와 역할을 상실하고 의존자로 변화되었으며 지역사회에서도 과거와 같은 어르신의 위상은 약해지고 사회적 의존성이 커지게 되었다. 산업 구조의 변화로 노인의 직업 역할이 작아지면서 경제적 의존성이 커지고 신체능력 저하와 함께 사회적 활동이 줄어들면서 소외감, 상실감, 무력감을 느끼게 된다. 이런 특징 때문에 노인은 심리적 고독감, 사회적 박탈감, 경제적 빈곤을 맞이하게 된다.

고령화사회의 노인복지 수요에 대처하기 위해서는 저소득층만이 아니라 중산층 이상의 노인까지 포함하는 보편적 복지서비스의 공급이 필요하다.

아산시에서는 기초연금 수급 확대 정책으로 소득 하위 70% 이하 월 최대 30만 원을 지급하고 있으며, 어르신 목욕권, 이미용권, 경로당 물품 등 아산 효세트를 지급하고 있다. '노올자 동네 공동체' 경로당 활성화 사업을 추진하면서 경로당 신축과 보수 작업, 노인 참여 프로그램(코로나 상황에서의 비대면 프로그램 포함)을 발굴하고 있다. 또한 독거노인 스마트 돌봄서비스 지원으로 AI돌봄로봇을 보급하는 등 안전과 맞춤돌봄 서비스를 확대하고 있다.

아산시는 체계적이고 전문적인 노인복지 서비스를 제공하기 위한 시설로 온천동에 위치한 아산시노인종합복지관을 가지고 있다. 아산시노인종합복지관 내에는 탁구장, 경로식당, 상담실, 교육실, 건강증

노인종합복지관

진실, 컴퓨터실, 카페, 바둑실, 장기실, 서예실, 당구장, 강당 등의 부대시설이 있다.

　아산시노인종합복지관에서는 평생교육, 정서생활 지원, 건강생활 지원, 급식 지원, 사회참여 지원, 노인 자원봉사 활성화, 지역복지 연계, 노인 사회활동 지원, 마을 만들기, 재가노인 지원 서비스, 노인 돌봄 기본·종합 서비스, 독거노인 응급 안전 알림 서비스, 독거노인 친구 만들기 등의 사업을 전개하고 있다.

4) 장애인복지

　보건복지부의 장애등급표에서는 장애를 지체장애, 뇌병변장애, 시각장애, 청각장애, 언어장애, 안면장애, 신장장애, 심장장애, 간장애, 호흡기장애, 장루·요로장애, 뇌전증장애, 지적장애, 자폐성장애, 정신장애로 분류하고 있다. 교육부에서는 특수교육을 위하여 시각장애,

장애인복지관

청각장애, 지적장애, 지체장애, 정서·행동장애, 자폐성장애, 의사소
통장애, 학습장애, 건강장애, 발달지체로 분류하고 있다.

장애인복지는 심신의 손상으로 가정과 사회생활에서 어려움을 겪게
된 장애인에 대해 공공 혹은 민간의 사회복지 기관이 지원해 의료·심
리·교육·직업·이동 등 모든 분야에서 생활의 곤란을 겪지 않도록 제
도적·정책적 서비스를 하는 조직적 활동과 노력을 말한다. 산업화에
따른 교통사고와 산업재해 등으로 인한 후천적 장애가 증가하면서 장
애인복지에 대한 요구는 점점 증가하고 있다.

아산시에서는 장애인 사회참여 확대 및 생활안정 지원을 위해 눈에
띄는 프로그램으로 장애인 직업능력 향상, 자립생활 등 평생교육 프로
그램 운영, 발달장애인 생애주기별 맞춤형 서비스 지원, 장애인 콜택
시 운영 및 농촌마을 장애인 이동기기 점검 지원 등을 운영하고 있다.

아산시 장애인복지관은 장애인에 대한 사회인식 개선, 사회참여 확

대, 권익 및 자립을 도모하여 장애인의 삶의 질 향상을 목적으로 설립
되었다. 아산지역의 장애인들의 복지욕구를 능동적으로 수용하고 각
종 상담 및 치료, 교육, 취업, 사회심리 재활 등 지역사회 생활에 필요
한 종합적인 서비스를 제공해 사회구성원으로서의 자립을 지원하기
위한 시설이다. 구체적인 프로그램으로는 상담지도, 의료재활, 교육재
활, 직업재활, 사회심리재활, 재가복지, 스포츠여가복지, 정보제공,
수화관련, 사회교육, 지역자원개발, 홍보계몽, 조사연구, 외부지원사
업, 기타사업 등으로 구분하고 있다.

<표 1> 아산시 장애인 현황

구분	계	지체장애	시각장애	청각·언어	지적장애	기타
2014	14,082	7,219	1,462	1,606	1,175	2,620
2015	14,144	7,188	1,461	1,594	1,242	2,659
2016	14,381	7,186	1,488	1,724	1,292	2,691
2017	14,742	7,265	1,519	1,895	1,340	2,723
2018	15,209	7,202	1,532	2,278	1,410	2,787
2019	15,455	7,138	1,552	2,423	1,474	2,868
2020	15,699	7,105	1,573	2,533	1,542	2,946

5) 여성복지와 가정복지

여성가족부는 여성의 사회참여 확대와 권익증진을 중심으로 여성·
가족 정책 및 청소년·아동 복지업무를 관장하는 기관이다. 그래서 여
성, 아동, 청소년, 가족, 가정, 양성평등, 다문화 등에 관한 영역을 담
당한다.

여성복지는 '부녀복지'라는 개념에서 출발했다. 부녀복지라는 용어에

는 여성은 결혼하여 부녀가 되는 것이 정상이라는 사회적 가치가 반영되어 있다. 1995년 여성발전기본법이 제정되어 남녀평등 이념에 기초한 여성정책의 개념이 확립되면서 제도적 복지로서의 여성복지 개념이 사용되게 되었다. 즉, 여성복지는 여성의 지위 향상을 촉진할 뿐 아니라 사회 전반적인 평등과 인권 향상을 위한 개념으로 확장되어 온 것이다.

아산시는 여성과 가정을 밀접한 관계로 규정하고 여성복지와 가정복지를 연계해 추진하고 있다. 가정복지의 대상에는 1990년대 이후 지속적으로 증가하고 있는 이주민이 포함된 다문화가족도 포함된다.

현재 우리나라의 다문화복지에 대한 개념을 다문화사회라는 관점이 아니라 다문화가족이라는 미시적 관점에서 접근해 파악하는 경향이 있다. 거시적 관점에서의 다문화복지는 문화다양성을 인정하는 사회복지 개념으로 접근하는 것이 필요하다. 특정한 범주로 대상을 한정하는 것이 아니라 문화적 요소를 고려, 기존의 사회복지실천을 재해석해 발전적으로 적용할 필요가 있다.

아산시건강가정지원센터는 아산 시민의 가족문제 발생을 사전에 예방하고, 가족역량 강화와 문제 해결 및 가족 친화적 사회 환경을 조성하기 위해 설립되어 가족 교육, 상담, 문화, 돌봄 나눔 지원 및 건강하고 행복한 가정 만들기를 위한 다양한 가족 통합적 프로그램을 지원하고 있다.

우리나라의 체류 외국인 비율은 2019년 4.87%로 매년 증가하다가 2020년 코로나19의 영향으로 3.93%로 감소했다. 아산시의 외국인 인구 비율은 코로나19에도 불구하고 지속적으로 증가하고 있으며 2021년 10월 기준 7.7%로 전국 평균보다 현저히 높은 비율을 보이고 있다.

일반적으로 볼 때 다문화가정은 외국 출신(한국인으로 귀화를 했거나

글로벌가족센터

외국적 그대로)과 한국인으로 구성되어 한국에 계속 거주할 것으로 예상
되지만, 체류 외국인은 체류허가 기간이 지나면 본국으로 귀국할 것이
예상된다. 그런데 아산시에 거주하는 외국인 중에는 가족 단위로 이주
한 재외동포가 상당히 많으며 이들은 한국에 영주할 것이 예상된다.
따라서 일시적 거주자가 아니라 영주가 예상되는 인구에 대해서는 다
문화복지의 대상이 되어야 하며, 나아가 체류기간 초과 외국인도 다문
화복지의 대상이 되어야 한다.

2. 아산의 교육

1) 교육기관의 역사

조선시대에는 현마다 설치했던 공립 교육기관인 향교가 있었는데 아산지역에는 아산향교, 신창향교, 온양향교가 있었다. 민간 교육기간인 서원으로는 인산서원, 금곡서원, 정퇴서원, 도산서원 등이 있었다.

근대 교육기관을 살펴보면 1908년 최초로 온양공립보통학교가 설립되었고, 1910년 신창공립보통학교, 1911년 아산공립보통학교가 설립되었다. 1917년 둔포보통학교, 1923년 선장보통학교, 1924년 송남보통학교, 1927년 음봉보통학교, 1930년 온양신정보통학교, 인주보통학교, 도고보통학교가 설립되었다. 1927년 신창공립농업보습학교가 정규 실업학교로 설립되어 1944년 신창공립여자농업전수학교로 개편됐다. 이 학교가 온양고등학교의 전신이다.

1910년 한일병합으로 일제강점기가 시작되었고 1911년 '조선교육령' 반포로 식민지 교육의 기틀이 만들어졌다. 이때는 조선인과 일본인에 대한 교육이 분리되어 이루어졌으며 조선인들은 자녀를 학교에 보내지 않는 사람이 많았다. 통감부가 취학 장려를 하면서 학생들을 모으려 했지만 일제에 대한 반감으로 관공립보통학교에 가지 않았다. 그래서 1919년 3.1운동까지는 서당의 학생 수가 더 많았다. 1930년대가 되면서 학교에 비해 학생 수가 급증하며 초등교육 확대정책을 실시했는데, 아산지역도 학생 수 증가로 인해 보통학교 부설 간이학교 3개가 추가로 설립되었다.

해방 후 미군정이 들어서면서 교육제도를 개편하여 지금과 같은 6-3-3-4학년제의 단성형 학제가 만들어졌다. 1949년 '교육법'이 공포되고 1950년부터 초등의무교육이 시작되어 1955년에는 약 90%의 취학률을 보였다. 해방 직후 아산지역에는 국민학교 11개, 중학교 2개, 고등학교 1개가 있었다.

6·25전쟁은 교육 환경을 매우 어렵게 만들었으나 전쟁이 끝난 이후 많은 간이학교와 분교장이 국민학교로 승격되었고 중학교도 여러 곳 설립되었다. 1970년대에는 현충사를 참배하거나 충무교육원을 활용하여 충무정신 교육이 활발하게 이루어졌다. 1980년대에는 온양온천초등학교에 학생 수영부를 조직하여 전국소년체육대회에서 금메달을 획득했다. 2000년대에는 아산장영실과학관이 개관하면서 '장영실 교실'이 운영되었으며 각 학교에서는 방과후학교와 주말학교를 운영하였다. 또한 아산지역의 모든 초등학교와 중학교에 친환경 무상급식을 제공하기 시작했다.

2) 교육 현황

지금 아산의 교육시설로는 유치원 60개, 초등학교 46개, 중학교 19개, 고등학교 10개, 특수 및 각종 학교 3개, 대학교 6개가 있다.

우리나라에는 중앙행정부서로 교육부가 있고, 광역자치단체별로 교육청이 있으며 기초자치단체에 교육지원청을 두고 있다. 교육 분야도 지방자치가 이루어지고 있어 각 지역은 주민 참여를 통해 지역 특성에 맞는 교육정책을 실현해나가고 있다. 충청남도 교육청 산하 아산시 교육지원청에서는 아산시의 교육 발전을 위해 유치원에서부터 초등학교, 중학교, 고등학교 교육까지를 지원한다.

충청남도 교육청의 심벌마크는 충청남도를 나타내는 치읓(ㅊ), 전자를 나타내는 알파벳 e, 태양을 나타내는 원(O)을 조합해 형상화한 것이

충청남도 교육청의 심벌마크

다. 심벌마크가 나타내는 것은, 열정적 의지를 가지고 인류 공영을 위해 광활한 세계를 역동적으로 헤쳐 나가는 인재를 양성하기 위해 전자 정보시대에 걸맞는 새로운 교육 시스템을 제공한다는 의미이다.

아산시는 '지금이 행복한 행복도시 아산', '미래가 행복한 교육도시 아산'을 비전으로 내세우고 있다. 교육도시 아산의 전략으로 지성과 덕성을 겸비한 으뜸 인재 육성, 보람과 긍지가 충만한 교직풍토 조성, 삶의 질을 높이는 선진교육 복지 실현, 학교급식 환경 개선, 학교 보건위생 관리 철저, 지역 특성에 적합한 교육환경 조성, 믿음 주고 신뢰받는 청정 교육행정 구현, 교육가족이 만족하는 교육 참여 기회 확대, 지역과 하나 되는 교육, 커뮤니티 스쿨의 교육 등에 중점을 두고 교육행정을 펼치고 있기도 하다.

아산교육지원청의 지원사업으로는 중학교 과정 중 한 학년 동안 시험 부담에서 벗어나 꿈과 끼를 찾을 수 있는 참여형 수업인 자유학년제 운영, 영재교육을 위한 영재교육원 운영, 특수교육을 위한 특수교육지

원센터 운영, 교육 취약 아동·청소년의 교육적 성장을 도모하기 위한
교육복지 우선지원사업 등이 운영된다. 이외에 방과후학교와 학부모
지원을 위한 교육, 학생들이 겪는 어려움을 상담하고 문제를 해결할
수 있도록 돕는 상담센터인 'Wee센터' 지원 등에 역량을 집중하고 있다.

3) 지역교육

다문화가족지원센터와 순천향대학교는 사회복지공동모금회의 지원
을 받아 다문화가족 자녀에 대한 멘토링 수업과 교육 기자재 지원사업
을 진행 중이다. 또한 순천향대학교 아산학연구소는 아산시의 지원 하
에 관내 다른 대학들과 연계해 '아산문화의 이해와 탐방'을 비롯한 아
산학 강좌를 개설해놓고 있다. 아산시 미래장학회는 매년 성적 우수,
복지, 특기, 특별, 순직공무원 자녀 장학금을 지급하는 등 지역인재 양
성에 힘을 쏟아왔다.

이산시에는 아산향교, 온양향교, 신창향교 등 전통교육기관인 향교
가 있다. 각 향교에서는 유림조직이 구성되어 전통문화의 가치를 보존
하고 공유하는 노력을 하고 있다. 근래에는 여성유림들이 여성유도회
를 조직해 향교의 운영과 제전에 참여하고 있다. 또한 교육기관으로서
의 향교의 역할을 다하기 위해 지역의 학교와 연계하여 전통문화예절
교육을 수행하고 있다. 학생들이 향교를 방문하여 시설 견학과 제전
참여와 더불어 교육을 받으며, 향교로부터 유학자가 학교를 방문해 교
육을 하기도 한다.

아산시에는 발달장애인 학생들을 위한 교육환경 조성을 목적으로
초·중·고와 전공과를 통합·운영하는 '아산성심학교'(공립 특수학교)와,
정상적인 학교생활이 어렵거나 학업중단 위기에 있는 학생들을 위해

설립한 생활지도 기숙사형 공립 대안학교(1년 과정)인 '여해학교'가 운영
중이다. 대학교로는 경찰대학·선문대학교 아산캠퍼스·순천향대학교·
유원대학교 아산캠퍼스·한국폴리텍Ⅳ대학 아산캠퍼스·호서대학교 아
산캠퍼스 등 6개교가 있으며, 그밖에 국공립 및 민간 어린이집·지역아
동센터·아산시 평생학습관과 각 대학의 평생교육원 등이 각각의 역할
을 수행하고 있다.

지속가능 도시

박동성

1. 글로벌도시 아산

아산시는 인구 50만이 거주하는 자족도시(모든 면에서 조화와 균형을 이루는 자급자족형 도시)를 목표로, 다양한 도시발전계획을 수립·실천해가고 있다. 특히 아산시는 전통과 첨단의 조화, 다양성이 존중되는 건강한 도시구조, 지속가능한 발전을 모색하는 국제도시의 면모를 갖추어 세계와 교류하고 있다. 산업도시, 다양성의 존중, 국제교류, 안전한 도시, 지속가능한 발전의 모색이 아산의 미래상을 보여준다고 하겠다.

아산지역은 바다에 면해 있고 육지 깊숙이까지 물길이 열려 있어 과거부터 해양과의 연결이 용이한 지역이었다. 삼국시대에 백제에 편입된 이후 전략적인 요충지로 삼국이 경쟁하면서 국제적인 각축전이 벌어지기도 했다. 조선시대 말 민족 수난기에는 청나라 군대가 아산에 상륙해 일본군과 전쟁을 벌이면서 지역사회에 막대한 피해를 입혔다. 그런가하면 일제의 온천 개발로 관광지화 되면서 20세기 초반부터 상당한 숫자의 외국인 주민이 거주하고 있었다.

이렇게 아산지역은 오랜 과거부터 국제세력과 접촉해 왔으며, 현재는 세계 유수의 첨단산업 중심지로 세계무대에 이름을 알리고 있다. 아산에서 해외로 수출되는 상품의 규모가 매우 커서 한국 수출액의 상당 부분을 담당하고 있는데, 2018년 6천억 달러를 넘어선 대한민국 전체 수출액 중 아산시가 646억 달러를 수출해 10.7%를 차지했다. 삼성과 현대 등 세계적으로 주목받는 한국의 대표적인 기업들이 아산에서 상품을 생산해 수출하고 있기 때문이지만 수출 상품이 대기업 생산품만은 아니다.

수출품에는 반도체가 가장 큰 비중을 차지하고 디스플레이·컴퓨터·자동차 등이 뒤를 잇는데, 이외에 광산물·생활용품·섬유류·농산물 등 수많은 제품이 수출되고 있다. 예를 들면, 아산 배는 우수한 품질로 높은 평가를 받으며 유럽을 비롯해 세계 각지로 수출되는 효자 상품이기도 하다.

이러한 산업구조를 뒷받침하는 데 큰 몫을 담당하는 이들이 해외 다양한 지역 출신 노동자들을 포함해 풍부한 일자리를 찾아 유입된 인구들이다. 이들은 아산시 인구 증가에 일익을 담당하면서 다양한 문화를 함께 소개하고 있다. 인구 이동의 증가는 치안과 사회안전망의 위협으로 여겨지기도 하지만, 기존 사회의 역동성을 증가시켜 활력을 불어넣는 요인도 된다. 특히 해외 이주자의 정착에 대해서는 문화적 다양성을 위한 귀중한 기회로 활용할 수 있는 준비를 갖추어야 한다. 이를 위해서는 지역 내 주민 사이의 교류 확대를 통해 지역 전체의 다문화

수용성을 향상시켜야 한다.

열린사회를 지향하는 아산시는 국내와 국외를 망라해 많은 지역과 교류를 하고 있다. 로컬로서의 지역사회를 발전시키는 동시에 글로벌 소통의 폭을 넓히고 있는 것이다. 국내로는 진주시, 서울시 및 서울 서대문구, 여주시, 성남시, 남원시, 여수시, 고양시와 교류도시로 맺어져 있으며 충무공 이순신함과도 시로서 교류하고 있다.

국제적으로는 헝가리 미슈콜츠시, 중국 동관시·영성시·웨이팡시, 말레이시아 페탈링자야시, 베트남 난빈성, 미국 이스트랜싱시·타일러시, 탄자니아 음완자시, 키르기스스탄 오쉬시, 케냐 키수무시와 교류관계를 맺고 있다.

아산시는 2017년 11월 11일 국내 13번째, 국제 393번째로 국제안전도시 공인을 받았다. 손상감시체계, 교통안전, 범죄 및 폭력예방, 낙상예방, 아동 및 청소년 안전, 재난예방 등 전 분야에서 우수한 평가를 받고 지속적으로 다양한 안전 프로그램과 사업을 펼치고 있다. 2019년도 전국 지역안전지수 발표에서 교통사고, 화재, 생활안전 3개 분야에서 등급 향상을 이루어 개선 정도가 우수하다는 평가도 받았다. 도시는 성장과 함께 시민의 생명과 안전을 위협하는 위험요인도 증가하게 되며 이에 대처하기 위해서는 지속적인 아이디어 발굴을 통한 신규 사업을 개발하고 행정과 시민이 함께 참여할 필요가 있다.

도시의 질을 평가하는 기준은 규모와 경제력이 아니라 그 도시를 살아가는 주민의 삶의 질이 우선적으로 고려되느냐에 달려 있다. 이를 위해서는 상호 인정과 존중이 있고 문화적 다양성의 보장되어 시민이 행복한 도시의 조건을 만들어야 한다.

2. 다문화사회 아산

우리는 '다문화'란 단어가 붙은 말을 흔히 들으면서 살고 있다. 다문화사회, 다문화가정, 다문화현상, 다문화주의, 다문화축제, 다문화행사 등등. 이제는 다문화와 관련된 일들을 일상에서 쉽게 접할 수 있어 그런 말들이 전혀 낯설지 않다.

다문화사회는 외국에서 이주한 이주자와 그와 관련된 사람들이 지역사회에서 선주민과 함께 살게 되면서 만들어진다. 그림에서 보듯이 중국문화, 러시아문화, 우즈베키스탄문화, 베트남문화, 한국문화 등이 아산의 다문화사회를 구성하고 있다. 주목해야 할 것은 한국문화가 다른 여러 문화와 같은 모양으로 지역사회를 구성하고 있다는 점이다.

2020년에는 국내에 체류하고 있는 외국인이 처음으로 250만을 넘어서서 전체 인구의 5% 정도를 차지했다. 이 중 90일 이상 거주하는 장기

체류 외국인은 약 170만 명이며 결혼이주자, 외국인노동자, 외국공관 직원, 다국적기업의 직원, 상사원, 유학생 등이 포함된다. 코로나 사태로 인해 체류 외국인 전체의 숫자는 감소하고 있으나 장기체류 외국인은 변동이 거의 없다. 이렇듯 다문화가 우리 사회의 일부가 되자 국제결혼 이주여성, 다문화가정 2세, 국제이주 노동자, 북한이탈주민 등에 대한 정부의 정책적 지원과 그들에 대한 복지 확충 및 사회통합을 위한 노력도 계속되고 있다.

2021년 12월 말 현재 아산시 인구 약 351,618명 중 아산시청에 주민등록을 한 외국인 인구는 27,038명으로 7.7%를 차지한다. 여기에 아산시 산업현장에서 일하는 다른 지역 이주노동자들, 체류기간 초과자 등을 포함하면 이주민 비율은 10% 정도가 될 것으로 추산하기도 한다. 이 비율은 한국사회 전체에서도 높은 비율이며 이웃한 천안보다도 높다. 더욱이 신창면 같이 외국인들이 많이 사는 지역은 인구의 28% 이상을 차지하고 체류기간 초과자를 포함하면 비율은 더욱 높게 나타날 것이다. 아산시에 외국인 수가 많은 이유는 크고 작은 기업이 많이 들어서면서 노동자의 수요가 커졌기 때문이다. 바야흐로 아산은 한국에서도 다문화가 가장 진전된 사회가 되었다.

아산에 살고 있는 이주민들은 우리나라와 아산시 발전에 누구보다도 기여도가 크다고 할 수 있다. 이들은 경제활동을 통해 부가가치를 창출하고 세금을 납부한다. 이들은 내가 사는 아파트의 아래 위층에 살기도 하고 식당이나 거리에서 마주쳐 친숙한 관계를 맺고 있기도 하다. 한국에 온 지 얼마 안 되는 이들도 있고, 수십 년 넘게 아산에서 살고 있기도 한, 이들은 모두 아산 지역주민들이다.

외국인은 귀화를 하지 않는 이상 한국 국민은 될 수 없지만 아산에 살기 시작하면 바로 지역주민이 된다. 법제도 측면에서도 국민의 요건과 권리의무는 엄격하게 규정해서, 외국인에 대해 중앙선거에서는 투표권을 부여하지 않지만 지방선거에서는 투표권을 부여(영주권 취득 후 3년이 지난 외국인)하고 있다.

대부분의 아산 청소년들은 다문화자녀, 즉 이주배경을 가진 친구가 있을 것이다. 이주배경을 가진 학생들 중에는 한국인과 외국인의 국제결혼 가정에서 태어난 자녀, 외국에서 태어나 국제결혼을 한 어머니나 아버지와 함께 이주한 자녀, 부모 모두 외국인의 자녀 등 다양한 케이스가 있다. 아산에는 학교에 따라 차이는 있지만 이주배경을 가진 학생이 전체의 3분의 1 정도를 차지하는 곳도 있다.

아이는 부모를 골라 태어날 수 없고 살고 싶은 지역을 마음대로 골라서 살 수도 없다. 아이는 성인이 될 때까지는 부모와 사회의 보호 아래 살아야 한다. 사람은 대체로 자신이 어린 시절을 보낸 곳을 고향으로 여긴다. 아산은 이주배경 아동이 크게 증가하고 있다. 최근에는 외국에서 태어나 재외동포 부모와 함께 이주한 중도입국 자녀의 증가도 두드러진다.

이들은 대개 아산에서 어린 시절을 보내고 많은 경우 성인이 될 때까지 지낼 것이다. 성인이 된 후 출국을 하는 경우도 있겠지만 한국에서 뿌리를 내리고 살아갈 가능성 또한 크다. 무엇보다 이들은 아산에서 자라고 교육을 받고 그래서 한국과 아산의 지역문화에 익숙해진 사람들이다. 혹 이들이 성인이 되어 부모의 나라나 다른 외국으로 이주한다면 그것은 또 다른 이민이 될 것이다.

지금 자라나는 아동들이 후에 아산에서 살든 한국에서 살든 혹은 외국에서 살든, 좋은 인재가 되어 활동할 수 있는 기회를 주어야 한다.

이를 위해 학교를 비롯한 교육현장에서 좋은 교육을 받을 수 있는 환경을 제공해야 한다. 교육은 때를 놓치면 돌이킬 수 없으며 그래서 적절한 시기에 적절한 지원이 필요한 것이다. 이주배경 아동이 초등학교에서 적절한 학력을 갖추지 못하면 중학교에서 뒤처지고 정상적인 교육기회를 놓치기 쉽다. 중·고등학교에 다닐 나이에 미취학 미취업 상태의 이주배경 청소년이 많아지면 사회의 불안 요인이 될 수도 있다.

이런 상황에 적절히 대응하고 지역사회에 필요한 좋은 인재를 기르기 위해서는 균등한 기회를 제공해야 한다. 특히 아산시와 같이 다문화인구의 비율이 높은 곳에서는 좀 더 관심을 기울여서 초중고 교육과정이 무난히 진행될 수 있게 해야 한다.

다문화사회의 진전은 지역사회의 문화를 풍요롭게 만들 수 있는 좋은 기회가 될 수도 있다. 다른 문화에 대한 관용적인 태도, 다문화 수용성의 향상, 다문화주의의 실천은 한국사회가 지향해야 할 중요한 방향이며 인류의 보편적인 가치이기도 하다. 이런 가치를 실현하기 위해서는 사람들의 인식과 제도의 변화가 필요하다. 밖으로 드러내 구별 짓고 분류를 고착화하지 않도록 제도를 개선해야 하며, 차별적인 표현을 하지 않도록 우리 스스로가 노력해야 한다.

지역사회는 커뮤니티이고 공동체이다. 공동체는 다양한 출신과 다양한 성격을 가진 사람들이 이주해 살아가면서 구성되는 것으로 원래부터 다문화공동체라고 할 수 있다. 해외로부터의 이주자가 새롭게 공동체의 구성원이 되는 것은 일견 당연한 일이다.

다문화공동체를 다지는 데는 가급적 많은 사람들과 많은 기관들이 포함돼 서로 협력하도록 하는 것이 좋다. 상공인, 예술인 등의 시민단체, 시청, 면사무소, 경찰 등 공공기관, 다문화가족지원센터와 같은 거버넌스, 어린이집, 유치원, 초·중고등학교, 대학교 등의 교육기관이 교류와 협력할 필요가 있다. 가령 순천향대학교는 아산시에서 가장 규모가 크고 지역 밀착을 지향하는 대학이다. 시설과 인력과 다양한 프로그램을 진행할 수 있는 역량을 갖추고 있다.

아이를 하나 키우는 데는 마을 전체가 필요하다고 한다. 공동체 만들기 혹은 공동체 부활 운동은 오늘날 한국사회의 키워드가 되어 있다. 공동체는 그 사회의 안녕과 번영을 위해 구성원 모두가 노력할 때 만들어질 수 있다.

3. 유니버설디자인 도시의 구축

도시의 지속가능한 발전을 위해 아산시는 유엔이 설정한 지속가능 발전목표(UN SDGs)를 지역단위에서 실천하려는 노력을 기울여왔다. 지속가능발전목표는 2015년 유엔총회에서 세계 각국 정상들의 합의하에 채택된 것으로 인류가 중점적으로 달성해야 할 17가지 목표, 169가지 세부목표를 설정하고 있다. 17가지 목표는 빈곤 종식을 비롯하여 건강과 웰빙, 양질의 교육, 깨끗한 에너지, 불평등 감소, 지속가능한 도시와 커뮤니티, 목표 달성을 위한 커뮤니티 등을 포함한다.

이를 위해 아산시는 민관협력기구인 지속가능발전협의회가 중심이 되어 지속가능성 지표 및 정책사업, 인권보호 관련사업, 에너지 전환사업, 기후변화 대책사업, 생태계 보전사업, 교류협력 및 연대사업, 공익활동 지원사업 등 다양한 사업을 추진하고 있다. 2019년 지속가능발전목표 성취를 위한 대학의 영향력을 평가하는 영국 글로벌 대학평가

유엔 지속가능발전목표

기관 'THE(Times Higher Education)' 평가에서 아산시 소재 순천향대학교가 건강과 웰빙 분야에서 세계 70위, 국내 1위를 달성했다.

인류의 절반은 도시에 살고 있으며 한국은 무려 92%의 인구가 도시지역에 거주하고 있다. 시골 지역이 도시로 편입되기도 하기 때문에 앞으로 이 비율은 더 높아질 것이다.

아산시는 인구 증가와 더불어 빠른 속도로 성장을 이루고 있다는 것이 피부로 느껴지는 도시이다. 신도시 곳곳에 도로와 주택이 건설되고 있고 구도심 재개발도 이루어지고 있다. 고령화가 진행되고 있는 마을들도 다양한 사업이 진행되면서 활기를 띠고 있는 것이 보인다. 사람들이 미래 성장 가능성을 보고 아산으로 이주해 오고 있으며 이에 발맞추어 도로망과 공공시설 등 인프라도 구축되고 있다.

하드웨어를 구축하면서 적절한 비전을 갖추고 내용을 충실하게 하는 것은 미래를 위해 빼놓을 수 없다. 유니버설디자인 도시의 구상은 아산과 같이 성장하는 도시 디자인에 중요한 방향성을 제시할 수 있다.

유니버설디자인 개념은 1970년대에 등장해 1985년 로널드 메이스에 의해 공식적으로 제창된 개념이다. 연령이나 능력, 처한 상황에 관계없이 누구나 이용할 수 있도록 하는 것이 기본 개념이다. 노스캐롤라이나 대학 유니버설디자인센터에서는 다음과 같은 7원칙을 제시하고 있다. 1.공평한 이용(Equitable use), 2.이용의 유연성(Flexibility in use), 3.간단하고 직관적인 이용(Simple and intuitive use), 4.인지할 수 있는 정보 (Perceptible information), 5.실수에 대한 포용(Tolerance for error), 6.적은 물리적 노력(Low physical effort), 7.접근과 이용을 위한 충분한 공간 (Size and space for approach and use).

그런데 이 원칙은 인프라, 환경, 제품 등 물질적인 것에 한정되어 적용되는 듯한 느낌이 들게 한다. 유니버설디자인은 물리적인 것에 국한되는 것이 아니라 사회적 참여, 공평성의 확보, 문화적 차이의 수용 등을 내포하고 있다. 이런 한계에 대응해 뉴욕 버팔로대학에서 2012년 유니버설디자인의 8가지 목표를 다음과 같이 제안했다.

1. 몸에 맞음(Body fit)
2. 편안함(Comfort)
3. 인식(Awareness)
4. 이해(Understanding)
5. 건강성(Wellness)
6. 사회적 통합(Social integration)
7. 개인화(Personalization)
8. 문화적 적절성(Cultural appropriateness)

우리나라에도 유니버설디자인에 대한 개념이 학계에는 비교적 빠르게 소개되었고 2000년대 중반에는 구체적인 적용을 하기 시작했다. 법령으로는 경기도가 2013년 '경기도 유니버설디자인 기본 조례'를 공포한 이래 광역자치단체와 기초자치단체를 합해 26개 단체가 조례를 제정하고 있고 지속적으로 확대될 전망이다.

이웃 천안시의 유니버설디자인 조례에서는 "유니버설디자인이란 장애의 유무나 연령, 성별, 국적 등에 관계없이 모든 사람들이 제품, 건축, 환경, 서비스 등을 보다 편하고 안전하게 이용할 수 있도록 설계하는 디자인을 말한다"라고 정의하고 있다.

아산시도 2017년에 '아산시 공공디자인 진흥 조례'를 제정하여 시행하고 있다. 제14조(공공디자인 심의기준 등)에서 '공공의 이익과 안전,' '나이, 성별, 장애 여부, 국적 등에 관계없이' 이용할 수 있어야 한다는 기준을 내세우고 있어서 유니버설디자인의 개념과 부합하고 있다. 단지 다른 도시에서 제정하고 있는 유니버설디자인 조례에 비해 구체성이나 실천적인 면에서 부족함이 있다.

기존의 조례에서 제시하는 기본원칙은 대체로 '도시공간 및 환경 설계'에 유니버설디자인의 개념을 도입하는 것에 초점이 맞추어져 있어서 이런 방향성에 대해서는 근본적으로 재검토가 필요하다. 아산시에서 유니버설디자인을 도입한다면 단지 '배리어프리(barrier free)'의 확장 개념이 아니라 문화적 다양성을 인정하는 관용적이고 보편적 가치가 존중되는 디자인이 목표가 되어야 할 것이다.

아산은 역사적으로도 유동성이 높은 열린 도시의 전통을 가지고 있다. 현재의 아산은 무역 물량이 세계 최고 수준으로 국제도시에 걸맞는 산업구조를 가지고 있다. 인구 구성도 마찬가지로 해외로부터의 이주민을 포함해 외부로부터의 이주민 비율이 증가하고 있다. 아산시의 지속적 발전을 위해서는 모든 사람에게 열린 국제도시를 지향해야 한다.

아산지역의 주민은 국적이나 문화적 배경이 다를지라도 아산시의 공공자원에 대한 접근이나 지원, 공공시설의 이용에 차별이 있어서는 안 된다. 유니버설디자인 도시의 정신은 하드웨어에만 초점을 맞추지 않고 사회적 통합이 이루어진 보편적 국제도시로 장기지속적인 발전 목표를 포함하는 것에 있다.

제7부

여유로운 생활

문화예술 향유

맹주완

---

1. 놀이 본성과 공연예술

1) 하루를 놀이처럼

우리에게 하루는 무엇일까. 만일 자명종 소리를 듣고 침대에서 깨어났는데 어제 하루 동안 겪었던 일들이 오늘도 똑같이 반복되는 경험을 하게 된다면 우리의 심정은 어떻겠는가. 아주 지루하고 따분해서 견뎌내기 힘들 것이다. 우리나라 초등학생들의 하루 평균 여가시간이 1시간이 못 되고, 학습시간은 7시간 정도이며, 20대 직장인 10중 4명은 혼자서 밥을 먹는다는 통계도 있다. 매일 마시는 물 한 잔이 사막을 걸어서 통과한 후에 마시는 한 잔의 물처럼 간절할 수는 없는가. 우리에게 놀이는 무엇일까. L기업은 호랑이, 사자, 원숭이 등 동물을 위한 놀이도구로 사용하라고 매년 동물원에 대형 가전제품 포장재를 기부

한다고 한다. 종이 포장박스가 동물들의 고유한 습성을 자극해 동물들의 건강에 도움이 된다고 본 것이다. 놀이는 모든 생물체에게 보편적인 행동방식이다. 인간의 기본적인 놀이 욕구는 모바일을 통한 게임사업의 경쟁력을 높였고, 게임사업 매출도 3조원을 넘겼다. 이제 놀이는 무형적 가치만이 아니다.

2) 놀이는 창조적 행위

자극이 포화상태인 시끄러운 클럽에서 좋은 아이디어가 나올 수는 없다. 소음에 무뎌진 우리의 뇌는 예민성이 떨어지고, 무감각해질 것이기 때문이다. 브레인스토밍 하는 자리가 엄숙한 분위기라면 어떻겠는가. 오히려 커피타임, 담배를 나눠 피울 때, 업무 후 술자리에서 나오는 아이디어가 훨씬 기발할 지도 모른다. 실제로 실리콘밸리에서는 서서 커피를 마시면서 동료들과 이런저런 이야기를 나누는 상황을 녹음해서 공유하는 방식으로 회의를 한다고도 한다.

일터를 놀이터처럼 만들 수는 없는가. 놀이는 인간에게 가장 창조적인 행위이다. 아이들은 놀이를 통해 생존에 필요한 다양한 삶의 지혜를 배우고 의사결정 과정을 제대로 익힌다. 약 2500년 전에 플라톤 아카데미에 걸려있던 "기하학을 모르는 자는 이곳에 들어오지 마라"라는 말보다, "낯선 이여, 이곳에서 당신의 시간은 즐거울 것이다"라는 에피쿠로스 공동체의 글귀가 더 매력적이지 않은가. 쾌락주의자로 알려진 에피쿠로스는 아테네 사람들을 관찰했고 많은 돈과 음식, 문화 등을 누리고 있었지만 어째서 행복하지 않은지를 늘 고민했고, 그래서 즐거운 놀이공간을 마련했다.

3) 일상의 미적인 순간들

우리에게 하루의 의미는 무엇이어야 하는가. 시운전 할 때의 황홀함을 느끼게 했던 새 차도 며칠만 지나면 시들해진다. 우리는 얼마가 있어야 충분하다고 느끼겠는가. 복권당첨, 출세, 승진, 수상의 기쁨도 잠시 잠깐이며, 곧바로 우리는 다시금 지루하고 공허했던 예전의 마음상태로 돌아간다. 우리는 과거에 얻는 지식, 사고방식, 생각, 고정관념 등으로 오늘의 문제를 잘 해결할 수 있을까. 좋은 결과를 내기 위해서는 지식충전도 필요하고, 새로운 전략으로 방법을 탐색해야 한다. 인생의 목표는 성공이 아니라 성숙이 되어야 한다. 100m를 3초대에 돌파하지만 500m도 못가서 지쳐버리는 치타보다 몇 시간 동안 도미노게임 놀이에 빠져들 수 있는 인간의 집중력과 인내력이 훨씬 더 위대하다.

페이스북, 인스타그램, 카톡 친구가 아무리 많더라도 연락하고 만나는 사람이 없다면 평균적으로 80명 정도와 사회적 관계를 유지하고 있다는 원숭이보다 나은 삶이라고 할 수 있겠는가. 미적 즐거움은 미술관이나 공연장에서만 경험할 수 있는 것이 아니다. 미적 순간들은 아주 익숙한 거리를 걷다가 마주치는 지인들이나 우체통, 간판과 같은 사물들에서도 발견할 수 있다. 아산은 훌륭한 놀이터이고, 걷기는 행복한 삶과 지역을 사랑하고 사회적 관계를 위한 최고의 놀이 방식이다.

4) 공연예술 기획

공연예술관련 이벤트는 기획자가 아니라, 극단 대표자의 기획에 의해 만들어진다. 이벤트 기획자는 무대에 올릴 극단을 선택하게 되고, 극단은 이벤트의 생산자 역할을 하게 된다. 둘은 일방적이라기보다는 수평적인 관계가 된다. 이러한 민주성으로 서로 원하는 바를 절충해나갈 수 있다. 이벤트를 준비하는 구성원은 지방자치단체, 기획자, 극단, 관객 등으로 이루어지고 각자의 분명한 역할을 갖고 수행한다. 공연예술이 사랑받는 이유는 배우와 관객이 무대를 매개로 직접 만날 수 있는 점, 배우의 몸짓, 살아있는 표정, 눈빛까지도 읽어낼 수 있고, 조명이 만들어내는 신비로움 등 무수히 많다. 공연 예술제는 여러 무대들을 한정된 장소에 설치하여 여러 곳에서 동시에 공연할 수 있다. 관객의 입장에서는 선택의 폭이 넓고 삶의 질을 높이고 문화생활 경험을 제공하여 심리적 안정감을 줄 수 있다.

5) 세계적인 공연 예술제

연극인들이 인정하는 연극 예술 축제는 〈아비뇽 페스티벌〉이다. 행사기간이면 아비뇽 시(市) 전체가 축제의 장이 된다. 초창기 페스티벌의 목적은 수도 파리에 집중되어 있는 공연예술 문화를 지방으로 분권화하는 것이었다. 페스티벌에서는 연극·퍼포먼스·무용·마임·미술전시 등 다양한 예술단체와 예술인들에게 기회가 주어지고, 거리·식당·버스정류장 등 모든 곳이 무대가 되고 축제장이 된다.

프로그램은 In페스티벌과 Off페스티벌로 나뉘는데, In페스티벌은 프랑스 정부의 지원으로 제작된 작품으로써 엄격한 심사를 거쳐 공식 선정된다. 공연 18개월 전부터 선정 심사가 이뤄지고 예술성과 작품성이 인정된 50여 편의 작품이 선정된다. Off페스티벌은 공식 선정되지 못한 작품들이 기존 페스티벌에 반발해 만들어낸 형태인데, 어느 극단이든 작품을 공연할 장소가 있으면 시청의 허가를 받아 참여할 수 있는데, 작품수로는 1천편 이상이 된다. 장 빌라르의 열정이 〈아비뇽 페스티벌〉을 세계적인 공연예술축제로 이끌었다.

6) 국내의 공연예술제

세계적인 마임축제로 〈런던 마임축제〉, 프랑스의 〈미모스 축제〉, 〈춘천 마임축제〉 등이 있다. 몸, 움직임, 이미지를 기반으로 한 공연예술축제로써 예술공연과 축제난장이 결합된 형태로 우리나라에도 〈춘천마임축제〉가 있다. 마임축제의 숨은 공인은 유진규 씨이다. 유진규는 지난 1970년대 초부터 마임이스트로 활동해온 공연예술인이다. 그는 1989년부터 시작돼 이제는 명실상부한 세계 3대 마임축제로 자리 잡은 춘천마임 축제의 예술 감독으로 25년을 재직하며 마임의 대중화를 위해 힘써온 인물이다. 마임은 단순한 흉내가 아니라 신체 언어를 사용해 이야기와 의미를 전달한다. 마임이스트의 몸짓, 표정 하나하나가 표현의 도구가 된다.

매년 제주도에서 한국문화예술회관연합회 주관으로 〈제주 해비치 아트 페스티벌〉이 벌어지고 있다. 공연 유통 활성화가 목적인데, 전국적인 문예회관들이 참여해 운영의 전문성을 강화하고자 하며, 공연정보를 공유하고, 많은 공연 단체들이 선보이는 쇼케이스나 아트마켓 등을 통해 공연예술의 트렌드를 읽어낼 수 있다. 이곳에서 이목을 끄는 작품들을 문예회관들이 1년간의 공연계획에 반영하게 되며 섭외된 극단들은 1년간 순회공연을 통해 안정적인 예술 활동을 펼치게 된다. 우리나라 공연예술제로는 〈부산국제연극제〉, 〈거창연극제〉, 〈수원화성 국제연극제〉 등이 있다. 공연예술제가 성공하기 위해서는 화려한 면과 단기적 성과에 매몰되지 말고 지역색을 살려내 축제의 정체성을 만들어가야 한다. 또한 지방정부는 공연예술에 전문적 지식과 소양을 가진 전문 인력에게 독립적 권한을 부여하며 행정적 지원도 아끼지 말아야 한다.

2. 삶의 질을 높이는 문화예술

1) 문화예술정책

정치·사회·경제 등의 급격한 변화는 국가의 문화예술정책에 많은 영향을 미친다. 국가는 미래를 위한 거시적 문화예술정책을 세우고 문화예술진흥을 위한 비전을 제시할 막중한 책임이 있다. 또한 지방분권과 지역문화예술의 균형발전을 위한 정책들을 강력히 추진해야 한다. 문화예술진흥기금을 안정적으로 확보해 정책의 공급자인 문화예술인들의 복지강화를 위한 정책을 실행하고, 시민들의 문화예술을 향유를 통한 여가생활도 보장해야 한다.

국가의 문화예술진흥에 관한 거시적 정책과 그 방향성에 대해 분석하고, 미래 디지털 환경에서 유비쿼터스적 문화예술이 추구할 실효성 있는 정책적 대안이 제시돼야 한다. 또한 문화예술가치의 사회적 확산과 문화예술 창작기반 구축 그리고 문화예술을 통한 국가 및 지역브랜드 제고를 위한 문화예술정책의 방향과 핵심 전략도 모색해야 한다.

2) 문화분권의 토대

문화예술의 사전적 의미는 음악·미술·공연·전시와 관련된 문화적 활동과 관계된 예술을 일컫는 말이며, 지자체마다 지역 문화예술의 활성화를 위해 많은 지원정책들을 펼치고 있다. 아산시도 문화예술의 역량 강화로 독자적인 문화 분권 토대를 구축하고, 고유한 지역적 가치의 브랜드화를 위해 세 가지 비전을 제시하며 이행하고 있다. 첫째, 시민이 중심이 되고 생활 속에서 문화예술을 영위하는 생활문화도시 지향이다. 둘째, 지역 문화예술인들의 문화예술 창작 지원을 통한 고유한 지역적 문화가치의 특성화이다. 마지막으로 특화된 자원을 문화콘텐츠로 발굴하고 제공해 시민의 문화예술 욕구에 부응하며, 그 콘텐츠를 산업화하는 것이다.

3) 문화예술 활동 지원

아산시가 시민의 문화예술 활동을 증진시키기 위해 2008년 설립한 (재)아산문화재단은 시에서 일체의 예산을 받아 운영되는 기관으로써 시민의 문화예술 활동지원, 정책 연구 및 제안, 창작, 보급 및 조사연구, 국내·외 문화교류, 시가 위탁하는 축제, 위탁받은 시설의 운영 및 대관 업무를 맡고 있다. 매년 아산시의 대표 축제, 기획공연, 교육·전시 사업 등 50건 이상의 주요행사를 진행하고 있으며 함께하는 문화예술로 깊은 감동을 나누고 있다. 아산문화재단은 2014년에 전문예술법인으로 지정되어 경영성과를 높일 수 있는 기부금 및 국비 유치가 가능해졌으며, 지역의 문화예술과 관련된 사업 전반을 관리·운영하는 아산시 대표적인 문화예술 지원기관으로써 아산의 문화가치 재창출과 지역 문화예술의 역량 강화 및 지원을 위해 노력하고 있다.

4) 향토 문화예술의 계승

1960년대에 전통문화와 향토문화교육의 중요성이 대두되면서 문화원은 정부 공인기관이 되었고, 아산에서는 1957년 박노을이 운영하던 무료 직업소년학교가 해체되며 온양문화원이 설립되었다. 온양문화원은 지역의 향토문화를 계승·발전시키기 위해 지역 고유문화 개발, 향토사 조사연구, 지역 전통문화행사 개최, 지역 전통문화 국내·외 교류 등의 사업을 펼치고 있다. 또한 고불 맹사성의 청백리 정신을 계승 발전시키고 그 업적을 재조명하고자 매년 9~10월에 맹정승 축제를 개최하고 있다. 주요 프로그램으로는 맹정승 골든벨을 울려라, 어린이 맹사성 선발 시상, 아산 청백리상 선발 시상 등이 있다.

5) 지역 문화예술 단체

(사)한국예술문화단체총연합회(이하 예총) 아산지회는 지역 예술인들이 최적의 여건과 환경 속에서 창작활동을 할 수 있도록 지원하고 있다. 예총은 9개의 회원단체로써 문인협회, 국악협회, 무용협회, 연예인협회, 연극협회, 음악협회, 사진작가협회, 미술협회, 영화인협회로 구성되어 있다. 예총은 지역 문화예술인들 간에 친목을 도모하고 회원의 권익을 옹호하며 지역의 문화예술 발전을 위해 노력하면서 설화예술제, 설화문학 발간, 풍물대회 등의 사업을 진행하고 있다. 이 외에도 아산은 아산시립합창단, 아산시교향악단, 아랑윈드오케스트라, CBS필하모니 앙상블, 아산시여성풍물단, 떼아트로 현대무용단, 송악두레논매기보존회, 극단 아산 등 500여 개 이상의 문화예술단과 예술동아리들이 활동하고 있다.

6) 공연예술을 위한 공간

아산시는 많은 문화예술 시설과 아름다운 공간들을 보유하고 있다. 다목적 공간인 여성회관(509석), 아산시청 시민홀(462석), 청소년교육문화센터 스마트홀(156석), 구정아트센터, 코미디홀 등이 있으며, 연극, 무용, 뮤지컬 등의 공연 및 영상분야에서 활동할 창의적 인재를 양성하는 순천향대학교, 호서대학교에도 대규모의 공연이 가능한 시설을 갖추고 있다. 또한 아산에는 각종 행사와 문화예술 공연이 가능한 이순신빙상장·체육관, 시민체육관, 경찰인재개발원 등지에 복합 다목적 시설들이 산재해 있고, 아름다운 10대 가로수 길로 지정된 은행나무길과 신정호관광단지, 지중해마을, 외암리민속마을 등지에서 연중 내내 버스킹 공연이 가능하다.

7) 아산의 문화예술인

아산을 빛낸 문화예술인으로는 조선 세종 때 청백리이며 예악에 밝았고 최고의 재상으로 추앙받았던 고불 맹사성을 꼽을 수 있는데, 고불은 아산에서 노년을 보냈으며 옥피리를 잘 불었다고 한다. 근·현대에 아산지역 출신으로써 지역을 빛낸 문화예술인은 여성문학가 박화성, 소설가 이기영, 시조시인 이우종, 소설가 복거일, 한용환, 극작가이며 작사가 조영출, 작가이자 평론가 이어령, 영화 제작자 황기성, 미술가 이마동, 이종무 등이 있다.

아산에는 현재에도 어려운 여건 속에서 창작의욕을 불태우는 수많은 지역예술인과 공연기획자들이 있고, 예술단과 문화예술인을 양성하기 위해 노력하는 다양한 장르의 예술학원, 대학 등이 융·복합 시대의 요구에 부응하고 있어 아산지역의 문화예술발전에 커다란 원동력이 되고 있다.

3. 문화예술과 기획

1) 도시문화의 창조성

"사람은 자원이다. 사람이 많이 온다는 것은 많은 이벤트가 발생되

고 그 만큼 중심적인 장소성을 구축할 가능성이 많다는 것을 의미한
다.” 도시는 시민들의 삶에서 쾌적하고 안전해야 하며 외지인들이 찾
게 되는 매력적인 곳이 될 때 지속가능성을 높일 수 있고, 그 도시의
장소의 기억과 차별적인 이벤트성이 드러날 때 도시의 정체성은 고유
성으로 정립된다. 미래 시민의 삶의 질과 관련한 도시문화의 창조성은
하드웨어·소프트웨어적인 문화적 특징과 관련되고 그것이 도시 미래
의 자양분이 될 것이다. 그리고 문화 창조를 위한 핵심동력은 시민들
이 애착하며 공감할 수 있는 지역의 고유 자원에서 찾아야 한다.

다만 VR기술이 가미된 디지털 체험관 등을 통해 현실보다 더 디테
일한 세상을 경험할 수 있는 콘텐츠들이 넘쳐나는 세상에서 시민들에
게 고유 자원에 대한 애착과 공감을 불러일으킬 효과적인 자극제들은
부족한 실정이다. 이제는 오프라인 상에서만이 아니라 온라인상에서
도 예민한 더듬이를 세우고 있는 많은 시민들의 유희적 본능은 물론
다분히 개인적이고 독자적인 취향을 가진 개인도 고려대상으로 삼아
야 한다. 고유 자원을 활용한 도시문화의 창조성을 위해서는 뜻있는
시민, 문화기획가, 행정전문가, 인플루언서 등의 철학적 성찰과 그 역
할이 더욱 중요하다.

2) 끊임없는 피드백

공연예술 기획자들의 반감기는 얼마나 될까. 끊임없이 노력하지 않으
면 도태된다. 성공한 기획자들의 공통점은 독서에 있다. 콘텐츠는 탄탄
한 서사에서 만들어진다. 성경도 서사이다. 세계의 문학작품 반열에
드는 대부분의 작품들은 성경에서 그 모티브를 얻고 있다. 만일 ‘이순신’
과 관련된 공연을 기획하기 위해서는 〈난중일기〉를 ‘슬로우 리딩’ 독서

법으로 읽고 이순신의 깊은 성찰을 이해해야 한다. 그리고 아들 면이 아산에서 죽었다는 비보를 접한 아버지가 느꼈을 상명(爽明)의 고통과 단장(斷腸)의 비애와 고독을 통감해야 한다.

위키피디아(wikipedia)처럼 유저가 직접 콘텐츠를 생산하는 시대인 만큼 모바일을 통한 피드백 소통 방식을 사용해야 한다. 연중 지속적으로 유명 브랜드도 상품광고를 하는 이유가 '노출'에 있듯이 공연예술도 브랜드를 갖기 위해서는 기획 준비 단계부터 끊임없이 피드백을 통해 대중의 취향을 읽어가며 이미지 홍보를 해야 한다. 공연예술의 성공요건엔 집단지성의 힘을 믿고 방안을 찾는 일도 포함된다. 그리고 특별한 이야기는 평범함 속에 있다. 평범한 일상을 특별하게 만드는 일이 피드백이고 공연예술기획에 큰 도움이 된다.

3) 문화향유에 대한 갈증

독일의 극작가 B. 브레히트(1898~1956)는 '거리두기 효과'를 연출기법 중 하나의 개념으로 사용했다. 브레히트는 '연극은 연극일 뿐이고 관객은 관객으로서' 연극과 현실 간에 거리를 두고자 하였다. 브레히트가 제시한 거리두기는 대상을 바라볼 때에 일상적인 친숙함에서 벗어나서 거리감을 갖고 새로운 시각으로 낯설게 바라보는 것이다. 그것의 효과는 우리가 수동적으로 익숙해진 습관을 깨고, 능동적으로 비판적인 태도를 취할 때 나타난다. 그런데 코로나19(이하 코로나)로 브레히트가 제시했던 '거리두기 효과'는 연극이 아니라 현실이 되었다.

코로나는 벌써 2년째 우리의 일상을 불편하게 하며 우리의 평화로운 삶과 자유의지를 억압하고 있다. 코로나 사태로 바뀌는 것은 모든 분야에서 트렌드의 변화와 속도다. 역사적 경험에 비추어볼 때 한 번 변화된 것은 과거로 회귀하기 어려운 법이다. 우리는 희망적인 삶을 지향해야겠고 냉혹한 현실을 직시하고 백신(vaccine)과 같은 대안을 모색해야 한다. 영국의 경제주간지 〈이코노미스트〉는 코로나 사태 회복 이후에 마스크를 벗으면 가장 빠르게 회복할 분야로 색조 화장품을 꼽고 있으며, 문화향유에 대한 갈증으로 공연들이 넘쳐날 것이라고 예측하고 있다.

4) 언택트에서 온택트로

불편하지만 우리에게 이미 익숙해진 언택트(untact)문화는 자연스럽게 온택트(ontact)문화로 넘어와 있다. 화상회의 플랫폼을 제공하는 줌(zoom) 이용자 수가 1일 2억 명을 돌파했고, 삼성그룹은 63년 만에 온라인 공채시험을 실시했으며, 이제 비대면 회의, 비대면 수업은 새로운 표준이 되었다. 학생들은 '온라인 개학'의 상황을 경험했고 디지털 기계를 활용한 온라인 수업에 익숙해지면서 기존의 교육시스템에서 벗어난 교육의 혁신을 체험했다.

이제는 경험적 가치의 극대화를 위해 코엑스의 '별마당 도서관'처럼 도서관이 쇼핑몰과 공존하며, 도시 곳곳에 책과 문화를 즐기는 복합문화 공간들도 들어서고 있다. 코로나는 소비자들의 선호와 가치도 바꿔 놓았다. 리스크를 줄이려고 1등 브랜드에 쏠림이 강해졌으며 문화예술 분야도 예외는 아니다. 어느 영화학과 교수는 "(온라인으로) 박찬욱, 봉준호 감독에게 영화 강의를 들을 수 있는 시대에, 나의 경쟁력은 무엇인지 자문하게 된다."는 고백을 했다.

교육 프로그램 지원만 있으면 온라인을 통해 예술 영역도 접근이 용이해진 시대이다. 흰 도자기에 그림을 그리는 포슬린 페인팅(porcelain painting)을 이용하면 실생활에서 쓸 수 있는 생활그릇 등에 자신만의 개성적인 그림을 그려 넣을 수 있다. 또한 태블릿만 있으면 디지털 페인팅 기술로 이젤이나 물감이 없어도 멋진 그림을 그려낼 수 있다.

5) 변화하는 라이프스타일

코로나로 인해 변한 라이프스타일은 먹고, 자고, 사고, 놀고, 운동하고, 공부하고, 휴식하고, 꾸미는 등 모든 것을 집에서 경험하고 해결할 수 있게 해준다. 최근 방송가의 트렌드는 집과 관련한 프로그램 일색이다. MBC의 〈구해줘! 홈즈〉, 건축가들이 독특한 매력을 지닌 집들을 소개하는 EBS의 〈건축탐구-집〉, tvN의 〈바퀴 달린 집〉, 〈신박한 정리〉 등을 통해 떠나고 싶어 하는 시청자들의 욕구와 머물고 싶은 욕구를 동시에 충족시켜 주고자 한다. 집은 다기능성의 공간으로 재구조화되고 있고 온라인을 통해 문화예술 콘텐츠의 소비는 안방 일렬에서 향유할 수 있다.

이제 생존의 문제는 적응에 달렸다. 코로나 시대에 가장 안전한 공간은 '호텔 같은 집'이다. 호텔 같은 럭셔리한 공간으로 집을 꾸미려는 욕구가 늘어나고 있다. 그림 렌탈 서비스 업체를 통해 이제 집의 거실은 갤러리 같은 공간으로 꾸며지고 있고, 유튜브, 인스타그램 등 온라인 공간에 업로드해서 자신들의 공간을 자랑하고 있다. 그리고 많은 네티즌들은 밤낮으로 온라인 세계에 접속해 거실이나 안방에서 일명 '방구석 콘서트', 연주회, 패션쇼 등을 즐긴다. 또한 타인의 집을 여행하는 '거실여행 서비스'로 거실을 공유하는 새로운 방식의 여행문화를 만들어 가고 있다. 인간의 생활기반으로써의 집은 생활 문화적 가치 이상의 중요한 의미를 갖게 되었다.

6) 문화자원의 콘텐츠화

우리 모두는 심미적 디자이너가 돼야 한다. 생활가전에서 디자인이 상품의 고부가치를 만들어내듯이 지역 브랜드화의 본질적 가치는 디자인이다. 아리스토텔레스도 '물건에 성질을 부여하는 것은 기능과 디자인이다'라고 했다. 디자인이 상품의 본질이듯이 삶의 공간인 지역을 디자인하는 것도 지역의 문화·예술적 가치를 높이는 일이다. 또한 시민의 가치를 높이는 것도 결국 도시 디자인이다. 디자인의 가치는 시민의 행동에 변화를 준다. 그리고 우수한 디자인은 시민의 '라이프 스타일'에 품격을 더한다.

'문화자산'의 콘텐츠화가 요구되는 시대다. 우리는 코로나 이후의 문화예술의 공급과 소비와 관련해 시장의 생태계를 제대로 읽어야 한다. 시민의 문화예술 향유권은 인간의 삶의 질과 가치 차원에서 제한될 수 없는 삶의 양식이다. 또한 지역만의 고유한 생활양식의 가치 존중은 물론 차별화된 지역 고유의 문화예술 생태계를 구축하고 지켜내기 위해 힘써야 한다. 이제는 문화예술 플랫폼도 혁신해야 한다. 문화예술 기관과 단체는 자체적으로 생산한 콘텐츠를 대상들의 라이프스타일을 고려해 맞춤형으로 제공해야 한다.

7) 혁신의 대상인 문화예술

혁신은 스포츠 분야에서도 절박함이 감지된다. 미국 메이저리그를 거쳐 우리나라 KBO리그로 온 연봉 27억 원의 선수는 누구일까. 성인의 대다수는 추신수(SSG 랜더스)를 떠올리게 되지만, 10대 아이들의 대부분은 추신수를 모르고 별 관심도 없어 프로야구의 위기를 얘기한다. 야구계는 돌파구를 찾고자하나 디지털세상에서 볼거리가 많아진 요즘, 야구는 그저 경기시간이 너무 긴 지루한 스포츠일 뿐이다. 모바일을 통한 즐길 거리가 한층 늘어나는 상황에서 아이들은 오프라인에서 벌어지는 이벤트엔 관심이 없다. 이제는 어린 팬들을 위한 콘텐츠와 인프라도 늘려야하는 상황이다. 오늘은 과거의 사고로만 버티기엔 한계가 있다. 포스트 코로나 시대에는 소소한 즐거움에 열광하고 트렌드에 민감한 사람들을 위한 더욱 다양한 이벤트가 마련되길 기대한다.

건강한 시민생활

이광수

1. 스포츠 도시 아산의 위상 정립

아산 스포츠 위상은 2016년 제97회 전국체육대회를 기점으로 나눌 수 있다. 전국체육대회는 시도 지자체별로 정해진 순서에 의해 개최가 되는 것이 일반적이었으나 97회 전국대회는 아산시의 유치 염원에 시민들이 힘을 모아서 예정보다 2년을 앞당겨 개최를 하게 된 전국 최초의 대회였다. 전국체육대회를 치르기에는 다소 적은 30만 인구의 아산시에 대한 우려와는 달리 연이어 치러진 2017년 전국소년체전, 2018 전국장애인체육대회도 성공적으로 개최를 하게 되었다.

전국체육대회를 유치하게 되면 정부와 지자체에서 경기에 필요한 스포츠시설을 대회 규정에 맞춰 신축하고 기존의 시설을 보수해 경기단체의 공인을 받는 후속 조치를 하게 된다. 이 기회를 통해 아산시는 짧은 시간에 공인받은 완벽한 경기장 시설을 마련하면서 스포츠 도시로서의 위상을 갖추게 되었다.

2. 민간 체육회의 출범

정부의 지자체장과 체육회장의 분리 정책으로 2020년 민간 아산시 체육회가 출범되어 특수법인으로 등록을 하였다. 이에 맞춰 아산시 체육회는 모든 시민이 스포츠에 참여할 수 있는 분위기 조성 목표를 세우고 5개의 추진전략으로 시민들에게 서비스를 제공하고 있다.

추진전략의 대표적인 것은 '1인 1생활체육 완성'으로 전 아산시민이 누구나 참여하고 즐길 수 있는 시설과 프로그램, 그리고 지도자를 배치해 건강하고 활기찬 도시를 만들고자 하는 정책이다. 두 번째 추진전략은 선진형 체육시스템으로 공공스포츠클럽을 육성하여 학교-생활체육-전문체육을 연계육성하는 시스템을 구축하는 것이다.

세 번째는 학교체육 활성화로 학교스포츠클럽 활성화를 통해 평생체육의 기틀을 마련하고 학교 운동부를 지원함으로써 선수 저변을 확대하고 기업과 학교를 연계하는 '1사 1교 사업'을 추진하는 것이다. 네 번째는 우수선수 발굴 및 육성으로 스포츠 꿈나무 발굴 및 육성을 지원하며 우수지도자를 양성하고, 스포츠과학센터를 통해 스포츠과학 기반을 마련하는 전략이다. 다섯 번째는 스포츠도시 이미지 제고로서 공공체육시설을 확충하고 체육행사 및 훈련을 지원하며, 스포츠·문화 연계로 지역경제를 활성화시키는 전략이다.

아산시 체육회는 56명의 임원, 45개의 종목단체와 생활체육지도자

26명, 전문지도자 19명과 행정요원 3명으로 총 50명이 사무국 직원으로 근무를 하고 있다. 주요 사업은 전국 및 도단위 체육대회 개최, 아산시 회원종목 단체 지원, 각종 체육대회 출전 및 지원, 체육프로그램 운영, 체육 꿈나무 육성 지원, 체육지도자 배치 등이다.

아산시는 문화체육관광부와 국민체육진흥공단 스포츠과학정책과학원에서 지원하는 스포츠과학센터, 국민체력100 센터를 유치해 운영하고 있다. '충남스포츠과학센터'의 사업은 스포츠과학지원을 지역학생 선수 및 실업팀 선수 경기력 강화 및 운동상해 방지를 통한 전문체육 기반을 강화하는 것을 목적으로 하고 있다. 스포츠과학센터는 전국에 11곳이 있으며 주요사업 내용은 체력측정 분석 및 평가, 운동처방 제공 및 피드백 제공, 우수 선수 및 강세 종목 밀착 지원, 스포츠교실 운영 등이다. 이러한 프로그램 지원을 통해 지역 엘리트 선수들의 선수풀을 증대시키고 잠재력이 뛰어난 지역 선수를 발굴해 경기력 향상을 도모하는 것이다.

'국민체력 100센터'는 국민의 체력 및 건강 증진에 목적을 두고 체력 상태를 과학적 방법에 의해 측정·평가해 운동 상담 및 처방을 해주는 대국민 복지 서비스다. 국민체력100에 참가한 모든 국민들에게 체력 수준에 맞는 맞춤형 운동프로그램을 제공하고 운동에 꾸준히 참가할 수 있도록 체계적으로 관리하며, 체력 수준에 따라 국가공인 인증서를 발급해 준다. 만 11세 이상의 대한민국 국민이면 누구나 참여가 가능하고 전국 체력인증센터에서 무료로 서비스를 받을 수 있다.

국민체력 100사업을 하게 된 배경은 첫 번째로 국민체력 실태 조사를 통해 나타난 국민체력 수준 저하와 비만 환자 증가와 관련 있고, 두 번째는 초단기 고령사회로 진입함에 따라 국민 평균수명이 연장되어 사회간접비용이 증가하는데 있다. 인증 기준은 유소년기, 청소년기, 성인기, 어르신으로 분류해 1~3 등급으로 나누고, 검사 종목은 건강 체력 항목과 운동관련 체력 항목으로 실시하고 있으며 결과에 따라 인증서를 수여하고 있다.

아산시장애인체육회는 2006년 창립되어 실옥동에 위치한 아산장애인국민체육센터에 있다. 현직 시장이 체육회장으로 전국장애인체육대회 참가, 장애인생활체육 활성화, 장애인선수 육성 및 종목별 대회 유치, 특수학교 통합학급의 체육활동 지원 및 수업보조를 주요 사업으로 하고 있다. 아산장애인국민센터는 장애인, 비장애인, 가족 모두가 제약 없이 스포츠를 즐길 수 있는 시설로서 전국 최초로 장애물 없는 패시브 건축을 도입해 2019년 6월에 문을 열었다. 주요 시설로는 실내농구와 배드민턴을 할 수 있는 다목적 체육관, 체력 측정실과 체력 단련실, 시각장애인을 위한 골볼장, 당구장, 시각장애인을 위한 탁구장, 재활치료실이 있으며 야외시설에는 지체장애인을 위한 론볼장과 풋살장이 마련되어 있다.

3. 이순신종합운동장

아산시에는 아산 출신의 대표적인 위인인 충무공 이순신 장군의 이름을 붙인 이순신종합운동장, 이순신빙상체육관이 있다. 이순신종합운동장은 2008년에 건립되어 2016년 제97회 전국체육대회 개회식과 폐회식을 진행한 공인 경기장으로서 17,789석의 관중석과 국제 규격의 육상경기장, 충남아산 FC의 홈구장인 천연잔디 축구장으로 이루어져 있다.

또한 이곳에는 아산시 체육회와 충남스포츠과학센터, 그리고 국민체력 100센터가 입주해 있어 아산시 스포츠의 핵심 시설로 이용되고 있다.

이순신빙상체육관은 빙산장과 체육관이 결합한 복합스포츠 형태로 2012년에 건립된 충청남도 최초의 국제 규격 시설로서 아산시민들에게 쇼트트랙, 피겨스케이팅, 아이스하키 등의 새로운 여가 보급과 건강증진, 스포츠 꿈나무 육성을 지원하고 있다. 이순신빙상체육관은 아산시민들에게 동계스포츠를 즐길 수 있는 계기를 마련하는 시설로서 3,176의 관중 좌석이 설치되어 있으며, 2012년에는 러시 엔 캐시 프로 배구단, 2015년에는 우리카드 배구단의 홈구장으로 사용되었으며, 2016년도부터 여자농구 우리WON 프로팀의 홈구장으로 사용되고 있다.

4. 전국 최강 아산 하키

아산의 엘리트 스포츠 종목에서 전통적으로 강한 스포츠 종목은 하키, 역도, 야구, 여자농구 등이 있다. 하키 종목은 아산중, 아산고, 한올중, 한올고, 남자 성인팀인 순천향대학교, 여자 성인팀인 아산시청팀이 운영되는 등 하키경기 모든 부분에 팀이 있어 대한민국 하키의 메카를 이루고 있다. 공인 하키전용구장인 학성하키장과 순천향대학교 구장이 있으며 매년 전국대회를 유치해 하키경기의 활성화는 물론이고 지역경제 활성화에도 기여하고 있다.

아산고 하키팀은 1974년도에 창단을 해 지금까지 40여 차례 전국대회에서 우승을 했으며, 최근 전국체육대회에서 5연패를 하고 있는 전국최강의 경기력을 보유하고 있다. 유명한 선수는 김만회 선수로 86년

아시안게임과 1988년 서울 올림픽에서 메달을 획득하고 은퇴 후에는 중국국가대표팀에서 감독을 역임했다.

한올고 하키팀은 1976년도에 창단을 했으며, 유명한 선수는 창단 멤버인 임계숙(86 아시아 게임 금메달, 88 올림픽 은메달) 선수와, 최근에는 김종은(인천아시아 경기 금메달, 유니버시아드 동메달) 선수가 있다.

5. 오랜 전통을 자랑하는 역도와 야구

역도 종목은 오랜 전통을 자랑하는 온양고교 역도팀이 1965년 창단되었다. 당시에는 중학교에 역도경기가 없어 고등학교에 진학을 해서 운동을 시작하는 형태였다. 온양고 역도 선수 출신인 이항복 선생이 1996년에 둔포중학교 역도부를 창단해 20여 년간 운영을 했는데 둔포중 학생수가 감소하며 선수를 확보할 수가 없어서 폐지되고, 2018년에 온양중학교 역도부가 창단됐다. 2007년도에는 성인 실업팀인 아산시청 역도팀이 창단돼 현재에 이르고 있다. 아산출신의 유명 선수는 86 서울아시아경기대회 역도 77kg급에서 금메달을 획득한 전병국 선수가 있다.

야구종목은 온양온천초등학교가 1976년 팀을 창단했고, 이어서 온양중학교가 1985년도에 창단했다. 오랜 역사를 가지고 있으면서 수많은 프로야구 선수를 배출했음에도 아산의 야구가 외부로 잘 알려지지 않았는데 그 이유는 아산지역에 고등학교 야구팀이 없어 중학교를 졸업하면 외지에 있는 고교로 진학을 하기 때문이다. 2006년 온양온천초등학교 감독을 거쳐 2014년 온양중 감독으로 근무하고 있는 황상익 감독은 아산 야구의 경기력 향상은 물론이고 경기장 시설 확충과 최신시설을 도입하는 데 일조를 하였다. 아산지역 출신의 유명한 선수로는 삼성 김윤수 선수, 장필준 선수, 한화의 김범수 선수, 윤호솔 선수가 있다.

여자농구 종목은 잘 알려지지 않았지만 오랜 역사와 우수선수를 배출한 종목이다. 온양동신초등학교, 온양여중, 온양여고로 체계적인 운영을 하고 있으며 그 중심에는 온양여고가 있다. 온양여고는 1976년에 창단한 충남 유일의 여자농구팀으로 매년 우수한 경기력으로 강팀으로 존재하고 있으며, 매년 다수의 프로선수를 배출하고 있다. 온양여고 출신으로 유명한 선수는 현 국가대표인 김정은(우리은행) 선수, 윤예빈(삼성생명) 선수가 있다.

6. 프로축구와 프로농구단의 연고지 아산

아산시에는 프로구단인 충남아산FC와 우리은행 우리WON 농구단이 있다. 2019년 창단된 충남아산FC는 경찰청 축구단인 '아산무궁화FC'가 경찰청의 의무경찰제도의 폐지에 따라서 더 이상 선수를 수급할 수 없어서 재창단된 충청남도 유일의 프로축구단이다. 충남아산 FC는 시민구단으로서 '스포츠의 가치와 꿈의 실현'이라는 비전을 이루기 위해 공정한 선수 선발과 육성, 재정자립도 향상, 시민 밀착형 운영시스템을 도입해 운영하고 있다. 구단 명칭에서 보여지듯이 구단의 운영비를 충청남도와 아산시가 지원하고 있으며 구단주는 현직 시장이 맡고 있다. 충남아산 FC는 K-League 2에 속해 있으며, 연령별 유소년팀(12세, 15세, 18세) 운영을 통해 지역 내 축구 꿈나무 육성에 힘을 쏟고 있다. 유명한 선수는 현재 국가대표로 활약하고 있는 무궁화 축구단 출신의 황인범

선수, 오세훈 선수가 있으며, 충남아산 FC 소속으로는 U-23 대표팀에 김찬, 이상민, 이규혁 선수가 이름을 올리고 있다.

우리WON 농구단은 1958년 창단된 우리나라 최초의 여자 농구팀으로 50여 년의 역사와 전통을 자랑하는 명문구단이다. 상업은행이라는 이름으로 창단한 상업은행팀은 IMF 이후에 한빛은행으로 재탄생하였고 2002년 현재의 우리은행으로 팀명이 변경되었다. 1967년 체코에서 열린 제5회 세계여자농구선수권대회에서 우리나라 구기종목 역사상 처음으로 준우승이라는 위대한 업적을 이룩하였다. 당시 우리나라 국가대표팀의 주축선수는 박신자, 김명자, 김추자 선수였는데 모두 상업은행 출신으로 맹활약을 하였다. 우리은행 농구팀은 이야기가 많은 팀이다. 2008~2009 시즌부터 4년 연속 최하위팀에 머물면서 만년 꼴찌로 불렸으며 감독의 성추행, 폭행 등의 불미스런 사건 사고를 끊이지 않는 문제의 팀이었다.

2013~2014년 시즌에 위성우 감독을 영입함으로 극적으로 강팀 반열에 올라서게 되었다. 2013~2014 시즌을 시작으로 9년간 한 시즌을 제외하고 전부 정규리그 우승을 하고 있으며, 정규리그 역사상 최고 승률(93.4%, 33승 2패)을 기록하고 있는 여자 농구 최강 팀이다. 위성우 감독의 영입은 쉽지 않았다. 우선 우리은행 내부 반대가 심했는데 업계 라이벌 신한은행의 감독도 아닌 코치를 새 사령탑으로 데려 온다는 것은 우리은행의 자존심을 상하게 하는 상황이었다. 위성우 감독 역시 당시 최강팀인 신한은행의 코치로서 최약체의 팀으로 가는 모험을 한다는 깃도 쉬운 결정이 아니었다. 우리은행 정화영 단장은 10일간 5차례 위성우 당시 코치를 찾아가 '우리은행으로 오지 않으면 내가 그만 두겠다'며 사표를 보여주고 감독직을 수락 받았다고 한다. 위 감독은

취임하자마자 팀 체질 개선을 하였는데 패배감에 젖어 있던 선수들을 끌어 올리는 방법으로 힘든 훈련을 실시했다. 신한은행에서 함께 코치로 부임한 전주원 코치는 혹독한 훈련 뒤에 선수들의 심리상태를 강하게 하는 역할로 팀의 성장을 돕고 있다. 유명한 선수는 WKBA 연봉 퀸인 박혜진 선수, 온양여고 출신의 국가대표 김정은 선수, 루마니아 복수 국적의 김소니아 선수 등이 있다.

7. 전국 최대의 파크골프장

아산시의 어르신들에게 가장 인기 있는 스포츠는 파크골프이다. 예전에는 읍·면·동에 설치돼있던 게이트볼 운동을 많이 했는데 최근에 곡교천변에 전국 최대의 54홀의 파크골프장이 설치되면서 많은 어르신들이 이곳에서 운동을 하고 있다. 현재 도고, 둔포, 곡교천변 3곳에 경기장이 설치되어 있으며 12개의 클럽에 617명의 회원이 가입해 왕성한 활동을 하고 있다. 파크골프는 공원에서 즐기는 골프의 합성어로서 골프를 재편성한 스포츠로서, 잘 가꾸어진 잔디에서 맑은 공기를 마시고 햇빛을 받으며 가족·친구들과 함께 공을 치고 경쟁을 하는 레크리에이션 스포츠다. 파크골프는 1983년 일본 홋카이도 지방의 7홀 간이 파크골프장에서 시작을 했으며 배우기가 쉽고, 안전하고, 건강에 좋고, 저비용이고, 가족형이라는 특징이 있다. 파크골프의 코스 구성은 파3홀 4개·파4홀 4개·파5홀 1개로 33타의 코스로, 골프의 파3홀 2개·파4홀 5개·파 5홀 2개인 36타와는 다르게 구성이 되어 있다.

8. 자전거 거점도시

산과 강, 그리고 바다와 어우러진 아산지역은 어디든지 자전거로 접근할 수 있으며 가는 곳마다 풍광이 좋아 자전거타기 좋은 곳이다. 아산시 남쪽에 위치한 광덕산은 아산시, 천안시, 공주시와 경계를 이루는 금북정맥에서 가장 높은 산이다. 광덕산은 3개 지자체의 협력으로 임도 개설이 잘되어 있으며 전체 길이는 50여 km로서 산악자전거를 즐기기에 부족함이 없는 곳이다. 잘 갖춰진 임도를 활용하고 이충무공 탄신을 기념하는 4월 전후로 2001년에 제1회 아산시 충무공 이순신배 전국 산악자전거 대회를 개최했다. 지자체의 도움 없이 순수 동호인 단체인 광덕 MTB 동호인들이 십시일반 후원을 하여 전국에 있는 산악자전거 동호인들을 초청해 대회를 성공적으로 치렀다. 3회 대회까지는 광덕 MTB동호인 단체의 주관과 후원으로 진행을 했고 4회부터는 아산시의 후원으로 행사를 하였으며 2015년 15회 대회를 끝으로 멈춰진 상태다. 이 대회는 아름답고 힘든 코스로 구성이 되어 전국에서 많은 동호인들이 참가를 기다리는 유명한 대회였으며 완주자 전원에게는 완주메달과 온양온천에서 온천을 즐길 수 있는 쿠폰을 제공해 피로를 풀 수 있도록 하였다.

아산시는 2010년 행정안전부에서 지원하는 전국 10대 자전거 거점도시에 선정이 되어 자전거 인프라 확충과 안전기반 강화, 이용자 중심의 제도 개선, 이용문화 확산 등을 확대하는 계기가 되었다. 아산시의 자전거 도로는 90개 노선에 자전거 전용도로, 분리형 겸용도로, 비분리형 겸용도로 등 총연장 180km로 이루어져 있다. 아산시는 온양온천역, 신정호, 은행나무 길 3곳에 공영자전거제도를 운영하고 있다. 1인당 2시간 사용을 기본으로 1인승과 2인승 자전거, 장애인 자전거가 마련되어 있으며 대여를 위해서는 신분증이나 학생증이 필요하다.

아산시의 대표적인 자전거 코스는 곡교천 길이다. 곡교천은 천안과 아산의 지천들이 모여서 아산만으로 흘러가는 국가 하천이다. 이곳 자전거 코스는 자전거 전용 도로로서 아름다운 은행나무길과 현충사를 끼고 있으며 상류로는 천안천과 연결된 천안시 태조산, 원성천과 연결된 단국대 주변 천호지, 풍세천과 연결된 광덕사로 이어지고, 하류로는 삽교호와 예산 방면의 무한천을 따라 예당저수지까지 이어진다.

역사문화탐방 자전거 코스도 있다. 이 코스는 2020년 자전거도시 브랜드화 지원사업 공모에 선정, 개설되었다. 이 코스의 시작은 신정호 호수공원 ~ 용담사 석조여래입상 ~ 송악수당 이남규 선생 순절비 ~ 송악저수지 인근 송악 3.1운동 기념비 ~ 외암민속마을 저잣거리 ~ 송암사 석조보살입상 ~ 용와사 석조여래입상 ~ 신정호수로 돌아오는 총연장 23km로 역사문화 현장을 자전거 라이딩을 통해 배울 수 있는 코스다.

아산시는 아산시에 주민등록을 두고 거주하는 모든 시민들의 자전거보험을 가입하고 있다. 사망사고는 물론이고 사고후유장애, 진단 위로금, 자전거사고로 인한 벌금, 타인에게 부상을 입혀 소송되거나 공소가 제기된 경우, 타인을 사망케 하거나 중상해를 입혀 형사 합의를 봐야할 경우까지 자전거 관련 모든 사고를 보장하는 보험이다. 아산시는 10대 자전거 거점도시로서 저탄소 녹색교통체제 구현과 자전거 이용 활성화를 위한 '자전거 교통안전체험 교육장' 등을 설치·운영하고 있다. 교육과정은 자전거를 타지 못하는 대상으로 초보자용 자전거 타기 교육과정, MTB(산악자전거)를 배우는 중급과정, 그리고 라이딩 중에 발생하는 사고에 대한 응급처치 및 생활자전거를 수리할 수 있는 자가정비과정으로 구성돼 있다.

9. 내 집과 바로 연결된 아산 둘레길

아산에는 '아산둘레길'이 있다. 아산만이 가지고 있는 역사, 자연, 문화를 연결해 푸르름 속에 깊은 역사를 품고 있는 명품 숲길, 온천·역사인물·주요 관광지를 테마로 한 역사문화길, 이야기가 있는 고즈넉한 마을길, 햇빛 머금은 은빛 수변길, 가볍게 오를 수 있는 뒷동산길 등 걷기 좋은 길을 찾아 연결해 누구나 어디서든지 편하게 걸을 수 있다. 6개의 노선으로 숲길 65.1km, 마을길 20.4km, 하천길 29km로 총 연장 114.5km의 둘레길이 설치돼 있으며, 향후 정비 보완하여 150km의 둘레길을 만들 예정이다.

아산시체육회는 아산 둘레길을 활용한 정책사업으로 '아산시민 행복 걷기' 프로그램을 구성·진행하고 있다. 아산시 체육회는 이 프로그램을 진행하기 위해 체육회소속 지도자들에게 걷기 지도사 자격증을 취득하게 하였고, 지역학(아산학) 관련 교육을 통해 시민들과 함께 걸으면서 아산의 역사·문화·지리 등을 스토리텔링을 할 수 있는 역량을 모두 갖추고 프로그램을 운영하고 있다. 최근에는 '산길샘'이라는 어플리케이션을 개발해 누구나 쉽게 아산둘레길을 걸을 수 있도록 하고 있다.

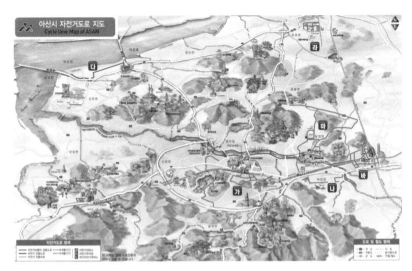

아산시자전거 도로 지도

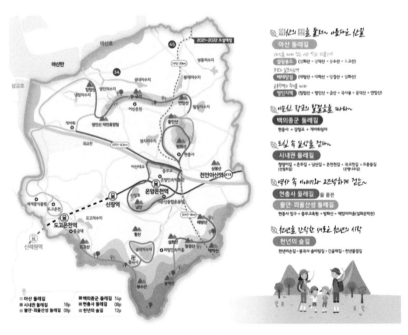

아산 둘레길 안내도

<표 1> 아산시 체육회 현황

임원현황	직위		회장	부회장		이사		감사	
	인원: 56명		1인	9인		44인		2인	

종목 단체	구분			정 단체		준단체		인정단체	
	합계: 45단체			31단체		1단체		13단체	

분과 위원회	구분	스포츠 공정	인사	전문 체육	생활 체육	학교 체육	체육 정책	보조금 심의	운영 자문	홍보	실버 체육
	합계: 168인	19인	9인	15인	9인	19인	12인	8인	36인	15인	21인

사무국 현황	직위		사무국장	생활체육과	운영과	전문 체육과
	인원: 50인		1인	26인 (지도자 24인)	2인	21인 (지도자 19인)

<표 2> 아산시장애인체육회 현황

임원 현황	직위	회장	수석 부회장	부회장	당연직 이사	이사	감사
	인원	1명	1명	9명	4명	34명	2명

가맹 단체	종목	당구	역도	탁구	배드민턴	배구	농구	게이트볼
	임원 수	이사 11명	이사 14명	이사 11명	이사 13명	이사 15명	이사 16명	이사 8명
		감사 2명	감사 2명	감사 2명	감사 2명	감사 2명	감사 1명	감사 12명

위원회	구분	인사위원회		생활체육위원회		전문체육위원회	
	인원	7명		3명		3명	

사무국 현황	구분	사무국장	사무팀장	기획총무팀	생활 체육팀	전문 체육팀	시설 운영팀
	인원	1명	1명	5명 (일반직2명 지도자3명)	10명 (일반직1명 지도자9명)	4명 (일반직1명 지도자3명)	2022년 충원예정

관광여행과 축제문화

맹주완

1. 관광여행의 유형

1) 여행의 목적

　여행을 떠날 때 마음이 설레는 것은 미지의 것에 대한 기대감과 늘 해왔던 일에서의 해방감 때문이다. 우리가 생각하는 일반적인 여행이라면 사전에 여행지의 토속음식, 맛집을 미리 체크해 두는 일만으로도 기분을 들뜨게 한다. 낯선 곳이니 안전하고 편안히 잠잘 곳을 예약하는 일도 빠트려서는 안 된다. 가봐야 할 만한 장소를 미리 포스팅 한 블로그나 다녀온 사람들을 통해 정보의 사전숙지도 필요하다. 하지만 가장 중요한 일은 여행의 목적이다. 어린 자녀를 동반한 가족이라면 여행지에서 체험 교육 프로그램에 대해서도 각별히 신경을 쓸 것이다. 어르신과 동행하는 여행이라면 시설이 잘 갖추어진 온천욕장, 산림욕장, 추억

여행지들을 체크해둬야 한다. 하지만 여행의 목적이 일반적이지 않고 또 다른 목적성을 띠게 되는 경우도 있다. 온천욕도 그 한 예일 수 있다.

2) 보물의 신화를 쫓는 여행

『연금술사』에서 산티아고는 보물의 신화를 찾아 여행을 떠났다. 산티아고는 신학교에서 라틴어, 스페인어, 신학을 공부했지만, 공부만으론 세상을 이해할 수 없다고 생각하고 세상공부를 위해 양치기가 되었다. 여섯 마리의 양을 치며 세상을 떠돌았던 산티아고는 어느 현인에게서 이집트 피라미드에 얽힌 보물의 신화를 듣게 되었다. 그 보물의 신화는 자연물을 마음대로 변화시킬 수 있는 연금술의 비법에 관한 것이었다. 산티아고는 때로는 도중에 만난 다양한 사람들과 인연을 맺으면서 그 자리에 안주하고 싶은 생각도 들었지만, 유혹을 뿌리치고 보물의 신화를 찾는 여행길을 재촉했다. 사막은 그에게 또 다른 깨달음을 주었다. 사막의 모래 알갱이 한 알을 들여다보기만 해도 천지창조의 모든 경이를 느끼게 하였다. 그 순간 연금술은 절대적인 영적 세계를 물질세계와 맞닿게 하는 것임을 깨닫게 되었다. 산티아고는 여행을 마치고 고향으로 돌아와 무화과나무가 서있는 버려진 낡은 교회에서 자신이 찾고자 했던 그 보물의 신화를 발견하게 되었다. 그가 찾고자 했던 보물은 먼 곳이 아니라 아주 가까이에 있었다.

3) 견문을 넓히기 위한 여행

여행 중에는 세상 견문을 넓히기 위해 떠나는 여행도 많은데, 그 원조는 중국 열하를 다녀온 연암 박지원이다. 연암은 비공식 수행으로 청나라 건륭황제의 칠순 잔치에 축하사절로 북경에 가게 되었다. 그리

고 6개월간의 대장정을『열하일기』에 남겼다. 연암은 한양에서 의주
길을 지나 수많은 강물을 건넜고 요동벌판을 지나 북경을 거쳐 열하까
지 다녀오는 동안 도중에서 많은 중국인들과 필담으로 중국정세에 대
한 논쟁도 벌였고, 그들의 일상에 대한 이해의 폭도 넓혔다. 때로는
붓을 들어 자신의 박식함을 보라며 호기도 부렸고, 새롭고 신비한 중
국을 보는 즐거움에 매료되기도 하였다. 북경의 27만 칸의 유리창에서
만난 도서와 물건들을 보고는 부러움의 고독과 카타르시스를 동시에
느꼈다. 그곳엔 세상의 모든 보화가 쌓여 있었다. 여행에서 돌아온 연
암의 보따리에는 중국인들과 필담한 내용의『열하일기』초고가 들어
있었다. 230여 년 전 연암의 중국 여행은 19세기에 꽃피운 '이용후생
(利用厚生, 쓰는 것을 편리하게 하며 삶을 두텁게 하다)'의 실학정신 구현에
크게 기여했다. 실학정신은 여행으로 얻게 된 연금술의 결정체였다.
행복해지기 위한 최선의 행동은 여행이라고 한다.

4) 힐링을 위한 관광여행

온천수가 분출하고 그 효능이 알려지자 태조 이성계를 비롯해 조선
의 역대 왕들과 그 가족들은 자주 온양으로 행행(行幸)하였다. 한양에
서 가마 타고 나흘 길이었다고는 하나 세계사적으로 봐도 왕들은 여행
을 마음 편히 즐기지는 못했다. 빈 왕궁을 차지하고 싶어 하는 신하들
의 충동 때문이었다. 그럼에도 왕들은 질병치료를 위해 수시로 온양행
궁을 찾았다. 고종의 아버지 흥선대원군도 온양에 욕실을 갖춘 별장을
소유하고 있었다. 이들에게 여행의 목적은 고단한 심신을 달래고 질병
을 치료하는 데 있었다.

아산에는 온천자원과 같은 자연자원, 전통문화자원, 생활문화자원

등 다양한 영역에서 특색 있는 관광자원을 보유하고 있으며, 숙박, 음식, 레저 등 관광에 수반되는 풍부한 시설들도 갖추고 있다. 아산의 대표적인 관광자원으로는 온양온천, 현충사, 외암민속마을, 맹씨행단, 온양민속박물관, 신정호관광단지, 환경과학공원, 영인산자연휴양림, 은행나무길, 공세리성당 등 새로운 세계에 대한 안목과 견문을 넓힐 수 있는 아산의 관광지는 차고 넘친다.

2. 아산의 주요 관광지

1) 왕들이 찾던 '온양온천'

온양온천은 백제시대에 탕정(湯井)이란 명칭이 사용된 것으로 볼 때 현존하는 문헌기록상 국내에서 가장 오래된 온천으로써 1400년 이상의 역사를 자랑한다. 온천수는 알카리성으로 실리카 성분이 함유되어 있어 신경통, 관절염, 피부병, 위장병, 고혈압 등 각종 성인병과 피부미용에도 효과가 매우 크다. 조선시대 왕들이 질병을 치료할 목적으로 행행(行幸)하여 목욕을 즐겼고, 특히 세종이 온양 행궁을 건립한 후에는 왕실 온천으로 자리 잡아 왕실 가족들이 수시로 질병치료를 위해 찾아왔다. 또한 근대기에도 온천수의 효능이 전국에 알려지고 신혼여행지로 각광을 받으면서 온양온천은 국내에서 유명한 관광지가 되었다. 2008년 수도권전철 1호선이 개통된 이후부터는 온천욕과 관광을 위해 더욱 많은 수도권 사람들이 온양온천을 찾고 있다.

2) 이순신을 기리는 '현충사'

400여 년 전 임진왜란에서 정유재란에 이르는 7년간의 전쟁에서 연전연승한 충무공 이순신의 호국정신을 기리기 위해 1706년 숙종은 백암리 방화산 자락에 충무공의 사당을 세우라 명하였다. 그리고 그곳에 현충사(顯忠祠)란 휘호까지 내렸다. 1932년 일제강점기에 민족의 자긍심을 고취하기 위해 민족성금을 모아 현충사를 중건했지만, 1966년 다시 대대적인 성역화 사업을 시작해 새롭게 현충사를 중건하였다. 충무공이 유년기와 청년기를 보내며 무예를 연마하고 학문적 소양을 쌓았던 현충사 경내에는 잘 조성된 연못과 철따라 피는 꽃들과 진귀한 나무들이 조화를 이룬다. 또한 충무공이 무예를 연마하고 학문적 소양을 쌓던 옛집과 활터, 우물, 아들 면의 무덤과 정려, 유품 등이 보존되어 있다. 기념관에는 절체절명의 전쟁터에서 꼬박 써내려간 『난중일기』와 장검 등 충무공이 사용했던 유물들이 전시되어 있고, 매년 4월 28일이면 탄신 다례제를 올려 탄신의 의미를 되새기고 고인의 넋을 추모하고 있다.

3) 전통이 살아있는 '외암민속마을'

송악면 설화산 밑에 위치하고 있는 외암민속마을에는 약 5백 년 전에 이 마을에 정착한 예안 이씨 일가가 집성촌을 이루며 살고 있다. 60여 호의 가옥들은 나지막이 쌓아올린 돌담길로 이어지는데, 돌담길의 길이는 시오리나 된다. 마을은 기와집과 초가집, 야산, 개울, 밭, 논과 조화를 이루는 전형적인 농촌풍경으로써 시골정취와 고향집의 향수를 불러일으키게 한다. 마을에는 집집마다 택호가 있다. 택호는 집주인의 벼슬 명칭이나 처가의 고향이름을 따서 붙여지는데, 영암댁, 송화댁, 참판댁, 참봉댁, 교수댁, 풍덕댁, 신창댁 등의 택호를 통해 과거 구성원들의 사회적 지위와 출신을 엿볼 수 있다. 마을은 입구의 장승을 비롯해 조선시대의 생활상을 엿볼 수 있는 디딜방아, 연자방아, 물레방아, 초가지붕 등이 보존되어 있다. 팜스테이가 가능하고, 〈취화선〉, 〈태극기 휘날리며〉, 〈옥이이모〉 등의 영화나 드라마가 이곳을 배경으로 촬영됐으며 연중 많은 관광객들이 찾고 있다.

4) 청백리 정신의 '맹씨행단'

600년 수령의 두 그루의 은행나무가 버티고 있는 맹씨행단(孟氏杏壇)은 '맹씨가 뜻있는 사람들과 학문을 닦고 연구하던 자리'라는 의미를 담고 있다. 맹씨행단은 조선 초기 청백리의 상징인 고불 맹사성의 옛집을 부르는 명칭이면서 조선시대의 살림집의 모습을 간직한 곳으로써 행단 주변에는 잡귀를 물리친다는 회화나무와 수령이 수백 년 된 고목들이 고불의 고택과 조화를 이루고 있다. 국가지정 사적 제 109호 맹씨행단은 풍수적으로도 매우 길하여 기를 담은 자리라고 하며, 고려 말 최영 장군이 살던 집이었는데 이웃집에 살던 고불의 사람됨을 눈여겨본 최영이 손녀사위로 삼고 집까지 물려주었고, 그 후 고불 일가는 이곳에서 뿌리를 내리게 되었다. 고불은 세종 13년에 좌의정을 역임하는 등 명재상으로 황희와 더불어 조선 초기 문화적 토대를 구축하는 데도 기여했다. 고불은 시문에 능하고 음률에 밝아 향악을 정리했으며, 말년에 벼슬을 뒤로 하고 고향에 돌아와 강호에서 자연과 함께하며 임금의 은혜에 감사하는 마음을 노래한 『강호사시사』를 남겼다.

5) 온고지신의 '온양민속박물관'

농경사회에서 산업사회로의 급격한 사회 구조적 변화가 일기 시작했던 1970년대는 우리의 전통 생활 민속자료들의 가치와 의미도 퇴색되어 가던 시대였다. 이 때 (주)계몽사 창업주 고 김원대(1921~2000)는 온고지신의 정신을 일깨울 수 있는 산 교육장을 만들고자 1978년 온양민속박물관을 개관하였다. 박물관은 부지 64,800m² 대지에 6,090m²의 본관 상설전시실과 야외전시실, 이타미준이 설계했고 공연과 전시가 가능한 '구정아트센터' 등 복합시설을 갖추고 있다. 본관의 전시관에는 유교적 가치관으로 삶을 영위하며 의·식·주문제를 해결했던 조상들의 지혜로움과 '농자천하지대본'의 뜻을 품고 풍요로운 결실을 이뤄냈던 조상들의 일상적인 생활상을 엿볼 수 있는 전시물이 진열되어 있다. 또한 조상들이 추구한 미의 가치와 멋이 담겨있는 민속공예품, 민간신앙 등 다양한 생활문화사와 관련된 자료들이 전시되어 있다. 야외전시실인 박물관 뜰에는 예쁘게 단장된 정원수 사이로 명망가의 묘소를 지키던 문관석과 무관석, 사찰의 사리탑, 고인돌, 너와집, 정각, 연못 등이 알맞게 배치되어 자연과 인간의 공생의 삶을 이해할 수 있게 한다.

6) 여유로운 '신정호관광단지'

신정호를 마산(馬山)저수지로 기억하는 사람들은 많지 않다. 1926년 일제는 관광수입을 목적으로 제방을 쌓고 수상각을 짓고 유락시설들을 만들었으며, 그 이름도 신정(神井)호로 바꾸어 불렀다. 해방 전후로 신정호는 주변의 자연경관이 수려해 사계절 휴양지로 유명세를 타게 되었고 관광과 여흥을 목적으로 많은 사람들이 찾아드는 별천지였다. 2000년대부터 시민들의 건전한 여가문화를 즐길 공간으로 신정호가 선호되면서 또 한 번의 변모의 과정을 거치게 되었다. 호수 주변에 잔디광장이 조성되었고 야외음악당이 만들어졌으며, 5km에 달하는 호수의 둘레길에는 수영장, 생태학습장, 생활체육시설, 자전거 대여소 등이 들어섰다. 산을 끼고 호수가 내려다보이는 구릉지에는 많은 카페들과 음식점들이 입점하였다. 음악당에서는 모두가 함께 즐기며 공감할 수 있는 공연들이 연중 진행되며, 바비큐 존에서는 지인들이 모여 친목을 다지는 공간이 되었다. 신정호는 도심 속에서 여유로움을 누릴 수 있는 편안한 곳으로 끊임없이 변신 중에 있다.

7) 살아있는 교육장 '환경과학공원'

친환경생태와 과학교육의 보고인 환경과학공원 내에는 '장영실과학관', '생활자원처리장', '생태곤충원', 실내수영장, '그린타워 전망대' 등 생생한 생태체험 및 운동, 휴식을 위한 시설들이 들어서 있다. 과학의 선구자 장영실의 업적을 기리고 과학인재 육성을 위해 개관한 '장영실과학관'은 학생들이 과학원리를 이해할 수 있도록 과학체험관, 어린이과학관, 과학 공작실, 4D영상관, 전시관 등을 운영하고 있다. '생활자원처리장'은 생활폐기물과 하수 슬러지를 위생적으로 처리해 환경오염을 줄이고 쾌적한 환경을 조성하기 위해 최신의 기술을 접목한 시설이다. 생활쓰레기의 소각으로 발생되는 폐열은 '생태곤충원', 수영장, 주민편의시설 등에 냉·난방을 위한 열원으로 이용되고 있다. 특히 생태곤충원은 그 열로 식물과 곤충들의 생육에 필요한 적정 온도를 유지함으로써 열대기후 지역에서 서식하는 동·식물들을 관람객들이 가까이서 볼 수 있는 기회를 제공해주고 있다. 소각장 굴뚝을 이용한 150m 높이의 '그린타워 전망대'는 밤낮으로 아산시내 전체를 한 눈에 조망할 수 있게 해준다.

8) 인간과 자연의 공존 '영인산자연휴양림'

영인산자연휴양림에는 '휴양관', '수목원', '산림박물관', '자연휴양림' 등 산림자원과 연계시킨 시설들이 들어서 있다. 푸른 숲에서 하룻밤 묵을 수 있는 휴양관에는 숲속의 집, 휴양관, 일반캠핑장, 오토캠핑장의 시설을 갖추고 있다. '수목원'은 수목유전자원을 보전하고 증식을 통해 관람객들에게 자연학습장으로 제공할 목적으로 조성되었고, 암석원, 침엽수원, 약용식물원, 습지원 등 다양한 주제공간에 1,200여 종의 식물을 보유하고 있다. 산림과 임업의 자료연구 및 산림문화를 보존하고 전파하는 활동으로 시민들에게 산림의 소중함을 일깨우고자 개관한 '산림박물관'은 인간과 자연의 필연적 공존관계를 다시 한 번 성찰하게 한다. 전시공간에서는 씨앗, 나무, 광물, 숲 생태계에 대한 지식을 습득할 수 있으며, 어린이들에게는 놀이, 체험활동을 통해 산림에 대한 호기심과 흥미를 갖게 하는 별도의 공간도 마련되어 있다. '자연휴양림'은 맑고 깨끗한 자연과 함께 통나무로 지어진 숙박시설, 편의시설과 '스카이 어드벤처'와 같은 레포츠 시설도 갖추고 있다. 여러 갈래의 둘레길은 울창한 숲과 봉우리들로 연결되며 영인산 정상에 오르면 서해 바다, 삽교천, 아산만 방조제와 아산 시가지가 한 눈에 들어오는 경치뿐만 아니라 전망도 좋은 곳이다.

9) 운치 있는 '은행나무길'

곡교천 변을 따라 조성된 2.1km의 은행나무길은 1966년 현충사 성역화 사업의 일환으로 조성되었으며 1973년 10여 년생의 은행나무 350여 그루를 심은 것이 지금의 은행나무길이 되었다. 전국의 가로수 10선에도 선정된 은행나무길이 아름답고 관광객의 발길을 끄는 것은 길의 운치

뿐만 아니라 주변 경치와의 조화로움 때문이다. 길옆으로 하천이 흐르고 봄에는 유채꽃, 가을에는 코스모스로 넓은 둔치를 수놓는다. 꽃밭과 은행나무길 사이로 자전거를 탄 사람들이 질주하고, 길 건너편에는 카페들이 들어서있다. 한여름의 은행나무길은 짙은 초록의 싱그러움으로 걷는 이를 반기며, 가을에는 노란 황금터널로 단풍객을 맞이한다. 은행나무길은 원래 버스가 다니던 도로였고 마을주민들을 위한 3평 남짓한 정류장도 있었다. 그 정류장은 갤러리로 개조되어 연중 지역예술인들의 전시공간으로써 걷는 이들의 시선을 사로잡는다. 주말마다 은행나무길에서는 다양한 행사와 버스킹 공연이 이루어지는데, 공연자에게는 뿌듯함과 자신감을 갖게 하고, 걷는 이들의 마음 또한 한결 가볍고 편안하게 해준다.

10) 성지이며 순교지 '공세리성당'

조선시대에 조세를 곡식으로 거두어 저장했던 '공진창'의 조세창고 기능이 약화되면서 1895년, 가톨릭 신부 E.드비즈가 창고와 터를 사들여 성당과 사제관을 지었다. 수백 년 수령의 느티나무 거목들이 지키고 있는 '공세리 성당'은 전면 중앙부에 높은 종탑의 위엄, 둥근 천장과 출입문, 아치창을 한 신고딕 양식이며, 기와와 목조를 사용한 사제관은 우리 전통미에 근대적 양식의 결합으로 건축사적으로도 가치 있는 관사이다. 공세리 성당은 성지이며 순교지이다. 박물관에는 흥선대원군이 32명의 천주교도들을 학살했던 병인박해 당시의 유물과 유품 및 대전교구 최초의 감실을 비롯하여, 1,500여 점의 유물을 보관하고 있다. 성당 주위에는 십자가의 길과 별체로 꾸며진 성체조배실, 삼백년 수령의 보호수 일곱 그루와 피정의 집이 있으며, 각종 영화나 드라마

촬영지로도 이용되고 있다.

3. 인간의 유희적 본성과 축제

1) 인간의 유희적 본성

인간은 자체가 소우주로서 사유와 감정까지도 원자의 운동으로 보았던 데모크리토스는 "축제 없는 인생은 여관 없는 긴 여행과 같다'며 인간의 유희적 본성과 축제의 중요성을 강조하였다. 사회적 결속과 질서를 유지하기 위해 인간들은 위대한 신들과 관련된 신화를 만들어냈고, 조상 땅에 대한 서사를 지어냈다. 그리고 우리는 '놀이하는 인간'으로서 신화적 서사와 예술을 융합하여 지루한 일상에서 탈출하고자 했다. 그 탈출의 장이 축제이고, 그곳에서 공유되는 가치는 자유, 평등, 소통이다. 그 곳은 창조공간이며 도시민의 자존심과 정체성을 고양시켜 주민들을 화합과 연대로 이끌어 역동적인 힘과 창의성을 발현시키는 장이다.

2) 관광명소와 축제

아산지역의 대표적인 축제로는 이순신장군 탄신일을 전후로 개최되는 '아산성웅이순신 축제', 한여름 밤을 영화와 공연으로 수놓는 '신정호별빛 축제', 조상의 슬기로운 삶을 엿볼 수 있는 외암 민속마을 '짚풀문화제', 가을색이 짙어진 거리에서 벌이는 '은행나무길 축제', 웃음을 제작하는 코미디홀에서 이뤄지는 '도고 코미디 핫 페스티벌', 지역 예술인들이 기량을 뽐내는 '설화예술제', 고불 맹사성의 청백리 정신을 일깨우는 '맹정승 축제' 등이 있다.

3) 아산성웅이순신축제

'아산성웅이순신축제'는 이순신 장군의 탄신일인 4월 28일을 전후하여 장군의 호국보훈의 정신을 기리고 역경과 고난 극복의 위엄을 계승하며, 지역문화 발전과 시민의 화합을 도모할 목적으로 시작해 2021년 60회째를 맞고 있다. 축제의 주요 프로그램으로는 개·폐막식, 428시민합창단, 승전행렬퍼레이드, 무과시연, 탄신축하공연, 멀티미디어불꽃쇼, 다양한 체험행사 등이 있다. 부대행사로써 이순신학술세미나를 열어 인간 이순신, 전투에 임하여 연전연승한 전략전술, 과학적 기술혁신의 산물인 거북선의 건조와 운용에 대한 토론의 장도 마련된다.

4) 신정호별빛축제

22년 전 '별빛 특선 영화제'와 '신정호 토요문화 마당'이 단초가 되어한여름 밤에 치러지는 '신정호별빛축제'는 신정호 야외음악당과 잔디광장에서 열리는 문화축제이다. 신정호축제는 지역 청소년들의 문화적 갈증을 해소하고 시민들에게 문화예술 향유의 기회를 제공하고자옥련암 주지의 제안으로 시작되었다. 축제의 주요 프로그램은 최신 화제작 영화상영, 남도민요보존회, 아산윈드오케스트라, 다양한 기획공연 등으로 구성되며, 지역 아마추어 천문 동아리의 협조를 얻어 학생들을 대상으로 천문관측체험 프로그램도 병행하고 있다.

5) 짚풀문화제

2000년 외암마을 청년회와 송악발전협의회 주관으로 개최된 '2000단오 맞이 솔뫼민속축제'에서 비롯된 '짚풀문화제'는 '조상의 슬기와 숨결을 찾아서'라는 슬로건으로 마을 주민과 관광객이 함께 어우러지는 축제이다. 축제의 주요 테마는 인간이 살아가는 데 최소한의 예절을 규정한 관혼상제(冠婚喪祭)로써 성인식, 전통혼례, 상여행렬, 불천위제를 재현하며, 농경사회를 체험해볼 수 있는 추수체험, 짚풀공예, 짚풀놀이터, 도랑체험, 다슬기잡기 등이 있다. 또한 전통 민속마을의 분위기에 어울리는 남사당 줄타기, 송악두레논메기 등 전통공연도 이루어진다.

6) 은행나무길축제

전국의 아름다운 10대 가로수 길로 선정된 아름다운 은행나무 길에서 10월에 개최되는 '은행나무길 축제'는 아산지역의 대표적인 거리축제이다. 2013년 은행나무길이 차 없는 거리로 지정되면서 아름답게 물든 거리를 시민과 관광객이 편히 걸으며 감상할 수 있는 문화행사로써 '은행나무길 축제'를 기획하게 되었다. 주요 프로그램으로는 클래식, 어쿠스틱, 국악, 재즈 등 다양한 장르의 버스킹으로 구성되며, 부대행사로써 국화전시회, 체험, 프리마켓 등 관내 동아리 및 단체들의 참여한다. 은행나무 길 축제의 더욱 큰 묘미는 지척에 넓게 펼쳐진 코스모스 밭과 곡교천의 강물이 연출하는 아름다움과 그것들의 조화로움에 있다.

7) 도고코미디축제

장항선의 직선화로 폐선로 주변에 있던 근대문화유산인 선도농협 창고를 2014년 리모델링해 코미디 홀로 개관하였다. 아산은 최양락, 이영자 등 걸출한 개그맨을 많이 배출한 지역으로써 아마추어 개그맨을 발굴하고, 웃음을 매개로 도고의 옛 명성을 되찾고자 코미디 홀을 중심으로 '도고 코미디 핫 페스티벌'을 기획하게 되었다. 코미디 축제의 주요 프로그램은 개·폐막 행사, 레드카펫 행렬, 원로 코미디언 공로상 수여 및 헌정식, 릴레이 코미디 썰전, 코믹 분장쇼, 디제잉 파티공연, 코미디콘서트 등 다양한 개그 레퍼토리로 구성되어 있다. 부대행사로는 프리마켓, 1인 방송체험, 먹거리 장터 등이 있다. 또한 코미디 홀 주변에 레일바이크, 짚라인, 옹기발효체험관, 세계꽃식물원 등이 있어 가족단위 관광객들에게 다양한 볼거리와 즐길 거리를 제공한다.

8) 설화예술제

매년 9~10월에 열리는 '설화예술제'는 9개 협회(무용, 문인, 미술, 사진, 연극, 연예, 음악, 영화, 국악)에 소속된 회원들이 1년 동안 창작한 작품을 무대나 전시공간에서 선보이는 예술제이다. 예술제는 아마추어 예술인들에겐 예술적 기량과 끼를 선보이는 소중한 무대가 되며 동시에 시민들에겐 예술적 감성이 풍부해지는 시간이 된다. 그리고 고불 맹사성의 청백리 정신을 계승하고 그의 업적을 재조명하고자 기획된 '맹정승 축제'도 9~10월에 개최되는데 관내 중학교를 찾아가서 벌이는 '맹정승 골든벨을 울려라'와 '어린이 맹사성 선발 시상', '아산 청백리상 선발 시상' 등의 프로그램으로 진행된다.

9) 참여적인 시민의식

축제의 지속성과 성공요인은 시민들의 참여와 협조이다. 몰려오는 방문객들로 지역경제에는 보탬이 되겠지만 시민들은 일상생활의 불편함을 감수할 의사가 있어야 한다. 빗자루로 보석을 쓸어 담듯 도시 곳곳 거리와 골목을 쓸고, 닦아 새 숨을 불어넣어야 한다. 깨끗하게 몸단장을 하고 때로는 손님인 척 빈자리도 채워주고 즐길 거리도 찾고, 외지에서 찾아온 손님들에겐 친근하게 말도 건네며 그들로 하여금 평화롭고 자유롭게 축제의 도시를 경험하게 해야 한다. '머릿속이 하얗게 비는 것 같은' 황홀경에 빠지고 싶다면, 그리고 현실적으로 일상에서 금지된 것들이 허용되는 해방공간으로서의 축제장을 상상한다면 그런 의무를 누군가에게 지어서는 안 되고 시민 스스로가 직접 실천하고자 하는 능동적인 자세를 가져야 한다. 스페인의 산 페르민 축제에서 팜플로나 시민들은 소와 함께 비좁은 골목을 달리는 용맹을 보여 방문자들에게 강렬한 자극을 주고 있고, 이탈리아의 베네치아 시민들은 1년 동안 손수 만든 독특하고 화려한 가면과 의상을 입고나와 축제객들을 매료시키고 있다. 지역 주민이 참여해서 즐길 수 있는 축제라야 성공할 수 있다는 좋은 본보기이다.

10) 차이와 생성

축제를 위한 구색을 잘 갖추었다 하더라도 주제성의 결여와 기획자의 창의적 역량이 떨어지고, 시대의 흐름을 읽어내지 못하면 그 축제는 성공할 수 없다. 축제가 성공하기 위해서는 기획자의 축제 자원들에 대한 분석은 물론, 시민, 예술가, 관련기관과의 긴밀한 협력과 신뢰관계가 요구된다. 그리고 사회변화에 따른 '차이의 생성'으로 나아가야 한다. 관습적 재현을 넘어서 트렌드와 접속하고 깊이 생각하고 궁리해야 한다. 또한 미래는 축제기획자들의 창의적인 상상력과 IT기술과의 협업이 요구되는 만큼 축제 콘텐츠의 고도화전략 방안도 마련해야 한다.

■ 연구 책임자

　박동성

■ 집필진(원고 수록순)

김기승	박근수
임병조	최만정
전성운	유은정
김일환	윤권종
조형열	맹주완
홍승균	강지은
천경석	임윤혁
신탁근	박동성
황기식	이광수

아산학

2022년 2월 28일 초판 1쇄 펴냄
2023년 2월 28일 초판 2쇄 펴냄
2024년 2월 28일 초판 3쇄 펴냄

엮은이 순천향대학교 아산학연구소
발행인 김흥국
발행처 보고사

책임편집 이순민
표지디자인 오동준

등록 1990년 12월 13일 제6-0429호
주소 경기도 파주시 회동길 337-15 보고사
전화 031-955-9797(대표), 02-922-5120~1(편집), 02-922-2246(영업)
팩스 02-922-6990
메일 kanapub3@naver.com / bogosabooks@naver.com
http://www.bogosabooks.co.kr

ISBN 979-11-6587-290-8 93910
ⓒ 순천향대학교 아산학연구소, 2022